Escola, ensino de
SOCIOLOGIA
e políticas educacionais

O selo DIALÓGICA da Editora InterSaberes faz referência às publicações que privilegiam uma linguagem na qual o autor dialoga com o leitor por meio de recursos textuais e visuais, o que torna o conteúdo muito mais dinâmico. São livros que criam um ambiente de interação com o leitor – seu universo cultural, social e de elaboração de conhecimentos –, possibilitando um real processo de interlocução para que a comunicação se efetive.

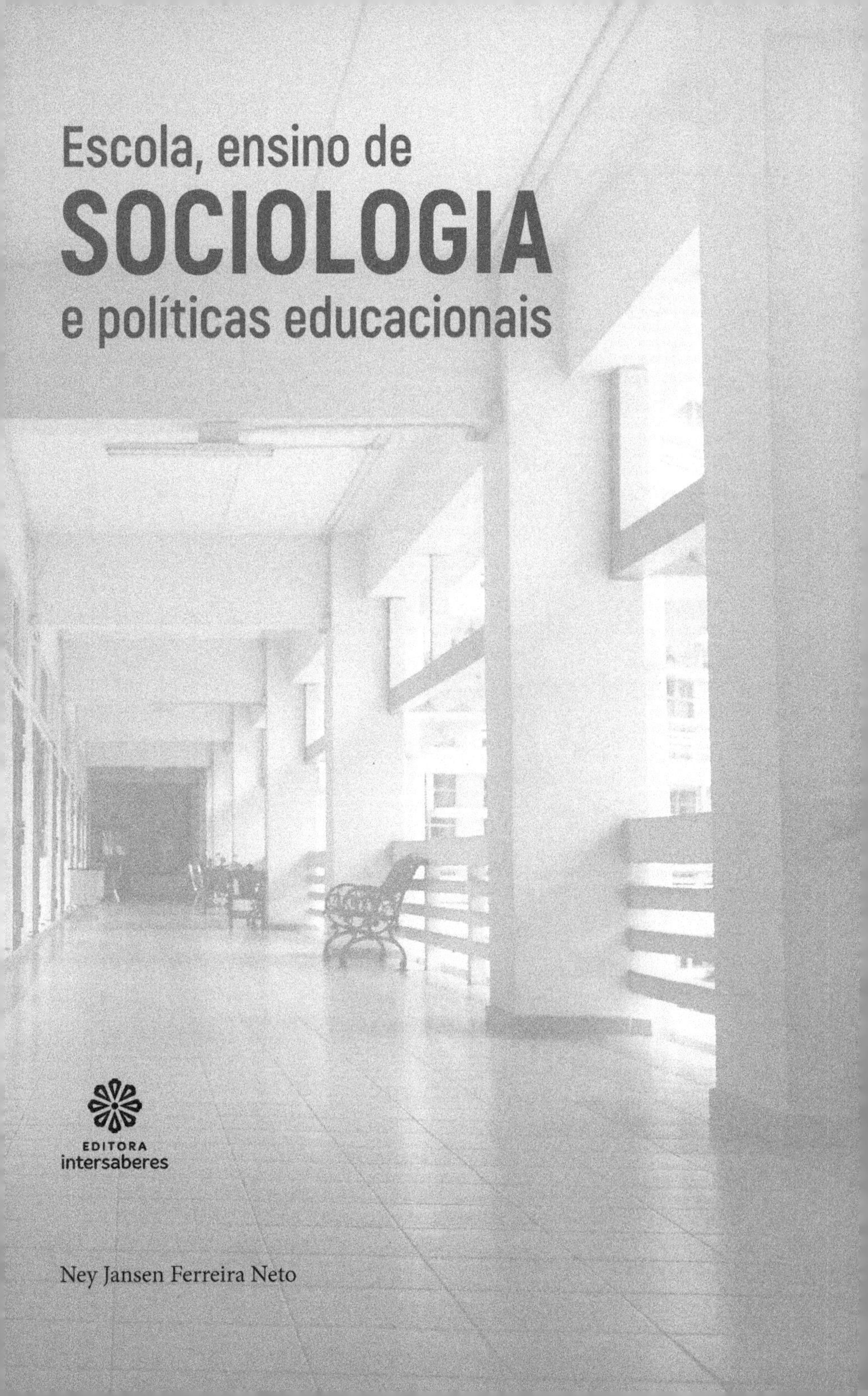

Escola, ensino de
SOCIOLOGIA
e políticas educacionais

Ney Jansen Ferreira Neto

Rua Clara Vendramin, 58 . Mossunguê
CEP 81200-170 . Curitiba . PR . Brasil
Fone: (41) 2106-4170
www.intersaberes.com
editora@editoraintersaberes.com.br

Conselho editorial
Dr. Ivo José Both (presidente)
Drª. Elena Godoy
Dr. Neri dos Santos
Dr. Ulf Gregor Baranow

Editora-chefe
Lindsay Azambuja

Supervisora editorial
Ariadne Nunes Wenger

Analista editorial
Ariel Martins

Preparação de originais
Gilberto Girardello Filho

Edição de texto
Arte e Texto Edição e Revisão de Textos
Camila Rosa

Imagem da capa e de abertura dos capítulos
ATP Photographer/Shutterstock

Projeto gráfico
Bruno Palma e Silva

Diagramação
André Feijó

Equipe de design
Luana Machado Amaro
Charles L. da Silva
Laís Galvão

Iconografia
Célia Regina Tartalia e Silva
Regina Claudia Cruz Prestes

Dados Internacionais de Catalogação na Publicação (CIP)
(Câmara Brasileira do Livro, SP, Brasil)

Ferreira Neto, Ney Jansen
 Escola, ensino de sociologia e políticas educacionais/
Ney Jansen Ferreira Neto. Curitiba: InterSaberes, 2019.

 Bibliografia.
 ISBN 978-85-5972-934-4

1. Política e educação 2. Sociologia 3. Sociologia – Estudo e ensino I. Título

18-22008   CDD-301.7

Índices para catálogo sistemático:
1. Sociologia: Estudo e ensino   301.7
 Iolanda Rodrigues Biode – Bibliotecária – CRB-8/10014

1ª edição, 2019.
Foi feito o depósito legal.

Informamos que é de inteira responsabilidade do autor a emissão de conceitos.

Nenhuma parte desta publicação poderá ser reproduzida por qualquer meio ou forma sem a prévia autorização da Editora InterSaberes.

A violação dos direitos autorais é crime estabelecido na Lei n. 9.610/1998 e punido pelo art. 184 do Código Penal.

sumário

agradecimentos, ix
apresentação, xi
organização didático-pedagógica, xv

1 *Introdução a uma breve história da escola,* 20
    1.1 A educação como instrumento de poder, 22
    1.2 A educação como instrumento de poder na Antiguidade greco-romana, 27
    1.3 A educação do clero, da nobreza e da burguesia medieval, 32
    1.4 A educação no projeto da burguesia em ascensão, 35
    1.5 Críticas às promessas iluministas e à sociedade burguesa, 45

2 A sociologia pensa a escola, 68

2.1 A origem da sociologia, 70
2.2 O lugar da imaginação sociológica, 75
2.3 A escola moderna pensada pelos clássicos da sociologia, 79
2.4 A sociologia da educação de Bourdieu e Passeron, 85
2.5 Um diálogo crítico com Bourdieu e Passeron, 92

3 A história do ensino de Sociologia no Brasil, 108

3.1 Conversa inicial: a necessária institucionalização da Sociologia no currículo, 110
3.2 A trajetória inicial da Sociologia na educação básica, 117
3.3 A retomada do debate da Sociologia na educação básica e sua difícil implementação, 135
3.4 O retorno da Sociologia ao currículo, 140
3.5 As perspectivas com a nova reforma do ensino médio, 143

4 Os sentidos das reformas educacionais contemporâneas, 160

4.1 Conversa inicial: os sentidos das recentes orientações por reformas educacionais, 162
4.2 Um necessário parêntese: interdisciplinaridade, transversalidade e transdisciplinaridade, 162
4.3 A estigmatização da ciência e o ensino voltado para questões práticas, 167
4.4 Os testes padronizados e suas intencionalidades, 179
4.5 A proposta de uma BNCC e suas intencionalidades, 194

Documentos norteadores e prática profissional, 210
    5.1 Pedagogias diretivas, não diretivas e o lugar da Sociologia, 212
    5.2 Diretrizes, Parâmetros e Orientações Curriculares Nacionais de Sociologia, 228
    5.3 A BNCC de Ciências Humanas e Sociais Aplicadas de 2018, 238
    5.5 Conceitos, temas e teorias, 254

Recursos didático-metodológicos e prática profissional, 266
    6.1 Aulas expositivas, leitura e produção de texto, 268
    6.2 Uso das tecnologias em sala de aula, 272
    6.3 A pesquisa como recurso pedagógico, 278
    6.4 Demais possibilidades didático-metodológicas, 284
    6.5 A avaliação, 286

considerações finais, 297
referências, 301
bibliografia comentada, 321
respostas, 331
sobre o autor, 335

agradecimentos

Agradeço, em primeiro lugar, ao professor e colega de profissão, Dr. Everson Araújo Nauroski, que me deu a oportunidade de escrever este livro. Agradeço a todos que contribuíram e contribuem para minha trajetória familiar, pessoal, intelectual, política e profissional. Tive o prazer de escrever esta obra conjugando minhas experiências docentes como professor de Sociologia da educação básica da rede estadual do Paraná, em Curitiba, minha experiência docente no ensino superior e as leituras realizadas na graduação e pós-graduação, bem como as "leituras de mundo", para além da universidade, acumuladas ao longo de minha formação.

Faço, no entanto, um agradecimento especial a meu pai, Ney – em memória –, e à minha mãe, Maria Luiza, ambos ex-professores da rede pública. Meu pai foi professor de Matemática, e minha mãe, de Sociologia e História e, depois, tornou-se socióloga na área ambiental. Também, agradeço ao meu irmão, Wladimir, professor de Geografia, à minha esposa Marina, professora de História, e aos nossos filhos, Clarice e Francisco. A meus pais, pela dedicação na criação dos filhos e nos ensinamentos éticos e políticos; a meu irmão, pela companhia; à minha esposa, pelo companheirismo na vida.

apresentação

Neste livro, convidamos você a refletir sobre os limites e as possibilidades do ensino-aprendizagem de Sociologia na educação básica. A reflexão sobre a prática profissional é muito mais profunda que o domínio de uma suposta "técnica" de se ministrar uma aula. Não há como separar o exercício da prática profissional do pensar a escola, o sistema de ensino e a sociedade.

Este livro é direcionado a estudantes de Sociologia/Ciências Sociais, professores da educação básica e do ensino universitário. Para o desenvolvimento desta obra, realizamos uma extensa pesquisa bibliográfica e documental. Autores de referência nos estudos de sociologia da educação, da história do ensino de sociologia na educação básica e pesquisadores na área de políticas educacionais foram consultados e devidamente referenciados. Ainda, apresentamos análises de diferentes documentos norteadores do ensino de sociologia produzidos pelo Ministério da Educação (MEC), como a Lei de Diretrizes e Bases (LDB) e a Lei n. 11.684/2008, além de considerações acerca da recente reforma do ensino médio, de 2017, e de documentos da Organização das Nações Unidas para a Educação, a Ciência e a Cultura (Unesco).

A abordagem proposta visa à necessária reflexão sobre a história da escola e do ensino de sociologia, relacionando-os com os contextos de tensionamentos sociopolíticos acerca dos rumos das políticas educacionais no país. Esse é o motivo de se pensar a escola, o ensino de sociologia e as políticas educacionais, conforme o título deste livro.

Pretendemos, assim, contribuir com a necessária recuperação da trajetória do ensino de sociologia na educação básica e refletir a respeito das diferentes intencionalidades sobre os rumos da educação no país. Nesta obra, queremos chamar a atenção para o fato de que negar ou secundarizar o papel histórico da escola na transmissão dos conhecimentos científicos, filosóficos, artísticos e literários serve de fundamentação teórica para certas reformas educacionais contemporâneas, apoiadas por segmentos do empresariado, baseadas em um suposto saber prático, em um conhecimento tácito, calcado nas chamadas *vivências*.

Assim, a obra está dividida em seis capítulos.

No primeiro capítulo, abordaremos aspectos da história da escola e da ruptura revolucionária promovida pela Revolução Francesa, partindo da distinção entre educação e instrução pública, identificando, também, as críticas às promessas iluministas inconclusas feitas por teóricos do movimento socialista.

No segundo capítulo, identificaremos o contexto do nascimento da sociologia e a escola pensada por meio de autores da sociologia clássica (como Marx, Durkheim e Weber), das ciências sociais e da pedagogia contemporânea (a exemplo de Wright Mills, Bourdieu e Passeron, Foucault, Saviani e Snyders).

No terceiro capítulo, abordaremos a trajetória da Sociologia na educação básica no Brasil, analisando o caráter intermitente da disciplina nessa modalidade e as diferentes hipóteses acerca desse fenômeno, além de reconhecer o contexto histórico e político do retorno da Sociologia como disciplina obrigatória e das possibilidades futuras diante da recente reforma do ensino médio de 2017.

No quarto capítulo, analisaremos o sentido das recentes transformações nas políticas educacionais no Brasil, refletindo sobre a proposição de uma Base Nacional Curricular Comum (BNCC). As políticas de responsabilização das escolas (docentes e gestores) por resultados, conjugadas com a ênfase na meritocracia e na privatização, serão apresentadas neste capítulo, com suas intencionalidades e consequências.

No quinto capítulo, debateremos os documentos norteadores produzidos pelo Ministério da Educação (MEC) – como as Diretrizes Curriculares Nacionais (DCN), os Parâmetros Curriculares Nacionais (PCN), as Orientações Curriculares Nacionais (OCN) e a BNCC – a respeito do ensino de Sociologia. Além disso, apresentaremos os diferentes modelos de currículo e a articulação metodológica entre conceitos, temas e teorias que possibilitam o pensar sociológico em sala de aula.

No sexto capítulo, indicaremos diferentes possibilidades de recursos didático-pedagógicos no ensino de Sociologia acerca da prática profissional do professor dessa disciplina.

Boa leitura!

organização didático-pedagógica

Esta seção tem a finalidade de apresentar os recursos de aprendizagem utilizados no decorrer da obra, de modo a evidenciar os aspectos didático-pedagógicos que nortearam o planejamento do material e como você pode tirar o melhor proveito dos conteúdos para seu aprendizado.

Introdução do capítulo

Logo na abertura do capítulo, você é informado a respeito dos conteúdos que nele serão abordados, bem como dos objetivos que o autor pretende alcançar.

Síntese

Você conta, nesta seção, com um recurso que o instigará a fazer uma reflexão sobre os conteúdos estudados, de modo a contribuir para que as conclusões a que você chegou sejam reafirmadas ou redefinidas.

Indicações culturais

Nesta seção, o autor oferece algumas indicações de livros, filmes ou sites que podem ajudá-lo a refletir sobre os conteúdos estudados e que permitem o aprofundamento em seu processo de aprendizagem.

Atividades de autoavaliação

Com estas questões objetivas, você tem a oportunidade de verificar o grau de assimilação dos conceitos examinados, motivando-se a progredir em seus estudos e a se preparar para outras atividades avaliativas.

Atividades de aprendizagem

Aqui você dispõe de questões cujo objetivo é levá-lo a analisar criticamente determinado assunto e aproximar conhecimentos teóricos e práticos.

Bibliografia comentada

Nesta seção, você encontra comentários acerca de algumas obras de referência para o estudo dos temas examinados.

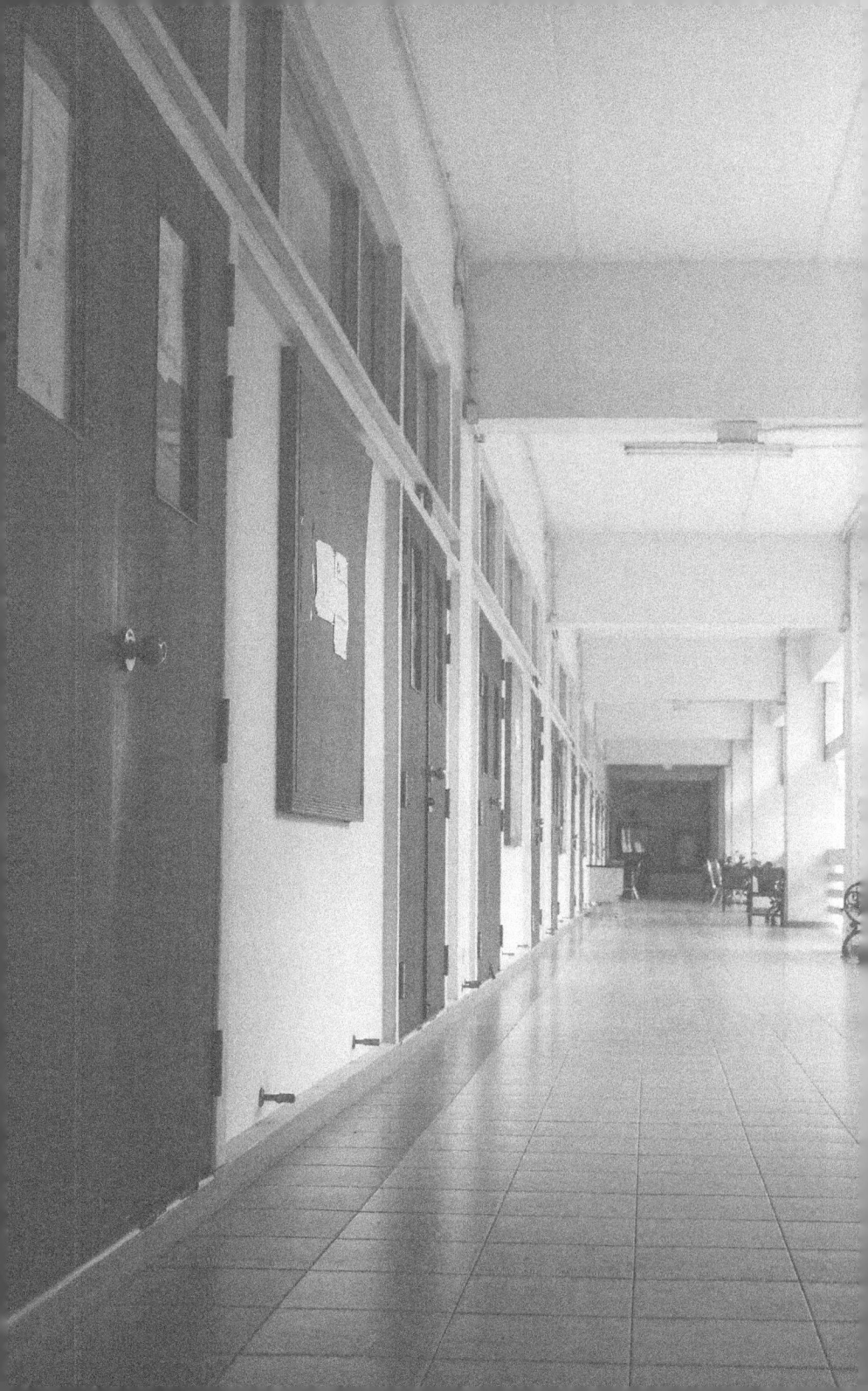

1
Introdução a uma breve história da escola

Neste primeiro capítulo, apresentaremos um breve percurso da história da escola. Destacaremos a ruptura revolucionária no século XVIII, que teve seu ponto alto nas diretrizes de Condorcet durante a Revolução Francesa. Faremos referência às críticas socialistas às promessas iluministas inconclusas, expressas na maneira como Karl Marx abordava a relação entre força de trabalho e capacidade criadora humana.

1.1
A educação como instrumento de poder

A educação está associada à necessidade de transmissão de conhecimentos e ao domínio de técnicas de oralidade, cálculo e/ou leitura e escrita. O ser humano, desde os primórdios de nosso desenvolvimento, humanizou-se gradativamente, tendo no trabalho e na cultura um processo cumulativo de aprendizagem, via tentativa e erro. Diferenciando-se de nossos parentes primatas, libertamos nossas mãos da função de locomoção, aprendemos a manipular instrumentos de trabalho e, pelas necessidades materiais de manutenção da vida, desenvolvemos a comunicação, a fala e os órgãos dos sentidos. Porém, tais descobertas e invenções não podem, como alertou Engels (1990), entusiasmar-nos por nossas supostas vitórias sobre a natureza.

> Pensar a escola além da relação professor-estudante significa identificá-la como imersa em determinados projetos de poder, isto é, como condicionada por uma estrutura social, mas, também, como o lócus, o espaço de reflexão crítica dessa mesma estrutura social.

O acúmulo de conhecimentos sobre as forças e leis da natureza e a necessidade de tentar dominá-la, além da busca por uma explicação racional da realidade social e histórica, não significa que a humanidade esteja caminhando para estágios mais evoluídos. A própria noção de evolução social linear foi duramente criticada pelas ciências sociais, pois serviu de embasamento para as políticas coloniais e racialistas. Mas a noção de compreensão da totalidade da vida social, imersa num conjunto de relações de poder que ensejam contradições diversas, está na base da gênese da sociologia como ciência. Pensar a escola além da relação professor-estudante significa identificá-la como imersa em determinados projetos de poder, isto é, como condicionada por uma estrutura social, mas, também, como o lócus, o espaço de reflexão crítica dessa mesma estrutura social.

O aparecimento da divisão da sociedade em classes sociais marcou uma primeira etapa da cisão entre quem produz a riqueza social e quem se apropria dela. Nas sociedades tribais em que havia um comunismo primitivo, a divisão do trabalho por sexo e por idade, a divisão de funções sociais organizadoras (a justiça, a guerra, a irrigação, o armazenamento) era útil e espontânea. Porém, tal divisão não gerava necessariamente a divisão da sociedade em classes sociais.

Como destacado por Ponce (2010), a domesticação de animais, a produção de excedentes e o intercâmbio de produtos levaram à possibilidade do ócio. Funções administrativas passaram a ser hereditárias, e as propriedades comuns de tribos – terras e rebanhos – que se transformaram em propriedades privadas puderam se expandir graças à escravidão – prisioneiros de guerra –, permitindo que as famílias dirigentes passassem também a ser donas de homens e mulheres.

Friedrich Engels (1820-1895), no livro *A origem da família, da propriedade privada e do Estado*, descreveu esse processo ao relacionar propriedade privada, escravidão e patriarcado como um processo histórico mais ou menos simultâneo:

> *Dessa forma, pois, as riquezas, à medida que iam aumentando, davam, por um lado, ao homem uma posição mais importante que a da mulher na família, e, por outro lado, faziam com que nascesse nele a ideia de valer-se desta vantagem para modificar, em proveito de seus filhos, a ordem da herança estabelecida. Mas isso não se poderia fazer enquanto permanecesse vigente a filiação segundo o direito materno. Esse direito teria que ser abolido, e o foi. [...] Assim, foram abolidos a filiação feminina e o direito hereditário materno, sendo substituídos pela filiação masculina e o direito hereditário paterno. [...] Resultou daí uma espantosa confusão, que só podia ser remediada – e parcialmente o foi – com a passagem ao patriarcado. [...]*

*O desmoronamento do direito materno, **a grande derrota histórica do sexo feminino em todo o mundo**. O homem apoderou-se também da direção da casa; a mulher viu-se degradada, convertida em servidora, em escrava da luxúria do homem, em simples instrumento de reprodução. Essa baixa condição da mulher, manifestada, sobretudo, entre os gregos dos tempos heroicos e, ainda mais, entre os dos tempos clássicos, tem sido gradualmente retocada, dissimulada e, em certos lugares, até revestida de formas de maior suavidade, mas de maneira alguma suprimida. O primeiro efeito do poder exclusivo dos homens, desde o momento em que se instaurou, observamo-lo na forma intermediária da família patriarcal, que surgiu naquela ocasião. [...] Em sua origem a palavra família [...] não se aplicava sequer ao par de cônjuges e aos seus filhos, mas somente aos escravos.* Famulus *quer dizer escravo doméstico e* família *é o conjunto de escravos pertencentes a um mesmo homem. [...] A família monogâmica diferencia-se do matrimônio sindiásmico* por uma solidez muito maior dos lanços conjugais, que já não podem ser rompidos por vontade de qualquer das partes. Agora, como regra, só o homem pode rompê-los e repudiar sua mulher. Ao homem igualmente, se concede o direito à infidelidade conjugal, sancionado ao menos pelo costume (o Código de Napoleão outorga-o expressamente, desde que não traga a concubina ao domicílio conjugal) [...].*

[...] A monogamia não aparece na história, portanto, absolutamente, como uma reconciliação entre o homem e a mulher e, menos ainda, como a forma mais elevada de matrimônio. Pelo contrário, ela surge sob a forma de escravização de um sexo pelo outro, como proclamação de um conflito entre os sexos, ignorado, até então, na pré-história. [...] A monogamia foi um grande progresso histórico, mas, ao mesmo tempo, iniciou, juntamente com a escravidão e as riquezas privadas, aquele período, que dura até nossos dias, no qual cada progresso é simultaneamente um retrocesso relativo, e o bem-estar e o desenvolvimento de uns se verificam às custas da dor e da repressão de outros. (Engels, 1974, p. 59-71, grifo do original)

---

* Poligamia masculina (nota do autor).

A cisão entre produção social e apropriação privada que deu origem à divisão da sociedade em classes sociais carregou consigo o desmoronamento das famílias matrilineares originais (típicas de sociedades onde existia a propriedade comum do solo) e a emergência do patriarcado monogâmico. A exclusão histórica das mulheres das atividades de poder se refletiu na exclusão histórica das mulheres dos processos educativos, em diferentes contextos históricos.

Com a centralização da riqueza, da terra e das propriedades nas mãos de poucos, passou a existir a nomeação – hereditária ou não – dos dirigentes da comunidade. As funções de direção na sociedade passaram a ser patrimônio de um pequeno grupo. Religiosos, sacerdotes e sábios foram socializados em processos educativos diferenciados. O soberano e sua família, sacerdotes, guerreiros e funcionários transformaram-se em uma classe com interesses comuns e opostos aos daqueles que não ocupavam funções dirigentes. O caráter "divino" dos governantes e os cerimoniais diversos reforçaram o prestígio de uma classe social dominante que emergiu. A organização social baseada nas relações de parentesco (as *gens*) deu lugar a um aparato político-administrativo fundamentado no monopólio do uso da força e funcional aos interesses da classe dominante: o Estado. A seguir, um trecho em que Engels destaca a transição de uma forma anterior ao Estado para o Estado:

> *Chegamos, agora, a outro descobrimento de Morgan, pelo menos tão importante quanto a reconstituição da forma primitiva da família através dos sistemas de parentesco. A demonstração de que aos grupos consanguíneos, designados por nomes de animais no seio de tribos de índios americanos, são essencialmente idênticos às genea dos gregos e as gentes dos romanos; de que a forma americana é a forma mais original de gens, sendo a forma greco-romana uma forma posterior, derivada, de que toda a organização social dos gregos e romanos dos tempos primitivos em gens, fratria e*

tribo encontra seu fiel paralelo na organização dos indígenas americanos; de que a gens [...] é anterior à criação do **Estado***. [...]*

Já estudamos, uma a uma, as três formas principais de como o Estado se erigiu sobre as ruínas da gens. Atenas apresenta a forma que podemos considerar mais pura, mais clássica: ali, o Estado nasceu direta e fundamentalmente dos antagonismos de classes que se desenvolviam no seio da sociedade gentílica. Em Roma, a sociedade gentílica se converteu numa aristocracia fechada, em meio a uma plebe numerosa e mantida à parte, sem direitos, mas com deveres; a vitória da plebe destruiu a antiga constituição da gens, e sobre os escombros instituiu o Estado, onde não tardaram a se confundir a aristocracia gentílica e a plebe. Entre os germanos, por fim, vencedores do império romano, o Estado surgiu em função direta da conquista de vastos territórios estrangeiros que o regime gentílico era impotente para dominar. Como, porém, a essa conquista não correspondia uma luta séria com a antiga população, nem uma divisão de trabalho mais avançada; como o grau de desenvolvimento econômico de vencidos e vencedores era quase o mesmo – e, por conseguinte, persistia a antiga base econômica da sociedade – a gens pôde manter-se ainda por muitos séculos, sob uma forma modificada, territorial, na constituição da **marca***, e até rejuvenescer durante certo tempo, sob uma forma atenuada, nas famílias nobres e patrícias dos anos posteriores, e mesmo em famílias camponesas [...].*

O Estado não é, pois, de modo algum, um poder que se impôs à sociedade de fora para dentro. [...] É antes um produto da sociedade, quando esta chega a um determinado grau de desenvolvimento; é a confissão de que essa sociedade se enredou numa irremediável contradição com ela própria e está dividida por antagonismos irreconciliáveis que não consegue conjurar. Mas para que esses antagonismos, essas classes com interesses econômicos colidentes não se devorem e não consumam a sociedade numa luta estéril, faz-se necessário um poder colocado aparentemente por cima da sociedade, chamado a amortecer o choque e a mantê-lo dentro dos limites da "ordem". Este poder, nascido da sociedade, mas posto acima dela se distanciando cada vez mais, é o Estado. (Engels, 1974, p. 91-92; 190-191, grifo do original).

Aníbal Ponce (1898-1938), ao discorrer sobre a formação de processos educativos diferenciados ligados à existência das classes sociais, exemplifica assim:

> Havia no Egito antigo um dispositivo admirável para a época, chamado **nilômetro**, que permitia conhecer com boa exatidão o crescimento das águas do Nilo e prognosticar o volume da futura colheita. De acordo com essas informações, que eram mantidas em segredo, os sacerdotes aconselhavam os lavradores. As classes inferiores recebiam desse modo um excelente serviço, que a própria ignorância em que viviam, provocada por um trabalho ininterrupto, impossibilitava que realizassem. Mas o nilômetro servia duplamente às classes dirigentes, ainda que o objetivo fosse um só. Por um lado, quanto maior fosse a colheita, maiores os impostos, por outro, aquelas informações precisas a respeito da iminência do crescimento das águas – informações essas que só as autoridades estavam em condições de possuir – emprestavam ao soberano a ascendência das divindades: no momento oportuno, o Faraó lançava no rio as suas ordens escritas, e então – só então – as águas obedientes começavam a subir... (Ponce, 2010, p. 34, grifo do original)

As condições de formação de processos educativos diferenciados, vinculados a apropriações desiguais dos saberes e a sua utilização como instrumento de dominação, podem ser compreendidas, portanto, por meio da dissolução de um comunismo primitivo e da emergência das classes sociais e do Estado.

1.2
A educação como instrumento de poder na Antiguidade greco-romana

Os processos educativos diferenciados foram expressos de diversas formas na história. Nos primórdios da formação da civilização grega, mais precisamente em Atenas, cidade portuária e grande entreposto comercial, antes mesmo do nascimento da filosofia (por volta do séculos V a.C.), desde os tempos de Homero, já existia a necessidade de formar e educar os homens. Era uma prática dedicada à formação dos jovens que possuíam nobreza de sangue (em grego, *areté*, que também pode ser traduzido por "excelência") comum à classe dos intitulados *eupátridas* (em grego, quer dizer "bem nascidos").

Por volta de 600 a.C., surgiu a escola elementar em Atenas baseada no amor à pátria, às instituições e aos deuses. A mudança no sistema político da grande cidade grega – de um governo aristocrático, que privilegiava a *areté*, para uma democracia cidadã –, somada à afluência de pensadores que para lá foram, deu origem a uma profunda ruptura no pensamento grego. O desenvolvimento da democracia fez surgir a figura do professor de retórica. A esse profissional deu-se o nome de **sofista**. De uma educação anteriormente baseada na aprendizagem do cotidiano da vida adulta, os sofistas passaram, mediante remuneração, a ensinar exercícios corporais, ginástica, música, matemática, geometria, astronomia, poesia, filosofia e, por fim, arte da oratória. Esse ambiente de educação criado pelos sofistas é o que hoje chamamos de *escola*.

> Esse ambiente de educação criado pelos sofistas é o que hoje chamamos de *escola*.

As críticas dos sofistas à sociedade e à educação gregas baseada na *areté* e nas qualificações guerreiras contribuíram para a ênfase na formação humanista, no questionamento às verdades absolutas.

Platão (428 a.C.-348 a.C.) e Aristóteles (384 a.C.-322 a.C.) defendiam que a educação devia se basear na **virtude**, opondo-se à noção de nobreza de sangue. Mas eles criticavam o fato de os sofistas cobrarem remuneração em dinheiro para educar os jovens. A concepção de virtude também estava imbuída de noções educacionais e políticas aristocráticas, e a crítica à prática dos sofistas de cobrarem remuneração por seu ensino era, assim como entre os romanos, vista de forma pejorativa, baseada na oposição trabalho *versus* ócio (ainda que o *ócio* seja entendido em um sentido sensivelmente diferente do que possamos pensar).

Apesar de os gregos apreciarem os prazeres da arte, da poesia, da música e da filosofia, Ponce (2010) destaca que a classe dominante grega não esquecia que continuava a ser formada por uma classe dominante armada.

Os gregos consideravam o trabalho com base em três dimensões: *labor* (atividade manual, com esforço físico, voltada à sobrevivência do corpo); *poiesis* (ato de fabricar, ofícios artesanais); e *práxis* (atividades intelectuais, uso da palavra e da sabedoria). Acompanhe como Aristóteles (1998, p. 12-14) abordava essa questão:

> *Não é apenas necessário, mas também vantajoso que haja mando por um lado e obediência por outro; e todos os seres, desde o primeiro instante do nascimento, são, por assim dizer, marcados pela natureza, uns para comandar, outros para obedecer. [...] A natureza, por assim dizer, imprimiu a liberdade e a servidão até nos hábitos corporais. Vemos corpos robustos talhados especialmente para carregar fardos e outros usos igualmente necessários; outros, pelo contrário, mais disciplinados, mas também mais esguios e incapazes de tais trabalhos, são bons apenas para a vida política, isto é, para os exercícios da paz e da guerra. [...] Não pretendemos agora estabelecer nada além que, pelas leis da natureza, há homens feitos para a liberdade e outros para a servidão [...].*

Conforme essa citação, o filósofo se utilizava de um argumento de ordem biológica: "A natureza, por assim dizer, imprimiu a liberdade e a servidão até nos hábitos corporais", naturalizando a desigualdade social existente. Platão e Aristóteles partiam de critérios aristocráticos: a virtude (entendida como conhecimento, capacidade) poderia ser despertada, mas não ensinada. Cada cidadão, pela educação, poderia desenvolver suas virtudes, porém esta era vista como intrínseca à natureza de alguns.

Conforme Platão, a igualdade poderia até existir com relação aos bens, mas não havia igualdade no exercício do poder político, pois tal situação exige que o poder seja confiado aos mais sábios (os reis filósofos), isto é, que possuem tal característica inata, pois enxergam além do mundo visível.

Almeida (2015) destaca que em Platão há a impossibilidade do ensino da virtude mencionado no conhecido Livro VII de *A república*: somente um homem se desprende da caverna, e não todos os homens. Como afirma Wood (2011), para Platão a virtude na política seria análoga às artes práticas: assim como um artesão tem especialização, competência e exclusividade no seu trabalho, a política deveria ser praticada por quem nela se especializa.

Protágoras (481 a.C.-411 a.C.), grande expoente da escola sofista, mostrava que a virtude poderia ser ensinada; logo, a democratização do poder e do saber poderia fazer com que qualquer homem participasse da vida pública com conhecimento de causa:

A filosofia política de Aristóteles centrava-se na discussão do homem como animal político e postulava ser possível, por meio da educação, construir uma cidade justa, voltada para o bem viver em comunidade, para o bem comum, isto é, que promovesse a felicidade de todos os indivíduos na pólis. Mas, para Aristóteles, assim como para Platão, aqueles que dedicavam suas energias para as atividades manuais – como os escravos e os trabalhadores livres, os artesãos e os agricultores – eram desprovidos da arte da política e do exercício da cidadania.

Com o desenvolvimento do comércio em Atenas, surgiu uma nova classe social que não tinha os "gloriosos avós" (os eupátridas). Os sofistas foram intérpretes ideológicos dessa nova riqueza social, diversa da posse da terra.

Protágoras (481 a.C.-411 a.c.), grande expoente da escola sofista, mostrava que a virtude poderia ser ensinada; logo, a democratização do poder e do saber poderia fazer com que qualquer homem participasse da vida pública com conhecimento de causa:

> Agora, que estamos reunidos em Assembleia, se o Estado se vê diante de um projeto de construção, observo que os arquitetos são convocados e consultados sobre a estrutura proposta, e quando se trata de uma questão relativa à construção de navios, são os projetistas de navios [...]. É assim que eles se comportam com relação a temas consideram técnicos. Mas, quando se trata de debater algo relativo ao governo do país, o homem que se levanta para dar conselhos pode ser um construtor, ou mesmo um ferreiro ou um sapateiro, mercador ou armador, rico ou pobre, nascido ou não de boa família. (Protágoras, citado por Wood, 2011, p. 166)

Para os pensadores da escola sofista, seria possível, graças à educação, tornar o homem um sujeito melhor e mais prudente no que toca à sua condição social e política. Protágoras foi um inequívoco defensor da democracia. A virtude não poderia ser apenas para um público específico, a aristocracia, mas sim para todos os homens. Essa visão sofreu oposição de Platão e Aristóteles, que defendiam a virtude como algo inato, restrito à capacidade de algumas pessoas de exercerem a direção política da sociedade.

Em Roma, na Antiguidade, é possível encontrar também a dicotomia trabalho *versus* ócio dos gregos. Na cidade italiana, existiam escolas particulares pagas pelos estudantes, mas que tinham seus conteúdos controlados pelos governantes romanos. Os professores eram escravos ou proprietários arruinados ou, ainda, ex-soldados que alugavam um espaço e o transformavam em uma espécie de loja de instrução.

A profissão de professor era desprezada, pois ter de se sujeitar a um salário era, tal como para os gregos, uma prova de servidão.

A hierarquizada sociedade romana levou à criação (por iniciativa dos enriquecidos comerciantes, agora concorrentes do poder dos patrícios) de escolas de nível médio – em que os mestres eram chamados de *gramáticos* – e de ensino superior – nas quais os mestres eram denominados *retores*.

Aos filhos dos patrícios (que tinham o monopólio do Senado, considerados governantes naturais de Roma, descendentes dos fundadores da cidade) e ricos comerciantes ensinava-se não apenas a cultura geral, mas uma cultura mais especializada, voltada à arte de governar, com técnicas de como se portar em público (de oratória a orientações gestuais). Em Roma, o Estado até mesmo subsidiou os professores retores, que chegaram a ser funcionários das municipalidades, mas nunca os professores primários (em contato com cidadãos mais pobres, como artesãos e pequenos comerciantes). Os professores retores eram nomeados pelo Estado com o mesmo cuidado com que os governantes escolhiam seus generais.

1.3
A educação do clero, da nobreza e da burguesia medieval

No período medieval, a forte hierarquização social presente entre gregos e romanos persistiu, porém inserida em um novo eixo de relações sociais, tendo na Igreja Católica uma instituição social poderosa.

De acordo com Ponce (2010), ao contrário da nobreza dos senhores feudais, que esbanjavam riqueza sem se preocuparem diretamente com as atribuições administrativas de seus feudos, os monastérios, no século VIII, eram locais não apenas de oração, mas de intenso comércio e produção.

Nesse período, foram criadas escolas voltadas para a carreira religiosa e outras direcionadas para quem até queria estudar (filhos dos nobres), mas não seguir a via da carreira religiosa. Nessas escolas, formavam-se juristas e secretários, que estavam a serviço de príncipes ou imperadores. Ponce (2010) destaca que senhores feudais e diversos reis, criados como *bellatores* (guerreiros), não sabiam ler e escrever e desprezavam a instrução, pois consideravam a leitura "coisa de mulher".

A partir do século XI, época do início do renascimento comercial e urbano, conhecida como *Baixa Idade Média*, as escolas ampliaram-se dos monastérios (mais fechadas, em áreas rurais) para as catedrais. No entanto, o canto no coral e as orações eram mais importantes que a instrução (ler e escrever).

As primeiras universidades – a palavra *universitas* era empregada para designar assembleia corporativa profissional – eram associações de homens que cultivavam o ensino das ciências.

Segundo Ponce (2010), elas se constituíram na primeira instituição liberal na Idade Média com relativa autonomia – ainda que tivesse reitores indicados pelo clero –, em que os estudantes exigiam que os professores se ativessem estritamente à leitura de todos os trechos dos livros.

No período da chamada *Baixa Idade Média*, a burguesia de ricos comerciantes e banqueiros passou a ser uma "nobreza de toga" concorrente de uma nobreza de armas, mas que, por intermédio da universidade, ia se apoderando da justiça e da burocracia. Surgiram, assim, os "doutores", que detinham riqueza e prestígio. No século XIII, os magistrados começaram a exigir a criação de escolas primárias que deveriam ser custeadas pelas municipalidades e

> As primeiras universidades – a palavra *universitas* era empregada para designar assembleia corporativa profissional – eram associações de homens que cultivavam o ensino das ciências.

pagas pelos estudantes. Nessas escolas, não se ensinava latim, mas sim as línguas nacionais (de compreensão popular), e em vez do *trivium* e do *quadrivium**, propunha-se um ensino mais próximo das necessidades práticas da vida, por meio das ciências naturais, da história, da geografia, da contabilidade e da matemática.

Tal como os sofistas gregos, os humanistas buscavam valorizar a ação humana contra os dogmas e os privilégios de nascença. Um elemento comum entre esses personagens históricos é que eles representavam a ascensão social e a ambição política de ricos comerciantes em determinadas fases do desenvolvimento histórico de suas respectivas épocas.

A erudição, que era uma prerrogativa escolástica, tornava-se cada dia mais leiga. No período final da Idade Média, a Igreja tentava frear a perda de influência por meio de diversos instrumentos, a exemplo da Santa Inquisição, da Contrarreforma, passando também por cultos performáticos e teatrais com encenação de milagres, visando manter seus fiéis, como destacado por Ponce (2010).

A burguesia do século XVI ao XVIII buscava a coabitação do poder com a nobreza e associava-se com os monarcas. Muitos teóricos renascentistas manifestavam desprezo pela "plebe inculta" ao mesmo tempo em que valorizavam a individualidade, a ação humana, a experiência e a racionalidade. A vida terrena dos negócios, a investigação e a razão eram os ideais dos humanistas do renascimento, cada vez mais em oposição à vida pregada pelos ideais de cavalaria, pelo clero e pelo ensino dogmático.

---

* *Trivium* e *quadrivium* se referem a metodologias de ensino durante a Idade Média, em que se visava a uma formação holística, de caráter metafísico e filosófico, diversa de uma visão utilitária, técnica-profissional. O ensino em universidades medievais era dividido em duas áreas, totalizando sete disciplinas. O *trivium* era composto pelo ensino de Retórica, Gramática e Lógica; o *quadrivium*, por Música, Astronomia, Aritmética e Geometria.

1.4
A educação no projeto da burguesia em ascensão

Com o desenvolvimento do comércio e das atividades manufatureiras em muitas cidades europeias, no século XVII, surgiram iniciativas favoráveis à criação de um ensino primário gratuito, associando o ensino da religião cristã à leitura e à escrita. Em um documento de 30 de novembro de 1670 dos cônsules da cidade manufatureira e mercantil de Lyon, na França, o foco era o ensino de trabalhos manuais, de modo que as escolas se tornassem "agências de informação ou lugares de mercado em que as pessoas abonadas pudessem ir buscar servidores domésticos ou empregados comerciais ou industriais" (Ponce, 2010, p. 125).

Professores visitavam as residências dos estudantes para verificar os "costumes religiosos" e, até mesmo, para inspecionarem as caixas de correios deles, a fim de que não se difundissem livros contaminados de heresias. René Descartes (1596-1650), em seu *Discurso do método*, passou a defender que as escolas deviam ensinar, no lugar de uma filosofia especulativa, uma filosofia prática, baseada no conhecimento das forças e das leis da natureza.

No mesmo século XVII, a revolucionária *Didática magna*, de João Comênio (1592-1670), bispo protestante, educador, cientista e escritor checo, defendia de forma pioneira o ensino extensivo a todos, inclusive às meninas, em oposição a um ensino aristocrático e de teor religioso. Tal como Descartes, Comênio defendia um ensino voltado à aprendizagem profissional, baseado no conhecimento das coisas: "Só fazendo é que se pode aprender a fazer, escrevendo a escrever, pintando a pintar" (Comênio, citado por Ponce, 2010, p. 128).

A vida terrena dos negócios, a investigação e a razão estavam ligadas à noção de *time is money*, isto é, de economia de tempo. Thompson (2011,

p. 291) nos traz a descrição do período de transição do capitalismo manufatureiro para o capitalismo industrial na Inglaterra:

> *Nesse ponto, já em 1700, estamos entrando na paisagem familiar do capitalismo industrial disciplinado, com a folha de controle de tempo, o controlador do tempo, o devedor e as multas. [...] É demasiado fácil, entretanto, ver esse problema apenas como questão de disciplina na fábrica ou oficina, e podemos examinar rapidamente a tentativa de impor o "uso econômico do tempo" nos distritos manufatureiros e domésticos, bem como o choque dessas medidas com a social e doméstica.*

Teóricos mercantilistas defendiam as teses dos baixos salários para prevenir o ócio pelo menos até o século XVIII, quando a folha de controle do tempo, o relógio e as multas por atraso passaram a ganhar forma. Porém, entre o proletariado nascente, havia uma tradição verificada em muitas atividades profissionais e regiões de Europa – que foi até o final do século XIX e início do XX – de não trabalhar na segunda-feira (chamada de *santa segunda-feira*), emendando o final de semana e, por vezes, estendendo-se até parte de terça-feira. Tal costume de lazer e descanso era compensado por jornadas mais longas nos outros dias e expressava uma memória de resistência de um período no qual os trabalhadores ainda tinham o controle relativo de seu tempo de trabalho e de suas vidas.

Esses ritmos irregulares de trabalho eram inaceitáveis para os patrões. Nesse sentido, as igrejas protestantes cumpriam um papel importante, com uma série de orientações morais para o uso econômico do tempo e a condenação do ócio, seguindo a máxima de que o esforço metódico seria recompensado por Deus – como diz o popular dito, *Deus ajuda quem cedo madruga* –, além da abolição de festividades católicas para aumentar o número de dias úteis. Esses aspectos foram estudados pelo historiador britânico Edward P. Thompson (1924-1993), no capítulo "Tempo, disciplina de trabalho e capitalismo industrial" do livro *Costumes em comum*, e pelo sociólogo alemão Max Weber (1864-1920), em *A ética protestante e o espírito do capitalismo*. Ou seja, tratava-se de um controle moral, muito além da fábrica:

> Havia outra instituição não industrial que podia ser usada para inculcar o "uso econômico do tempo": a escola. [...] Uma vez dentro dos portões da escola, a criança entrava no novo universo do tempo disciplinado. Nas escolas dominicais metodistas em York, os professores eram multados por impontualidade. A primeira regra que o estudante devia aprender era: "Devo estar presente na escola [...] alguns minutos antes das nove e meia [...]. Uma vez na escola, obedeciam regras militares" [...].
> (Thompson, 2011, p. 292-293)

Conforme destacado por Ponce (2010), se no período medieval a nobreza não se preocupava em contabilizar seus gastos – pelo contrário, o mais importante era esbanjar –, no século XVII, John Locke (1632-1704), em sua obra pedagógica *Pensamentos a respeito da educação*, de 1693, orientava a educação dessa nobreza pautada pelo estudo da geografia, da aritmética, da história, do direito civil e da contabilidade comercial, que passavam a fazer parte do ensino do jovem *gentleman*. Era a nobreza incorporando os valores da classe social que nasceu do seio da Idade Média.

> As noções de instrução universal, sistema nacional de ensino, cidadania e direitos sociais foram conquistas democráticas que sofreram larga resistência da burguesia.

As revoluções burguesas do século XVIII impulsionaram a ideia de escola moderna baseada na escola pública, gratuita, universal, laica, centrada na difusão dos conteúdos e saberes sistematizados. A Revolução Francesa (1789-1799) buscou colocar em prática as divisas de Voltaire (1694-1778) e Diderot (1713-1784) a respeito da instrução universal, como texto de Diderot em carta de aconselhamento à criação de uma educação universal dirigida à imperatriz Catarina, da Rússia: "do Primeiro ministro ao mais humilde dos camponeses" (Diderot, citado por Ponce, 2010, p. 135).

Bezerra (2015) destaca que a visão da escola como agência de transmissão de uma ordem burguesa seria uma visão unilateral, que deslocaria o fato de que as diversas lutas sociais na história, em particular a luta pela concretização dos ideais iluministas, necessitaram de muita organização do proletariado nascente contra a burguesia.

As noções de instrução universal, sistema nacional de ensino, cidadania e direitos sociais foram conquistas democráticas que sofreram larga resistência da burguesia.

A história da Revolução Francesa é um exemplo, bem como a luta entre *sans-culottes*, jacobinos e girondinos e a revogação, por parte dos girondinos, das propostas da fase jacobina, como a abolição da escravidão colonial e o fim do voto censitário.

Durante o século XVIII, o século da criação da noção de escola pública universal, persistiu entre diversos teóricos iluministas a defesa de escolas diferenciadas para ricos e pobres. Sob essa ótica, a escola para os pobres deveria servir de instrução elementar e voltada às atividades práticas profissionais. A igualdade perante a lei dissimulava a existência do caráter de classe da sociedade burguesa em ascensão. Segundo Ponce (2010), autores como Filangieri (1752-1788) e o pedagogo suíço Basedow (1724-1790) defendiam uma educação diferenciada de acordo com as circunstâncias e os destinos econômicos e sociais de cada povo.

Um dos autores mais representativos dos ideais revolucionários iluministas foi o Marquês de Condorcet. Durante o processo revolucionário francês aberto em 1789, ele submeteu dois importantes documentos à Assembleia Legislativa em 1792: o "Projeto de decreto sobre a instrução pública" e o "Relatório sobre a instrução pública".

Tais documentos – referências obrigatórias para quem quer estudar a história da educação – foram apresentados ainda durante a Monarquia, na fase pré-República, e defendiam que o Estado passasse a ter a obrigação de instruir, baseada no conhecimento científico e na supressão das faculdades de Teologia. No Relatório, consta que a instrução pública deveria estar baseada na laicidade e nos princípios de amor à pátria e respeito ao próximo (Oliveira; Machado, 2010). A diferenciação entre *instrução pública* – como obrigação do Estado – e *educação* representava uma perspectiva inovadora apresentada pelos revolucionários franceses de 1789.

Marie Jean Antoine Nicolás de Condorcet (1743-1794) foi um cientista, filósofo, ilustrador, enciclopedista, racionalista e político francês nascido em Ribemont, na Picardia, de família aristocrática (por isto, também é conhecido como "Marquês de Condorcet"), órfão de pai poucos dias após nascer, educado por uma mãe muito devota, que o entregou sucessivamente à tutela de um tio bispo e dos jesuítas de Reims [...] [Condorcet] se deslocou a Paris para estudar no Colégio de Navarra, pondo-se em contato com os cientistas da época e especialmente com os enciclopedistas com os quais colaborou. Logo, tornou-se ateu e anticlerical. Muito jovem chamou a atenção pelos seus conhecimentos científicos e ingressou na academia de Ciências aos 36 anos. Eleito deputado à Assembleia Legislativa durante a Revolução Francesa, foi designado membro da Comissão de Instrução Pública, a que apresentou o seu famoso **Relatório e Projeto de Decreto** em abril de 1772. Homem de espírito amplo e generoso, foi perseguido por se opor aos excessos da Convenção e acabou suicidando-se para não ser por sua vez guilhotinado.

Fonte: Rodrigues, 2017, grifo do original.

Sob esse aspecto, é importante destacar que a burguesia do período de ascensão do capitalismo mesclava ceticismo anticlerical e nacionalismo, identificando a construção dos Estados nacionais com seu projeto hegemônico de poder. Porém, foi no marco desses Estados nacionais que os trabalhadores buscaram exprimir seus interesses, dentre eles, a defesa da escola pública, buscando tornar efetivo o que as revoluções burguesas prometeram.

Condorcet defendia o afastamento da religião em relação ao ensino público, identificando-a como perniciosa na definição de juízos de valor, sob o argumento de que "religião não forja grandes almas, mas apenas monstros e insensatos" (Condorcet, citado por Oliveira; Machado, 2010, p. 271), bem como recusava os castigos e prêmios aos estudantes como motivadores da instrução, identificando tais práticas como um desvirtuamento moral.

Aulas práticas sem estarem desvinculadas de rigor teórico, baseadas na aprendizagem primeiramente prática e, depois, abstrata de conceitos, a criação de exercícios sequenciais por nível de dificuldade, bem como o ensino de ciências adaptado à maturidade e ao gosto das crianças foram outros elementos presentes no Relatório de Condorcet e que representavam um marco divisório nas concepções de educação (ou melhor, instrução pública) em comparação com períodos anteriores.

Segundo Oliveira e Machado (2010), havia uma distância entre a proposição dos princípios gerais e a realização da escola pública expressa na redução da instrução pública à escola primária, conforme proposta de Condorcet: "As escolas secundárias são destinadas às crianças cujas famílias possam dispensá-las por mais tempo do trabalho e consagrar à sua educação maior número de anos ou mesmo qualquer avanço" (Oliveira; Machado, 2010, p. 2). Aqui, aparece ainda a defesa de uma educação diferenciada para ricos e pobres, em relação à qual Condorcet propôs bolsas de estudos para enfrentar a limitação das famílias pobres em arcar com os custos indiretos do ensino.

Condorcet talvez seja um dos grandes representantes dos ideais iluministas, traduzindo o espírito da burguesia de sua época: científica, cética e prática. Ele defendeu o conceito de liberdade de cátedra, para que "cada professor possa ensinar as opiniões que acredita como verdadeiras e não as que o Estado julgue verdadeiras" (Condorcet, citado por Ponce, 2010, p. 142). Curiosamente, Condorcet foi contrário ao fato de que o Estado assumisse de forma monopolística as tarefas de educação, instaurando um Estado desincumbido das tarefas da educação pública. Um dos argumentos era o alto custo das instituições públicas e o agravamento da crise fiscal.

Outro argumento de Condorcet em seu Relatório para se afastar ou, pelo menos, limitar o Estado das tarefas da educação foi a negativa da imposição de credo aos estudantes e a recusa à nomeação (indicação) de professores por parte do Estado. O cientista francês defendia que as instituições particulares deviam existir em paralelo ao Estado, além da eleição de professores por sociedades científicas em oposição à nomeação. Porém, segundo Ponce (2010), um ano após seu discurso, em 1793, Condorcet reescreveu seu relatório por ordem da Convenção (1792-1795) e passou a defender que o ensino primário fosse vigiado e administrado pelo Estado e que o ensino superior mantivesse sua completa independência. Conforme destacou Ponce (2010, p. 143):

> *enquanto o poder estatal continuava nas mãos da classe inimiga era necessário impedir a qualquer preço o controle estatal nas escolas: não permitir que o Estado nomeasse os professores e exigir a existência das escolas particulares (burguesas, nesse caso), em cuja fundação o Rei não pudesse interferir. Mas, assim que a burguesia se apoderou da máquina administrativa, Condorcet passou a afirmar que as escolas*

deveriam estar sob a vigilância e a administração do Estado. Não se poderia exigir de um "visionário" maior consciência de classe.

A seguir, citamos alguns trechos do Relatório (*Rapport et projet de décret sur l' organisation générale de l'instruction publique, présentés à l' Assemblée nationale au nom du Comitê d'Instruction Publique lês 20 et 21 avril 1792*), apresentado à Assembleia Legislativa em 20 e 21 de abril de 1792 durante o processo revolucionário francês – documento indispensável para o estudo das origens da educação moderna:

> *Nós pensamos que, nesse plano de organização geral, nosso primeiro cuidado deveria ser o de tornar, de um lado a educação tão igual quanto universal; de outro, tão completa quanto as circunstâncias pudessem permitir; que era necessário dar a todos igualmente a instrução que possível de se estender a todos; mas não recusar a nenhuma parte dos cidadãos a instrução mais elevada que é impossível de ser compartilhada pela massa total dos indivíduos: estabelecer uma, porque ele é útil aos que a recebem; e outra porque ela o é a esses mesmos que não a recebem. [...]*
>
> *Nós não quisemos que um único homem, no Império, pudesse dizer de agora em diante: a lei me assegurava uma total igualdade de direitos, mas me negava os meios de conhecê-los. Devo depender só da lei, mas minha ignorância me torna dependente de tudo o que me cerca. Ensinaram-me na infância que eu tinha necessidade de saber, mas, obrigado a trabalhar para viver, essas primeiras noções logo se apagaram e delas só me resta a dor de sentir, em minha ignorância, não à vontade da natureza, mas a injustiça da sociedade.*
>
> *Nós acreditamos que o poder público deveria dizer aos cidadãos pobres: a fortuna de seus pais não pode dar a vocês senão os conhecimentos mais indispensáveis; mas, asseguramos a vocês os meios fáceis de conservá-las e de estendê-los. Se a natureza lhes deu talentos, vocês podem desenvolvê-los, e eles não serão perdidos, nem para vocês e nem para a pátria.*

Assim, a instrução deve ser universal, quer dizer, se estender a todos os cidadãos. Ela deve ser repartida com toda a igualdade que permitem os limites necessários da despesa, a distribuição dos homens sobre o território e o tempo mais ou menos longo que as crianças podem consagrar a ela. Ela deve, nesses diversos graus, abranger o sistema inteiro dos conhecimentos humanos, e assegurar aos homens, em todas as idades da vida, a facilidade de conservar seus conhecimentos, ou de adquirir novos.

Enfim, nenhum poder público deve ter nem a autoridade nem mesmo o crédito de impedir o desenvolvimento das novas verdades, o ensino das teorias contrárias a sua política particular ou a seus interesses momentâneos.

Seu entusiasmo não será baseado nos preconceitos, nos costumes da infância, e poderemos dizer-lhes ensina ao mesmo tempo o que vocês devem à sociedade e o que tem direitos de exigir dela essa Constituição que vocês devem manter às expensas de suas vidas são apenas o desenvolvimento desses princípios simples, ditados pela natureza e pela razão, dos quais vocês aprenderam, em seus primeiros anos, a reconhecer neles a verdade eterna.

Enquanto houver homens que não obedecerão à sua própria razão, que receberão suas opiniões alheia, em vão todas as cadeias terão sido destruídas, em vão essas opiniões de comando serão verdades úteis; o gênero humano não ficará menos dividido em duas classes; a dos homens que raciocinam e a dos homens que crêem; a dos senhores de escravos. [...]

De outro lado na disciplina interior das escolas, tomar-se-á o cuidado de instruir as crianças a serem boas e justas; será feita a prática, uns em relação a outros, dos princípios que lhes teremos ensinado [...]

As escolas secundárias são destinadas às crianças cujas famílias podem privar-se por maior tempo de seu trabalho, e consagrar a sua educação um maior número de anos, ou mesmos alguns avanços (adiantamentos). [...]

Algumas noções de matemática, de história natural, química necessárias às artes; desenvolvimentos mais extensos dos princípios de moral e ciência social; conhecimentos elementares de comércio formarão a base da instrução. [...]

Há mais: **à medida que as manufaturas se aperfeiçoam, suas operações se dividem cada vez mais ou tendem sem cessar a encarregar cada indivíduo de um só trabalho puramente mecânico** *e reduzido a um pequeno número de movimentos simples; trabalho que ele executa melhor, e mais prontamente; mas por efeito do simples hábito, e no qual* **seu espírito cessa quase totalmente de agir. Assim, o aperfeiçoamento das artes se tornaria para uma parte da espécie humana uma causa de estupidez;** *faria nascer em* **cada aluno uma classe de homens incapazes** *de se elevar acima dos mais grosseiros interesses; introduziria aí, uma* **desigualdade humilhante** *e uma semente de perigosas inquietações,* **se uma instrução mais abrangente** *não oferecesse aos indivíduos desta mesma classe um recurso contra o efeito infalível da monotonia de suas ocupações diárias. [...]*

O terceiro grau de instrução abrange os elementos de todos os conhecimentos humanos. A instrução considerada como parte da educação geral é aqui absolutamente completa.

Ela contém o que é necessário para estar em estado de se preparar para exercer as funções públicas que exigem o máximo de luz, ou de entregar- se com sucesso aos estudos mais aprofundados: é aqui que se formarão os professores das escolas secundárias, que se aperfeiçoarão os das escolas primárias já formados nas escolas do segundo grau.
(Condorcet, 2004, p. 235-242, grifo nosso)

Nos trechos citados, destacamos a observação de Condorcet acerca do embrutecimento promovido pela especialização mecânica nas manufaturas, considerando que a instrução pública deveria superar o espírito estreito, promovendo a instrução mais ampla para todos os indivíduos, indistintamente. Essa aposta na educação (ou melhor, *instrução pública*) como forma de elevar o espírito humano das trevas da ignorância para a luz da razão (no melhor estilo iluminista) sedimentou o ideal da escola pública, universal, obrigatória e laica, uma promessa da nascente sociedade burguesa, que cumpriu seu papel na história como um ideal democrático e civilizatório da humanidade. Entretanto, a visão de uma escola esclarecedora que aos poucos conduziria a humanidade das "trevas" para as "luzes" da razão não obedeceu a essa premissa de Condorcet e dos demais pensadores do século XVIII. A crítica à necessária transformação da estrutura social sob a qual edificou-se a escola moderna no capitalismo começou a ser feita no século XIX, com os movimentos socialistas.

Os dizeres de Condorcet relativos à educação pública, gratuita e laica só começaram a ser postos em prática pelos governos da França a partir dos anos de 1880, antecedidos pela experiência revolucionária da Comuna de Paris, de 1871.

1.5
Críticas às promessas iluministas e à sociedade burguesa

A *escola moderna* é fruto de um movimento revolucionário em que o processo de desenvolvimento do capitalismo lançou as bases da concepção de direitos universais. A burguesia, como classe dominante em ascensão, apoiava-se nas aspirações e reivindicações populares por igualdade e liberdade. A criação dos Estados nacionais permitiu que todas as diferenças locais e regionais se unificassem sob uma base social e produtiva comum.

Marx e Engels identificaram que a "burguesia desempenhou na história um papel iminentemente revolucionário" (Marx; Engels, 2005, p. 42). A formação de um mercado mundial conferiu um caráter cosmopolita à produção e ao consumo e unificou regiões distantes. Os autores também afirmaram que o capitalismo foi responsável por um nível de desenvolvimento das forças produtivas sem precedentes na história. O desenvolvimento da automação, da mecanização, trouxe a promessa de uma humanidade mais avançada.

Tal situação estava envolta, segundo Marx e Engels (2005), em uma grande contradição: a produção imensa de riquezas, a base material e técnica que permitiria a emancipação do trabalho (redução do tempo de trabalho), estaria subordinada à propriedade privada, à apropriação privada da mais-valia, à concentração, à centralização e à monopolização privada do capital e das riquezas socialmente produzidas.

A imensa produção destruidora, ou *criação desperdiçadora*, seria, em resumo, o diagnóstico básico de Marx e Engels (2005) sobre o capitalismo. A referida constatação não significa, entretanto, que o capitalismo, por conta de suas contradições não resolvidas, inevitavelmente produziria uma nova ordem social socialista. A organização política desse proletariado na qual ambos se empenharam seria, do ponto de vista dos autores, o elemento consciente no desenvolvimento histórico.

As necessidades tecnológicas produzidas pelas mudanças nas forças produtivas associadas à visão iluminista modificaram profundamente o aparato escolar. O lema "escola para todos" era necessário para se educar uma força de trabalho que se adaptasse às novas formas de organização do trabalho, ao mesmo tempo em que se realizava a transição da concepção de *súdito* para a concepção de *cidadão*. Nesse sentido, a escola passou a ser vista como meio de democratização social. A noção de instrução pública defendida por Condorcet e pelos revolucionários franceses lançou

> A noção de instrução pública defendida por Condorcet e pelos revolucionários franceses lançou as bases para um movimento de questionamentos e reivindicações por parte da classe trabalhadora por direitos.

as bases para um movimento de questionamentos e reivindicações por parte da classe trabalhadora por direitos.

Esse processo não foi linear, não correu de forma uniforme. Pelo contrário, foi lento e necessitou de uma pressão considerável do movimento proletário moderno. Nas Constituições nacionais, em muitos países, foram inscritas diversas regulamentações sociais e trabalhistas, obtidas através de diversas e intensas lutas sociais e políticas.

A crítica às promessas iluministas inconclusas partiu de diversas correntes socialistas de pensamento no século XIX. Marx e Engels (2005) nunca chegaram a formular uma teoria sistemática da educação, porém, a crítica à mercantilização das relações sociais, bem como a cisão entre produção e apropriação privada da riqueza socialmente produzida, levou Marx a identificar a necessidade de refletir sobre força de trabalho e capacidade criadora humana.

Na visão de Marx, a sociedade capitalista aprofundou a divisão social do trabalho e a divisão entre trabalho intelectual e trabalho manual, reforçando a criação de uma sociedade cindida. Marx fazia referência às manifestações de alienação na sociedade capitalista. O fundamento da alienação estaria na atividade humana prática, o trabalho: "a economia política parte do fato da propriedade privada, não o explica" (Marx, 1993, p. 157) – assim começava o jovem Marx no manuscrito "O trabalho alienado", de 1844.

O termo *alienação* tem significados diversos: cessão de bens, transferência de domínio de algo (ambos no sentido jurídico) ou perturbação mental. Do ponto de vista filosófico, representa um indivíduo que não possui discernimento daquilo que está à sua volta, significando a diminuição de sua capacidade de pensar por si próprio. Nesse sentido, Marx encontrou homologias entre a alienação religiosa e a alienação no trabalho, ambas ligadas à noção de perda da razão, da capacidade de pensar e agir por si, quando os desejos e interesses humanos passam a ser controlados por outros – seja por capitalistas ou pela fantasia de Deus/Deuses.

O conceito de alienação usado por Marx já estava presente em Hegel (1770-1831), quando este analisava que o homem perdeu algo que lhe pertencia antes. Mas os conceitos filosóficos da teoria marxista nos *Manuscritos econômicos-filosóficos* já tinham se tornado categorias socioeconômicas: o trabalhador era alienado porque não era mais proprietário do produto do seu trabalho. O trabalho alienado estaria ligado à divisão da sociedade em classes, à oposição capital *versus* trabalho. O ponto de partida não era o conceito filosófico hegeliano de alienação, mas a constatação da miséria operária que Marx vivenciou com as associações operárias em Paris, em 1844. Porém, nos *Manuscritos*, o filósofo alemão ainda trabalhava com a oposição hegeliana entre trabalho alienado *versus* homem genérico, ainda como uma constatação filosófica, especulativa. Posteriormente, Marx abandonou o conceito de homem genérico dos *Manuscritos* ao buscar na *Ideologia alemã*, nos *Grundrisse* e em *O capital*, as raízes históricas da exploração.

Os *Manuscritos* representaram a transição do jovem Marx da filosofia hegeliana em direção ao materialismo histórico. Segundo Mandel (1968), de uma concepção antropológica de alienação, o filósofo alemão avançou a uma concepção histórica de alienação. Observemos como o jovem Marx (1993, p. 158) identificava a alienação:

> *Tratamos agora de apreender a conexão essencial entre todo o sistema de alienação – propriedade privada, espírito de aquisição, a separação do trabalho, capital e propriedade fundiária, troca e concorrência, valor e desvalorização do homem, monopólio e concorrência, etc. e o sistema do dinheiro.*

Essa concepção marxista de alienação em conexão com o sistema da propriedade privada foi transposta ao conjunto das relações sociais de uma sociedade alienada, unilateral. É o trabalho, a principal força produtiva, que permite ao homem desenvolver sua condição humana. Mas ele não produz só objetos materiais, mas também relações sociais. Para Marx, se na mediação dos homens entre si e com a natureza impera o fenômeno da alienação, o trabalhador é controlado ou "escravizado" por aquele que se apropria da riqueza produzida pelo proletário – ou seja, o burguês.

Em *O capital*, Marx analisou esse processo historicamente: a intensificação da divisão social do trabalho, que passou da cooperação à manufatura e desta à maquinaria, levou a um processo de desqualificação do trabalhador, com a perda do saber-fazer, do controle do processo e do produto do trabalho. A reunião de trabalhadores em uma só oficina, a parcialização do trabalho (cada trabalhador faz apenas uma tarefa) trouxe a perda da noção da **totalidade**. A esse trabalhador, exigia-se a repetição das tarefas, a memorização, cortando-se a ligação teórico-prática. A dissociação do trabalhador de seus meios de produção refletia-se na visão marxista do desenvolvimento do trabalho não material com relação à produção de conhecimento. Aos filhos das classes dominantes que ocupavam cargos superiores, reservava-se uma educação propedêutica, geral, humanista. Aos proletários modernos, garantia-se nas instituições escolares uma formação unilateral, cada vez mais desqualificada, reflexo de uma condição de autômato, submetido ao ritmo da máquina:

> Todo trabalho na máquina exige instrução prévia do trabalhador para que ele aprenda a adequar seu próprio movimento **ao movimento uniforme e contínuo de um autômato**. Como a própria maquinaria coletiva constitui um sistema de máquinas diversas, que atuam simultânea e combinadamente, a cooperação que nela se baseia exige também uma distribuição de diferentes grupos de trabalhadores entre as diversas

máquinas. Mas a produção mecanizada suprime a necessidade de fixar essa distribuição à maneira como isso se realizava na manufatura, isto é, por meio da designação permanente do mesmo trabalhador ao exercício da mesma função. Como o movimento total da fábrica não parte do trabalhador e sim da máquina, é possível que ocorra uma contínua mudança de pessoal sem a interrupção do processo de trabalho. [...]

Na manufatura e no artesanato, o trabalhador se serve da ferramenta; na fábrica, ele serve à máquina. Lá, o movimento do meio de trabalho parte dele; aqui, ao contrário, é ele quem tem de acompanhar o movimento. Na manufatura, os trabalhadores constituem membros de um mecanismo vivo. Na fábrica, tem-se um mecanismo morto, independente deles e ao qual são incorporados como apêndices vivos. [...]

Enquanto o trabalho em máquinas agride ao extremo o sistema nervoso, ele reprime o jogo multilateral dos músculos e consome todas as suas energias físicas e espirituais. Mesmo a facilitação do trabalho se torna um meio de tortura, pois a máquina não livra o trabalhador do trabalho, mas seu trabalho de conteúdo. Toda produção capitalista, por ser não apenas processo de trabalho, mas, ao mesmo tempo, processo de valorização do capital, tem em comum o fato de que não é o trabalhador quem emprega as condições de trabalho, mas, ao contrário, são estas últimas que empregam o trabalhador; porém, apenas com a maquinaria essa inversão adquire uma realidade tecnicamente tangível. **Transformado num autômato**, *o próprio meio de trabalho se confronta, durante o processo de trabalho, com o trabalhador como capital, como trabalho morto a dominar e sugar a força de trabalho viva.* **A cisão entre as potências intelectuais do processo de produção e o trabalho manual, assim como a transformação daquelas em potências do capital sobre o trabalho, consuma-se, como já indicado anteriormente, na grande indústria, erguida sobre a base da maquinaria**. *A habilidade detalhista do operador de máquinas individual, esvaziado, desaparece como coisa diminuta e secundária perante a ciência, perante as enormes potências da natureza e do trabalho social massivo que estão incorporadas no sistema da maquinaria e constituem, com este último, o poder do "patrão"* (master). (Marx, 2013, p. 605-607, grifo nosso)

Esse processo histórico capitalista da cooperação, passando da manufatura à maquinaria, do século XIV ao XVIII, foi descrito em detalhes por Marx e aperfeiçoado pelo sistema taylorista-fordista no início do século XX. A racionalização científica do controle dos tempos (minutos e segundos) e dos movimentos do trabalhador, a fragmentação/simplificação extrema das tarefas, os manuais de boa conduta dentro e fora da fábrica, a formação de um trabalhador dócil e resignado, a hierarquia clara e definida entre quem pensa e quem executa, foram detalhados no livro *Princípios da administração científica* (1911), do engenheiro estadunidense Frederick Taylor (1856-1915).

Marx e Engels (2004) consideravam que a exigência do desenvolvimento de um homem *omnilateral* (termo usado por Marx e que pode ser traduzido como "completo", "dotado de amplas capacidades"), capaz de desenvolver suas potencialidades máximas, só seria possível quando os homens estivessem libertos de toda relação de exploração e livremente associados, rompendo com as limitações da sociedade capitalista.

A defesa da reintegração da omnilateralidade do homem exigiria, na visão marxista, a reunificação da ciência e da produção e a abolição da estrutura escolar existente: uma escola para ricos e outra para pobres. Na perspectiva dos autores, demandaria também o fim da sociedade de classes. A exigência de reintegração de um princípio unitário do comportamento do homem na visão de Marx e Engels (2004) só seria possível por meio de uma concepção pedagógica e de um sistema de educação que acabassem com a desigualdade de acesso aos conhecimentos. A defesa do ensino politécnico integrado a uma educação científica feita pelos dois autores era apresentada nos debates dos congressos sindicais e dos partidos operários do século XIX.

É interessante observar que Marx se opunha que o Estado assumisse as tarefas da educação pública:

> *Educação pública nas mãos do Estado, não presta para nada. Determinar por uma lei geral que os recursos da escola pública, a qualificação do pessoal do ensino, fixar os programas escolares etc., e vigiar com os inspetores do Estado o cumprimento destas prescrições legais, como fazem os Estados Unidos, é algo completamente diferente de colocar o Estado como educador do povo. É necessário, ao contrário, afastar tanto o governo quanto a Igreja de qualquer influência sobre a escola.* (Marx, citado por Krupskaya, 2017, p. 205)

De forma muito similar a Condorcet, Marx queria eliminar a influência da Igreja e do Estado. Porém, diferentemente de Condorcet – que defendia a construção do Estado burguês –, Marx proclamava que a máquina do Estado burguês fosse quebrada, modificada, e que o próprio Estado fosse superado. A ênfase de Marx e Engels (2005), já presente no *Manifesto* de 1848, era pensar uma educação para além da sociedade capitalista. Reivindicações como ensino gratuito e obrigatório para todas as crianças, abolição do trabalho infantil, além da defesa de um novo tipo de ensino baseado na integração do trabalho manual e intelectual (a escola politécnica integrada a uma formação científica), faziam parte de suas propostas concretas.

A teoria marxista clássica do Estado afirma o caráter de classe do Estado, desfetichizando-o, em oposição a Rousseau (1712-1778) e Hegel, que o entendiam como uma representação de um bem comum, da vontade geral:

> *Minhas investigações me conduziram ao seguinte resultado: as relações jurídicas, bem como as formas de Estado não podem ser explicadas por si mesmas, nem pela chamada evolução geral do espírito humano; essas relações têm, ao contrário, suas raízes nas condições materiais de existência, em suas totalidades, condições estas que Hegel, a exemplo dos ingleses e dos franceses do século 18, compreendia sob o nome de "sociedade civil". Cheguei também à conclusão de que a anatomia da sociedade burguesa deve ser procurada na Economia Política.* (Marx, 2008b, p. 47)

O Estado era visto por Marx (2008b) e Engels (1974) não como a evolução geral do espírito humano, nem como uma ideia racional, tal como enxergavam Hegel e Rousseau. O aparato estatal era entendido como surgido historicamente dos antagonismos e conflitos sociais de classe (que os autores do século XVIII chamavam de *sociedade civil*). O Estado era analisado como funcional aos interesses da classe dominante. Sob essa ótica, ele só existia por conta da divisão de classes, perpetuando essa divisão. Marx e Engels compreendiam o Estado como um mediador aparente, e na república democrática – reconhecida pelos autores como uma forma mais elevada de Estado – a dominação era considerada mais sofisticada. Uma das críticas dos autores ao Estado republicano moderno é que o sufrágio universal, a igualdade jurídica, mascarou o controle burguês no Parlamento, e o Estado apresentava-se falsamente como imparcial.

Marx e Engels não enfatizaram apenas os aspectos repressivos do Estado. Porém, na época de ambos, havia uma escassa participação política e a ação do proletariado era exercida por vanguardas combativas, mas pouco numerosas. A intensificação dos processos de socialização da participação política – a sociedade de massas –, bem como o desenvolvimento de uma série de aparatos estatais diversificados, ocorreram, de um lado, por necessidades técnicas, e de outro, pela pressão social dos movimentos populares, da luta de classes. Se tais modificações não alteraram o caráter de classe do Estado capitalista contemporâneo, permitiram que autores marxistas como Gramsci (1891-1937) passassem a identificar no século XX um Estado ampliado em relação ao século XIX.

> A Comuna de Paris foi um governo de caráter proletário, formado por uma federação de representantes de bairro e que influenciou movimentos revolucionários de diferentes matizes no século XX.

Mas, como a crítica que expressava a necessidade de organização política do proletariado nascente poderia se materializar como proposta social e política alternativa ao que estava posto pela sociedade capitalista? Ainda no século XIX, em 1871, ocorreu uma revolução proletária conhecida como a *Comuna de Paris*. Esse movimento foi reportado por Marx à Associação Internacional dos Trabalhadores por meio de um informe, o qual foi publicado como livro, intitulado *A guerra civil na França*, no mesmo ano. A Comuna de Paris foi um governo de caráter proletário, formado por uma federação de representantes de bairro e que influenciou movimentos revolucionários de diferentes matizes no século XX. A base da constituição política da comuna estava resumida nos dois artigos a seguir citados em Coggiola (2003, p. 14):

> *Artigo II. A Comuna proclama que dois princípios governarão os assuntos municipais: a gestão popular de todos os meios da vida coletiva; a gratuidade de tudo o que é necessário de todos os serviços públicos.*
>
> *Artigo III. O poder será exercido pelos conselhos de bairro eleitos. São eleitores e elegíveis para estes conselhos de bairro todas as pessoas que nele habitem e que tenham mais de 16 anos de idade.*

Eleições livres foram realizadas, mas obedecendo à lógica da democracia direta em todos os níveis da Administração Pública. Entre as várias iniciativas pioneiras estavam: a criação de uma previdência social; a abolição do trabalho noturno; a redução da jornada de trabalho para oito horas; a legalização de sindicatos; a igualdade entre os sexos; a autogestão de fábricas, teatros e editoras; a ocupação de moradias vazias; a criação de serviços exclusivamente públicos e geridos em condições paritárias por trabalhadores e moradores de bairros; o fim da pena de morte; o casamento gratuito; a elegibilidade de juízes e serviços de advogados gratuitos; a separação entre Estado-Igreja e o confisco de bens da Igreja.

No âmbito da educação, ela foi proclamada gratuita, secular e compulsória. O salário dos professores foi duplicado, escolas noturnas foram anunciadas, e todas as escolas passaram a comportar meninos e meninas, ou seja, sem distinção de gênero. Dessa experiência, pouco estudada na história, citamos mais dois artigos proclamados pela Assembleia da Comuna (constituída pelos delegados dos conselhos de bairro):

> *Artigo XI. É abolida a escola "velha". As crianças devem sentir-se como em sua casa, aberta para a cidade e para a vida. A sua única função é de torná-las felizes e criadoras. As crianças decidem sua arquitetura, o seu horário de trabalho e o que desejam aprender. O professor antigo deixa de existir: ninguém fica com o monopólio da educação, pois ela já não é concebida como transmissão do saber livresco, mas como transmissão das capacidades profissionais de cada um.*
>
> *Artigo XII. A submissão das crianças e da mulher à autoridade do pai, que prepara a submissão de cada um à autoridade do chefe, é declarada morta. O casal constituiu-se livremente com o único fim de buscar o prazer comum. A Comuna proclama a liberdade de nascimento: o direito à informação sexual desde a infância, o direito ao aborto, o direito à anticoncepção. As crianças deixam de ser propriedade de seus pais. Passam a viver em conjunto na sua casa (a Escola), dirigem a sua própria vida.*

(Coggiola, 2003, p. 16)

A experiência da Comuna de 1871 buscou colocar em prática ideais socialistas que visavam à democratização das relações de poder em todos os níveis. Em muitos aspectos, alguns dos artigos e das proposições da Comuna anteciparam discussões contemporâneas no século XXI que abrangiam a mobilidade urbana, por meio do incentivo ao uso de bicicletas, a defesa do amor livre, o direito ao aborto e o uso de anticoncepcionais. A Comuna também foi pioneira na defesa de uma previdência pública, na reforma urbana, na defesa de igualdade de gênero, na educação sexual e na gestão operária e popular dos serviços públicos. A educação inspirada em ideais socialistas visava à integração entre ciência, literatura e atividades profissionais. A seguir, apresentamos o trecho de uma resolução da Comuna de Paris proposta pelo delegado do ensino, Édouard Vaillant (1840-1915), e submetida a voto em 17 de maio de 1871:

> *A delegação do ensino convida as municipalidades distritais a enviar, no mais breve prazo possível, para o doravante Ministério da Instrução Pública [...], as indicações e informações sobre os locais e estabelecimentos melhor apropriados à pronta instituição de escolas profissionais, onde os alunos, ao mesmo tempo que farão a aprendizagem de uma profissão, completarão sua instrução científica e literária.* (Vaillant, citado por Bezerra, 2015, p. 112)

A efêmera experiência da Comuna – apenas três meses de governo – terminou fortemente reprimida pelo exército francês com o auxílio de tropas estrangeiras que avançaram sobre a capital francesa a partir de 26 de abril. Segundo o historiador Coggiola (2003, p. 28):

> *Quatro mil communardos morreram na batalha; mais 20 mil seriam executados sumariamente nos dias que se seguiram; 10 mil conseguiram fugir para o exílio. Mais de 40 mil foram presos; destes, 91 condenados à morte, 4 mil à deportação e 5 mil a penas diversas: a batalha de Paris produziu 20 mil vítimas; 26 mil communardos foram capturados entre 21 e 28 de maio; mais de 3.500 nas lutas contra Versalhes, em abril; 5 mil foram presos em junho-julho. No total entre presos, fugitivos e mortos, cerca de 100 mil habitantes parisienses, mais de 5% da população da cidade. Entre os 38.578 presos julgados em janeiro de 1875, 36.909 eram homens, 1.054 mulheres e 615 crianças com menos de 16 anos. Só 1.090 foram liberados depois dos interrogatórios.*

A defesa de uma escolarização ampla, para que a escola deixasse de ser um espaço das elites, permeou a reflexão e as experiências revolucionárias posteriores à da Comuna, desenvolvidas por teóricos da educação como os pedagogos russos Pistrak (2002) e Krupskaya (2017) no contexto da Revolução Russa de 1917.

Entre os autores dessa vertente, o mundo do trabalho passou a ser visto como base do processo de construção da educação, buscando relacionar a escola com a vida social, além de defender: a articulação entre as disciplinas; a importância de relacionar trabalho e ciência; a ênfase em uma escola pautada pela cooperação e pela noção de bem comum; a ênfase na aptidão individual, na auto-organização estudantil, diversa de uma pedagogia meramente repassadora de conteúdos, isto é, de memorização.

A partir da apresentação da história da escola e da luta por sua democratização social, pensaremos nos próximos capítulos o lugar do ensino de Sociologia.

Síntese

Apresentamos, neste primeiro capítulo, um breve percurso da história da escola, relacionando-a com a formação de processos educativos diferenciados que estiveram ligados à formação da sociedade dividida em classes sociais. A ruptura revolucionária estabelecida no séculos XVIII com as revoluções burguesas teve seu ponto alto com as diretrizes expressas por Condorcet, influenciando a perspectiva de uma educação pública, universal, obrigatória e laica que ainda está por ser garantida em extensão e qualidade. Fizemos referência às críticas socialistas às promessas iluministas e à maneira como Karl Marx abordava a relação entre força de trabalho e capacidade criadora humana. Por fim, destacamos o projeto socialista presente nas diretrizes da Comuna de Paris.

Indicações culturais

Filmes

CAPITALISMO: uma história de amor. Direção: Michael Moore. EUA: Paramount Pictures, 2009. 127 min.

Esse filme tem como centro a crise imobiliária das hipotecas nos Estados Unidos, em 2007/2008, que levou milhares de pessoas a perderem suas casas por conta de dívidas com os bancos, que enriqueceram com as vendas e revendas de títulos hipotecários, mesmo sem valor. A obra aborda alguns dos mecanismos do sistema financeiro no capitalismo contemporâneo expresso nas políticas de endividamento crescente da população nos Estados Unidos e como os bancos e as grandes corporações enriquecem às custas da população mais pobre.

ELYSIUM. Direção: Neill Blomkamp. EUA: Sony Pictures, 2013. 109 min.

Esse filme traz uma boa reflexão sobre um possível futuro da humanidade no século XXII, onde impera o caos social e em que a maioria da população do planeta Terra vive de maneira miserável, com serviços públicos precarizados ao extremo, somados a crises ambientais como poluição extrema e pouca vegetação. A população desempregada e em condições precárias é majoritariamente negra e latina. Nesse contexto, a burguesia constrói uma estação espacial para governar o planeta do espaço. Essa estação se chama *Elysium*, onde tudo é diferente, arborizado, limpo e bonito. Alguns executivos acompanham a produção nas fábricas localizadas na Terra, mas os lucros são remetidos para a estação espacial. A segregação socioespacial é expressa no impedimento à população pobre que vive na Terra em ter acesso a tratamentos de saúde que só são oferecidos aos ricos que vivem na estação espacial. Um plano para ocupar Elysium é traçado.

WALL Street: poder e cobiça. Direção: Oliver Stone. EUA: Fox Home Entertainment, 1987. 125 min.

Esse filme retrata a história de um jovem que trabalha na bolsa de valores e se aproxima de um especulador ganancioso. O jovem se vê envolvido em um universo no qual o importante é ganhar dinheiro, ao mesmo tempo em que a empresa em que seu pai trabalha como operário é atingida pelos interesses de acionistas e especuladores.

Atividades de autoavaliação

1. Sobre a história da educação, avalie as assertivas a seguir:
    I) A exclusão das mulheres dos processos educativos e espaços de poder teve sua gênese no desmantelamento de famílias matrilineares, na escravidão e na propriedade privada.
    II) O projeto iluminista baseado na igualdade e na liberdade que deu origem à escola moderna está, de maneira progressiva, em vias de realização.
    III) A concepção de educação de Condorcet inaugurou uma visão elitista de educação.
    IV) No período do renascimento, surgiu uma concepção de educação baseada na vida terrena dos negócios, na investigação e na razão, e que advogava por uma educação diferenciada para a plebe e a burguesia.
    V) René Descartes, João Comênio e John Locke representaram uma concepção de educação que visava conjugar o ensino de trabalhos manuais, a formação humanista e o conhecimento das forças e leis da natureza.

    Agora, assinale a alternativa que apresenta apenas as assertivas corretas:
    a) I, IV e V.
    b) II, III, e IV.
    c) II e III.
    d) I e V.
    e) I, III, IV e V.

2. Ainda a respeito da história da educação, avalie as assertivas a seguir:
   I) O ensino da virtude, defendido por Platão e Aristóteles, representou um rompimento com os ideais aristocráticos de educação e sociedade em Atenas.
   II) Aníbal Ponce destacou que a existência de processos educativos diferenciados estaria ligada à divisão da sociedade em classes sociais e à cisão entre produção e apropriação da riqueza social.
   III) A diferença entre educação e instrução pública pode ser identificada no projeto da burguesia francesa da revolução iniciada em 1789.
   IV) Um ambiente artificial de educação nasceu com os gregos, a partir dos sofistas.
   V) O desprezo aos trabalhos manuais e a dicotomia trabalho *versus* ócio foram construídos pela burguesia desde o final da Idade Média, consolidando-se a partir do século XVIII.

   Agora, assinale a alternativa que apresenta apenas as assertivas corretas:
   a) I, II e III.
   b) II, IV e V.
   c) II, III e IV.
   d) I, II e V.
   e) I, III e IV.

3. Avalie as assertivas a seguir:
   I) Marx e Engels identificavam que a burguesia cumpriu um papel revolucionário na história, ao desenvolver de forma acelerada as forças produtivas e criar o inevitável colapso do capitalismo, independentemente dos atores sociais inseridos nessa nova estrutura social.
   II) A defesa de um ensino politécnico integrado foi uma das principais bandeiras da educação do movimento socialista do século XIX.
   III) A proposição de uma escola pública, gratuita, universal e laica foi uma bandeira erguida pela primeira vez pelo movimento comunista.
   IV) O ensino durante a Idade Média, por meio do *trivium* e no *quadrivium*, era baseado em uma ênfase na educação profissional.
   V) O sofista grego Protágoras opunha-se a Platão e Aristóteles, ao advogar que a virtude não seria inata, isto é, poderia ser ensinada.

   Agora, assinale a alternativa que apresenta apenas as assertivas corretas:
   a) I e III.
   b) II, III, IV e V.
   c) I, III e IV.
   d) II e V.
   e) I, III e V.

4. Faça a leitura do seguinte trecho do clássico *Manifesto comunista*, de 1848:

   A descoberta da América, a circunavegação da África, abriram um novo campo de ação à burguesia emergente. Os mercados das Índias Orientais e da China, a colonização da América, o comércio colonial, o incremento dos meios de troca e das mercadorias em geral imprimiram ao comércio, à indústria e à navegação um impulso desconhecido até então; [...]

A grande indústria criou o mercado mundial, preparado pela descoberta da América. O mercado mundial acelerou enormemente o desenvolvimento do comércio, da navegação, dos meios de comunicação. Este desenvolvimento reagiu por sua vez sobre a expansão da indústria; e à medida que a indústria, o comércio, a navegação e as vias férreas se desenvolviam, crescia a burguesia, multiplicando seus capitais e colocando em segundo plano todas as classes legadas pela Idade Média. [...]

O progresso da indústria, de que a burguesia é agente passivo e involuntário, substituiu o isolamento dos operários, resultante da competição, por sua união revolucionária resultante da associação. (Marx; Engels, 2005, p. 41, 51)

No *Manifesto*, Marx e Engels afirmavam que a burguesia desempenhou um papel revolucionário na história. O que os autores quiseram dizer com isso?

a) A burguesia revolucionou o mundo ao criar uma nova sociedade mais igualitária em comparação com a sociedade feudal, pois as diferenças sociais não se dariam mais pela religião, pela aceitação das desigualdades de forma natural e predeterminada por uma suposta ordem divina.

b) Com o desenvolvimento do capitalismo, as possibilidades de ascensão social – não mais a imobilidade social das castas ou dos estamentos – freou qualquer possibilidade de revolução social pela classe trabalhadora.

c) A formação de um mercado mundial deu um caráter cosmopolita à produção e ao consumo e unificou regiões distantes. A formação de uma classe trabalhadora concentrada produziu a possibilidade de o proletariado utilizar as armas criadas pela burguesia contra ela mesma.

d) A utilização dos capitais para derrotar a nobreza medieval permitiu à burguesia nascente se tornar a nova classe dominante, criando uma era de desenvolvimento científico e tecnológico benéfica a todas as classes sociais.

e) A burguesia permitiu, graças à exploração do mercado mundial, a unificação do globo e a criação de um movimento de unidade e harmonia social entre o capital e o trabalho.

5. Com relação ao documento histórico redigido por Condorcet em 1792, durante a fase republicana da Revolução Francesa, avalie as seguintes assertivas:

I) A burguesia do século XVI ao XVIII buscava a coabitação do poder com a nobreza e associava-se com os monarcas. Condorcet defendia a manutenção desse acordo de governança para se evitar radicalismos.

II) As proposições de Condorcet e dos revolucionários franceses significavam um retorno às concepções de Platão e Aristóteles de virtude com relação ao conhecimento

III) Condorcet considerava que o sistema manufatureiro embrutecia o espírito dos operários, acreditando que a instrução pública deveria promover a instrução mais ampla para todos os indivíduos, indistintamente.

IV) Condorcet defendeu o conceito de liberdade de cátedra e, ao mesmo tempo, foi contrário que o Estado assumisse de forma monopolística as tarefas de educação.

V) Condorcet defendia o afastamento da religião do ensino público, identificando-a como perniciosa na definição de juízos de valor.

Agora, assinale a alternativa que apresenta as assertivas corretas:

a) I, II e III.
b) II, III e V.
c) I, III e IV.
d) III, IV e V.
e) I, II e V.

Atividades de aprendizagem

Questões para reflexão

1. Com base nas proposições expressas por Condocert nos históricos documentos "Projeto de decreto sobre a instrução pública" e "Relatório sobre a instrução pública", apresentados ao Parlamento francês em 1792, reflita acerca do caráter revolucionário dessa concepção de educação no contexto da época.

2. De que forma Marx transita de uma concepção antropológica de alienação para uma concepção histórica de alienação? Em suas reflexões, relacione a noção de proletário autômato ao aprisionamento das potencialidades humanas.

Atividade aplicada: prática

1. Esta é uma atividade de pesquisa exploratória. Em sua cidade, faça uma visita a, pelo menos, dois colégios de ensino médio que estejam inseridos em localidades de alto índice de IDH e de baixo índice de IDH. Proponha uma entrevista com o diretor ou com a equipe pedagógica da escola e obtenha informações sobre estrutura física, materiais pedagógicos da escola, taxas de evasão, reprovação, sucesso escolar e distorção idade/série, bem como a respeito

das facilidades e dificuldades do processo de ensino-aprendizagem da escola. O objetivo é tentar identificar diferenças e desigualdades no interior de um mesmo sistema de ensino. Na sequência, elabore um fichamento com suas conclusões.

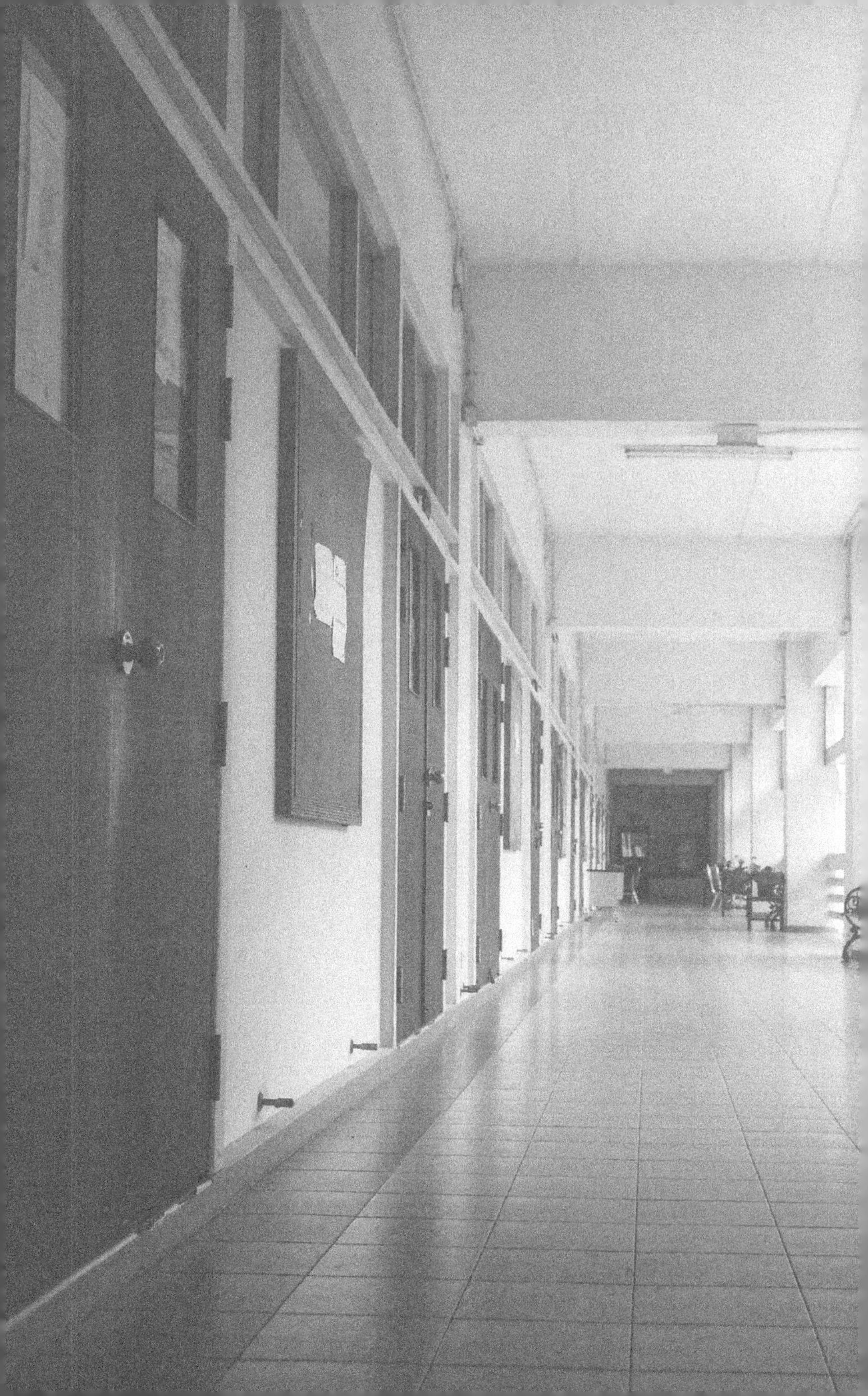

2

A sociologia pensa a escola

Neste segundo capítulo, localizaremos o contexto do nascimento da sociologia e a pertinência do conceito de imaginação sociológica do sociólogo Charles Wright Mills para a reflexão do papel da sociologia na escola. Identificaremos, na sequência, uma visão reprodutora do papel da escola presente nas análises de Durkheim, Weber, Foucault, Bourdieu e Passeron e algumas críticas a tais visões reprodutoras.

2.1
A origem da sociologia

O *Iluminismo*, a Revolução Francesa e a Revolução Industrial representaram transformações nas formas de pensamento, na ordenação política e nas relações de trabalho e produção que foram decisivas para a emergência da sociologia como ciência no século XIX.

A Revolução Industrial provocou a proletarização forçada, a migração rural e a pauperização nos bairros operários. O racionalismo filosófico começou a ganhar terreno em virtude da paulatina renúncia de explicações de fatos baseadas no sobrenatural. A teologia foi cedendo terreno à dúvida metódica. No plano político, os iluministas passaram a questionar os fundamentos da sociedade feudal, os privilégios das classes dominantes que freavam os interesses econômicos e políticos da burguesia. A Revolução Francesa representava essa ruptura histórica.

> *Positivismo* foi o nome dado a um conjunto de doutrinas, a uma escola filosófica, sociológica e política nos séculos XVIII e XIX que congregava diferentes pensadores.

Esse período foi marcado pela ideia de progresso e permeou o pensamento de muitos autores nas ciências sociais.

Nesse contexto, surgiram os ideais positivistas. Positivismo foi o nome dado a um conjunto de doutrinas, a uma escola filosófica, sociológica e política nos séculos XVIII e XIX que congregava diferentes pensadores, como Auguste Comte (1789-1857), Saint-Simon (1760-1825), John Stuart Mill (1806-1873), entre outros. Em linhas gerais, podemos afirmar que os cientistas da escola positivista partilhavam alguns pressupostos, como a ideia de neutralidade científica, de uma ciência livre de julgamentos de valor, além da necessidade de descobrir as leis para o funcionamento da sociedade, bem como para a observação e a explicação causal dos fenômenos.

Os positivistas compartilhavam uma visão evolucionista da história: o progresso econômico levaria ao fim dos conflitos e a uma sociedade harmônica. Tratava-se de se buscar uma conciliação dos princípios de ordem (social) e progresso (econômico). Aliás, tais lemas, como sabemos, estão presentes na bandeira adotada pelos proclamadores da República no Brasil em 1889.

Tanto em Saint-Simon como em Comte havia uma preocupação com a mudança de regime, a crítica ao absolutismo e ao obscurantismo religioso, numa tentativa de afirmar a ciência (ou "verdadeira ciência") por meio do sensível, da observação, tomando por base o mundo físico ou material. O positivismo apostava na ciência como o meio para se chegar à descoberta dos fenômenos naturais e sociais, bem como para se explicar causalmente tais fenômenos, abandonando compreensões teológicas e metafísicas. Os livros do *Curso de filosofia positiva* de Comte tinham como disciplinas a Química, a Física, a Astronomia, a Matemática, a Biologia, a Sociologia e a Moral.

Comte, responsável por utilizar a palavra sociologia pela primeira vez, projetava que uma sociedade superior deveria ser dirigida com base em notáveis, em esclarecidos. Quem seriam eles? Os industriais aliados à elite científica e intelectual deveriam procurar as leis do bom funcionamento e da harmonia social. Tratava-se, na verdade, de uma visão elitista, burguesa.

Com o aparecimento do termo *sociologia* nos escritos de Auguste Comte, buscava-se explicações científicas (causa-efeito) dos fenômenos sociais desvinculadas de explicações do senso comum, supersticiosas, de cunho religioso, por meio da observação de regularidades (padrões) desses fenômenos e da posterior necessidade de se desenvolver procedimentos metodológicos de pesquisa social. Assim nasceu lentamente a sociologia, como um saber que se tornou institucionalizado e ramificado em diversas áreas de pesquisa.

Na gênese da sociologia como ciência, a sistematização de um saber científico baseou-se na acumulação prévia de saberes. Logo, a sociologia teve de adaptar, no estudo de seu objeto de investigação e no seu método de observação e interpretação, as analogias a outras disciplinas, nas ciências naturais. Os conceitos de estrutura e função foram, por isso, utilizados na sistematização teórica dos materiais empíricos. A intervenção racional e a busca por regularidades, uniformidades, padrões e tendências levou à necessidade de investigação empírica dos problemas sociais.

> Comte, responsável por utilizar a palavra *sociologia* pela primeira vez, projetava que uma sociedade superior deveria ser dirigida com base em notáveis, em esclarecidos.

Florestan Fernandes (1971) destacou que a progressiva substituição da concepção normativa e especulativa por uma concepção positiva da vida social permitiu que os valores, as normas e as instituições deixassem de ser encarados como sagrados, naturais, baseados na divina providência, e passaram a ser vistos como produtos da atividade humana. Diz Fernandes (1971, p. 31):

> *Em outras palavras, foram os modos secularizados de conceber o mundo e os imperativos à crescente racionalização das técnicas de controle social que conduziram o homem moderno ao estado de espírito que assegura um mínimo de autonomia crítica e de objetividade diante das ocorrências da vida em sociedade.*

Posteriormente, no final do século XIX e ao longo do século XX, críticas ao positivismo cientificista surgiram na filosofia da ciência de Karl Popper (1902-1944). O filósofo austríaco afirmava que toda observação é impregnada de teoria, destacando que é sempre seletiva, pois depende dos pontos de vista do pesquisador. Thomas Kuhn (1922-1996) acrescentou que a ciência move-se por paradigmas, pré-conceitos que moldam a visão da realidade: o que é considerado normal é aceito pela comunidade científica, sendo uma adaptação ao paradigma dominante. No entanto, levada às últimas consequências, essa relatividade dos pontos de vista coloca em cheque até a objetividade da ciência.

Mas a ciência não se move apenas por paradigmas. Existem refutações na ciência – como destacou Popper –, assim como o núcleo do paradigma científico de cada época exerce um peso grande naquilo que é socialmente aceito pela comunidade científica. Porém, como destacou Cupani (1990), a objetividade no conhecimento científico não é sinônimo de *positivismo*. Não existe neutralidade do pensamento científico – como acreditavam os positivistas –, porém, a busca por resultados e a aproximação com a realidade lhe conferem caráter de cientificidade.

Florestan Fernandes (1967) destacou que os dados de fato são a matéria-prima do conhecimento científico. O autor questionou o que seria a "observação" nas ciências sociais. Segundo ele, não significaria a capacidade de "ver as coisas", pois isso o senso comum também faz. O importante não é o que se vê, mas o que se observa com método, ou seja, tanto em pesquisas qualitativas como em pesquisas quantitativas, as evidências empíricas devem ser testadas por meios analíticos (Fernandes, 1967)

A Figura 2.1, a seguir, é um famoso quadro intitulado *La liberté guidant le peuple* (em português, *A liberdade guiando o povo*), do pintor francês Eugène Delacroix (1798-1863), sobre a Revolução Francesa de 1830, que destituiu o Rei Carlos X. Tal quadro sintetiza parte do imaginário social advindo da chamada *modernidade*.

Figura 2.1 – **La liberté guidant le peuple, de Eugène Delacroix**

DELACROIX, Eugène. **Liberdade liderando o povo**. 1830. Óleo sobre tela, 260 × 325 cm. Museu do Louvre, Paris.

As reflexões sobre a relação entre estrutura social e ação humana permearam a análise dos cientistas sociais. Algumas tradições teóricas enfatizaram a ideia de uma estrutura social que condiciona nossos comportamentos independente de nossa consciência, enquanto outras enfatizaram a interpretação dos sentidos da ação humana e os significados que os seres humanos conferem a essas ações. Os clássicos da sociologia buscaram, então, analisar essa relação indivíduo-sociedade. A sociologia é tributária de diversos autores, porém, convencionou-se chamar de *clássicos da sociologia* os autores Karl Marx, Émile Durkheim e Max Weber, pois eles desenvolveram teses e conceitos que são, até os dias atuais, ponto de partida de diversas investigações nas muitas áreas das ciências sociais.

Os chamados *clássicos da sociologia*, a despeito de suas diferenças teórico-metodológicas, procuraram explicar as grandes transformações pelas quais passavam as sociedades de seu tempo. Os trabalhos de Marx, Durkheim e Weber forneceram preciosas informações a respeito das condições da vida humana, de mudanças sociais e mecanismos de dominação, bem como sobre o poder das representações coletivas, os padrões, as normas e as regras que condicionam comportamentos e a maneira como indivíduos e grupos agem em sociedade. A sociologia teve nesses autores clássicos, entre outros, o ponto de partida para diversas análises posteriores, as quais permitiram muitas gerações de cientistas sociais a avançar, complementar ou corrigir perspectivas teórico-metodológicas pensadas pelos considerados fundadores da disciplina à luz das transformações sociais, econômicas e culturais que ocorreram nos séculos XX e XXI.

2.2
O lugar da imaginação sociológica

Neste livro, não trataremos das teorias sociológicas – clássicas ou contemporâneas –, mas buscaremos pensar os limites e as possibilidades do ensino de Sociologia na educação básica. Para este início de reflexão, vamos recorrer à contribuição do sociólogo estadunidense Charles Wright Mills a respeito da chamada **imaginação sociológica**.

> O sociólogo e jornalista Charles Wright Mills (1916-1962) teve uma fecunda, mas curta, vida como pesquisador, ao falecer precocemente aos 46 anos. Entre as obras desse autor, há um clássico da ciência política intitulado *The Power Elite* (em portugês, *A elite do poder*), na qual Mills analisou o monopólio dos recursos e as posições de poder de uma elite unificada (partidária, militar e econômica) que

controlaria os sucessivos governos nos Estados Unidos. Nesse livro, o sociólogo identificou que os ocupantes dos cargos públicos compartilhavam um mesmo conjunto de valores e visões de mundo, mesma origem social e econômica, além de terem sido socializados por meio de mecanismos similares na educação familiar, nas escolas e universidades, na distribuição de riqueza/padrão de vida e no acesso à cultura, assim como a instituições e organizações do espaço privado (casamentos, clubes), formando redes de relações da elite. Mills chamou isso de *altas rodas*. As pesquisas de C. Wright Mills abordaram estudos sociológicos sobre as novas condições de vida, trabalho e personalidade da nova classe média (*White Collar*), identificando a manipulação do homem pelo homem, pelos meios de comunicação, pela rotina da burocratização e pela subserviência intelectual, passando pelo estudo das variantes do pensamento político marxista do séculos XX no livro *Os marxistas*. Grande estudioso de Max Weber e Karl Marx, Mills buscou incorporar as reflexões teóricas desses dois autores aos seus estudos.

No livro *A imaginação sociológica*, Mills defendeu a necessidade de popularizar a sociologia ao grande público, no sentido de torná-la acessível à grande massa. Ao mesmo tempo, ele foi crítico do empirismo excessivo – entendido pelo autor como um pseudorrigor científico –, quantificado em questões muitas vezes irrelevantes, identificadas por ele em algumas correntes na sociologia americana.

Partindo da constatação do que ele chamou de "idade do fato" (Mills, 1975, p. 11), a respeito do bombardeio de informações a que somos submetidos – o autor mencionou isso bem antes do surgimento da internet – e que não levam necessariamente a um aumento da capacidade de assimilação intelectual, o autor apresentou o significado do conceito de **imaginação sociológica**: "é uma qualidade de espírito que lhes ajude a usar a informação e a desenvolver a razão, a fim de perceber, com lucidez, o que está ocorrendo no mundo e o que pode estar acontecendo dentro deles mesmos" (Mills, 1975, p. 11).

Mills argumentou que os indivíduos são socializados mediante suas experiências imediatas na família, na escola, no trabalho, na igreja, gerando, muitas vezes, uma consciência limitada ou falsa de suas posições sociais. Segundo o autor, um indivíduo só pode compreender sua própria experiência e avaliar seu destino se conseguir se localizar dentro de um período, conseguindo estabelecer de forma consciente que sua existência individual está inter-relacionada com as possibilidades de outras pessoas inseridas em circunstâncias similares a dele.

Conforme Mills (1975, p. 12): "A imaginação sociológica nos permite compreender a história e a biografia e as relações entre ambas, dentro da sociedade". Ou seja, partindo da experiência imediata dos estudantes (ou dos seus conhecimentos prévios), é possível fazer conexões mais amplas entre o indivíduo e a sociedade. Essa ideia de relacionar biografia e história pode ser transposta com bastante fecundidade ao pensarmos o papel da sociologia na educação básica e a maneira como o ensino de Sociologia deve ser entendido do ponto de vista metodológico.

> Mills argumentou que os indivíduos são socializados mediante suas experiências imediatas na família, na escola, no trabalho, na igreja, gerando, muitas vezes, uma consciência limitada ou falsa de suas posições sociais.

Nossos estudantes são socializados mediante suas experiências imediatas na família, na igreja, em seus grupos de amigos. Mas eles também recebem informações das grandes mídias de comunicação de massa e processam tais informações de forma mais ou menos reflexiva. Esses elementos compõem a biografia de cada um(a).

Sob essa ótica, Wright Mills (1975, p. 13) questiona:

1) *Qual a estrutura dessa sociedade como um todo? Quais seus componentes essenciais, e como se correlacionam? Como difere de outras variedades de ordem social? [...]*
2) *Qual a posição dessa sociedade na história humana? Qual a mecânica que a faz modificar-se? [...]*
3) *Que variedades de homens predominam nessa sociedade e nesse período? [...].*

Essas questões podem ser transpostas para a sala de aula, ao abordarmos as diversas relações de poder, o imaginário coletivo, o papel das instituições sociais e as ideologias, que são conteúdos da sociologia presentes nos currículos nacional e estaduais.

Mills (1975, p. 14) ainda nos traz a seguinte contribuição: "Talvez a distinção mais proveitosa usada pela imaginação sociológica seja a entre 'as perturbações pessoais originadas no meio mais próximo' e as 'questões da estrutura social'". O autor chamou de *perturbações* aquilo que ocorre no âmbito das relações imediatas, das quais o indivíduo tem uma consciência direta e pessoal. A formulação e a resolução das perturbações, por vezes, se dão no âmbito do indivíduo enquanto entidade biográfica. Mills chamou de *questões* aquilo que transcende os ambientes locais do indivíduo e de sua vida íntima. As questões relacionam-se com as organizações de diferentes ambientes sob a forma de instituições de uma sociedade histórica.

Uma das tarefas da Sociologia na educação básica é levar o estudante a pensar a realidade social – ou estrutura social – da qual faz parte, desenvolvendo uma consciência crítica de que toda sociedade é uma construção histórica permeada por relações de poder, e não uma fatalidade regida por leis naturais. O estudante de Sociologia na educação básica deve, além de interpretar o mundo, sentir que existe a possibilidade de transformá-lo.

Partir dos conhecimentos prévios dos estudantes como elemento mobilizador para se trabalhar os conteúdos, tanto em forma de conceitos quanto de teorias e temas, é uma das formas de se exercitar e despertar a imaginação sociológica no sentido dado por Mills.

Questões relativas às desigualdades reproduzidas no espaço urbano, à violência urbana e às desigualdades e preconceitos (de classe, étnico-raciais, de gênero); à política para além de generalizações

> Uma das tarefas da Sociologia na educação básica é levar o estudante a pensar a realidade social – ou estrutura social – da qual faz parte, desenvolvendo uma consciência crítica de que toda sociedade é uma construção histórica permeada por relações de poder, e não uma fatalidade regida por leis naturais.

superficiais, a exemplo de: "políticos são todos iguais, todos corruptos"; aos movimentos sociais; às implicações sociais do poder dos meios de comunicação de massa; à sociedade de consumo e à indústria cultural; às transformações históricas e recentes no mundo do trabalho... Estes são conteúdos por excelência da sociologia, e a capacidade de estabelecer as conexões, as ligações, entre o conhecimento imediato e o estrutural significa exercitar a imaginação sociológica, "a qualidade intelectual que mais necessitamos" (Mills, 1975, p. 20).

2.3
A escola moderna pensada pelos clássicos da sociologia

A escola que conhecemos hoje é produto dos séculos XVIII e XIX, período em que surgiu a necessidade de educação pública, universal, obrigatória e laica para todas as pessoas. Essa escola deve ser entendida como processo e resultado de intensas lutas sociais, políticas e ideológicas ao longo da história. Uma das características da revolução socioeconômica e ideológica capitalista foi transportar para a instituição escola uma educação que durante o feudalismo ocorria na família e na Igreja. Nasceu, assim, a escola moderna: uma instituição com normas específicas, agentes próprios (diretores, professores, funcionários administrativos, de serviços gerais, orientadores pedagógicos, estudantes) e toda uma hierarquia.

Mas que escola era essa que surgiu com o desenvolvimento do capitalismo? Entre os autores aos quais se atribui a gênese da sociologia – Weber e Durkheim eram sociólogos, e Marx, economista, historiador e filósofo –, não há uma concepção pedagógica elaborada que responda a essa pergunta. Porém, nesses autores, é possível encontrar reflexões sobre a escola e a estrutura social.

Karl Marx (1818-1883), por exemplo, não chegou a elaborar uma teoria sistemática sobre educação. Porém, em sua extensa produção intelectual, percebemos a necessidade de refletir sobre força de trabalho e capacidade criadora humana. Como já destacamos no Capítulo 1, Marx constatou a existência de uma sociedade alienada em oposição à condição humana passível de desenvolver suas potencialidades, aprisionada pelos condicionantes da base material da sociedade capitalista. O filósofo prognosticou a necessidade de apropriação da totalidade das forças produtivas, mediante a abolição da propriedade privada e da exploração, como base para uma nova ordenação societária. A defesa do ensino integrado, articulando ciência, literatura, artes e prática profissional, estava na base das concepções socialistas de educação da qual Marx partilhava.

Apesar de não ter desenvolvido uma teoria pedagógica, o materialismo histórico-dialético como metateoria social de Marx influenciou gerações de pesquisadores da educação nos âmbitos da pedagogia, das políticas educacionais, da história da educação, da psicologia, da filosofia e da sociologia da educação. A divisão da sociedade em classes e a luta de classes – temas que perpassam também a educação – permitiram que uma extensa e diversa tradição teórica marxista identificasse que a educação não é uma mera técnica, mas está inserida em um determinado projeto político e condicionada a certa estrutura social.

Émile Durkheim (1858-1917), considerado um dos primeiros sociólogos a contribuir com a institucionalização da sociologia como prática científica nas universidades, foi um dos primeiros formuladores de uma sociologia da educação. O autor buscou analisar a relação indivíduo-sociedade mediante pressupostos funcionalistas, tendo na moral o elemento central de suas análises. Durkheim (1971) partia da constatação da preponderância da sociedade sobre os indivíduos. Sob essa ótica, o indivíduo, quando nasce, já encontra valores, regras e normas de convivência, portanto, externos aos indivíduos. Por serem compartilhados em sociedade por diversos grupos e instituições, tais elementos têm caráter coletivo. E o fato de os indivíduos terem de se adaptar às regras significa que elas são impositivas ou coercitivas. Por meio da coerção e das sanções, os indivíduos são obrigados a se adaptar às normas sociais vigentes.

A educação tem um duplo caráter: cumpre um papel de coerção social, um mecanismo de imposição de uma herança cultural, mas também de reforço de laços sociais, de como aprender a viver em sociedade, da conservação da espécie, da transmissão do que foi aprendido. Mediante essa constatação, o objetivo de estudo de Durkheim foi criar regras de observação e investigação na sociologia.

> A divisão da sociedade em classes e a luta de classes permitiram que uma extensa e diversa tradição teórica marxista identificasse que a educação não é uma mera técnica, mas está inserida em um determinado projeto político e condicionada a certa estrutura social.

A aceitação de certos valores, normas e regras que moldam o indivíduo socializado em diversos grupos ou instituições não significa que os seres humanos são meros robôs reprodutores da sociedade. Porém, o autor chamava a atenção para o fato de que o questionamento desses valores, normas e regras socialmente estabelecidos ocorre de forma muito mais lenta. Durkheim destacava que toda sociedade cria necessários vínculos morais. A especialização de funções oriunda da divisão social do trabalho nas sociedades chamadas pelo autor de *complexas* dava à educação, na visão durkheimiana, um papel fundamental de coesão social, de integração do indivíduo à sociedade, de reforço de vínculos morais.

> A educação tem um duplo caráter: cumpre um papel de coerção social, um mecanismo de imposição de uma herança cultural, mas também de reforço de laços sociais, de como aprender a viver em sociedade, da conservação da espécie, da transmissão do que foi aprendido.

A teoria de educação de Durkheim, por um lado, é tributária dos ideais da burguesia em seu projeto de ascensão, materializado nos ideais da revolução de 1789, e do positivismo cientificista de Augusto Comte, que pensou a educação em seu ideal civilizatório, ligado à construção do ideal de nação. Por outro lado, ela também é considerada conservadora, no sentido de pensar a escola como voltada para o cumprimento de certos papéis sociais e o desenvolvimento de aptidões e conhecimentos especiais de profissões específicas. Na análise durkhimianana, os conflitos sociais, a luta de classes e as contradições na história são sumariamente ignoradas.

Max Weber (1864-1920) também não elaborou uma reflexão sistemática a respeito da educação, nem uma teoria pedagógica, mas em certas passagens de seus textos é possível identificar que a educação contemporânea foi entendida pelo autor como preparatória para as atividades exigidas pelo processo de racionalização do mundo moderno, na intenção de formar especialistas, além de seres humanos cultos.

Na perspectiva weberiana, a racionalização burocrática, o Estado, passa a necessitar de um conjunto de pessoas que gerencie tais atividades técnicas-administrativas. Um dos conceitos mais importantes de Weber é o de **dominação**.

Weber (1991, p. 139) considerou *dominação* "a probabilidade de encontrar obediência para ordens específicas dentro de um determinado grupo de pessoas". No sentido weberiano, a dominação não está associada à toda espécie de influência ou mesmo de poder. Ela é sinônimo de uma autoridade que pode se basear nos mais diversos tipos de submissão, de obediência. Vejamos como Weber (1968, p. 55-58, grifo do original) definiu as bases da autoridade:

> *O que é um Estado? Sociologicamente, o Estado não se deixa definir pelos seus fins. [...]*
>
> *"Todo o Estado se funda na força", disse um dia Trotsky a Brest-Litovsk. E isso é verdade. [...] Em nossa época, entretanto, devemos conceber o Estado contemporâneo como uma comunidade humana que, dentro dos limites de determinado território – a noção de território corresponde a um dos elementos essenciais do Estado – reivindica o **monopólio do uso legítimo da violência física**. [...] o Estado se transforma, na única fonte de "direito" à violência [...] O Estado só pode existir, portanto, sob a condição de que os homens dominados se submetam a autoridade continuamente reivindicada pelos dominadores. Colocam-se, em consequência, as indagações seguintes: em que condições se submetem a eles e por quê? Em que justificações internas e em que meios externos se apoia essa dominação?*
>
> *Existem em princípio – e começaremos por aqui – três razões internas que justificam a dominação, existindo em consequência, três fundamentos da **legitimidade**. Antes de tudo, a autoridade do "passado eterno", isto é, dos costumes santificados pela validez imemorial e pelo hábito, enraizado nos homens, de respeitá-los. Tal é o "poder tradicional", que o patriarca ou o senhor de terras, outrora, exercia. Existe, em segundo lugar, a autoridade que se funda em dons pessoais e extraordinários de um indivíduo*

(carisma) – devoção e confiança estritamente pessoais depositadas em alguém que se singulariza por qualidades prodigiosas, por heroísmo ou por outras qualidades exemplares que dele fazem o chefe. Tal é o poder "carismático", exercido pelo profeta ou – no domínio político – pelo dirigente guerreiro eleito, pelo soberano escolhido através de plebiscito, pelo grande demagogo ou pelo dirigente de um partido político. Existe, por fim, a autoridade que se impõem em razão da "legalidade", em razão da crença na validez de um estatuto legal e de uma "competência" positiva, fundada em regras racionalmente estabelecidas ou, em outros termos, a autoridade fundada na obediência, que reconhece obrigações conformes ao estatuto estabelecido. Tal é o poder, como o exerce o "servidor do Estado" em nossos dias e como o exercem todos os detentores do poder que dele se aproximam sob esse aspecto.

Weber conceituou três tipos puros de dominação (carismática, tradicional e racional-legal), mas essa dominação está ligada à legitimidade, ou seja, à aceitação. O Estado, no sentido weberiano, não é definido pelos seus fins (manutenção de uma ordem de classe, como na teoria marxista), mas pelos seus instrumentos – no caso, o monopólio do uso da força legítima. Evidentemente, *legitimidade e justiça* e *legalidade e justiça* não são necessariamente sinônimos. Além disso, a noção de justiça deve ser relativizada. Porém, Weber chamou a atenção para o princípio da dominação legitimada. A análise da burocracia como mecanismo legal, racional, provido de regras de caráter impessoal, principalmente a crença da validade das normas legais como objetivas, são os mecanismos por excelência do Estado moderno.

Transpondo para a educação, a burocracia se faz presente por meio de uma série de hierarquias (tanto no sistema educacional como no interior da escola) nas especializações técnico-administrativas, sendo que a educação, além de formar especialistas, é estruturada por essa burocracia. A compreensão dos tipos de autoridade construídos na escola, principalmente pelo professor com relação aos seus estudantes, a disposição em fileiras e a postura passiva dos estudantes em sala, bem como as expectativas dos indivíduos com relação aos seus percursos (a racionalização da ação social visando, por exemplo, diplomas e certificados), são elementos que podem ser analisados sob a ótica weberiana na educação. Nesse sentido, de acordo com Melo (2012, p. 171):

> *vemos em Weber uma descrença na escola com relação aos ideais depositados nela como transformadora da sociedade. Ao contrário, a escola aparece como locus da reprodução e do domínio social, como uma instituição na qual uma determinada cultura, de um determinado grupo, impõe-se a grande parte dos membros das novas gerações.*

Weber também destacou que a educação é utilizada de forma diversa por agentes de organizações políticas conforme a época histórica, sendo um elemento fundamental na socialização, mas que também ocorre fora do ambiente formal da escola, como destacado em seus estudos sobre a educação religiosa dos católicos e dos protestantes e a conexão da ética protestante com o comportamento capitalista.

A pedagogia, a psicologia, a filosofia, a história e a sociologia se debruçaram em pesquisar o papel da escola na sociedade capitalista. Neste livro, ater-nos-emos a um conjunto de autores da sociologia e da pedagogia, os quais analisaram tanto a escola enquanto esfera de reprodução social quanto a escola imersa em conflitos, em lutas sociais e políticas, como elementos prévios à compreensão do papel da Sociologia na educação básica e de sua correspondente prática profissional.

2.4
A sociologia da educação de Bourdieu e Passeron

No âmbito da sociologia da educação, destacamos os estudos dos sociólogos Pierre Bourdieu e Jean-Claude Passeron, que fizeram parte de uma geração de pesquisadores interessada em estudar o papel da escola. A obra mais conhecida dos autores na área da sociologia da educação é intitulada *A reprodução: elementos para uma teoria do sistema de ensino*, publicada em 1970. Eles partem da tese que a ação pedagógica é reflexo da cultura dominante, reproduzindo as relações de poder de uma dada estrutura social. Todo o ensino concretizado na ação pedagógica é considerado uma violência simbólica legítima (princípio da autoridade), ao impor e transmitir arbítrios culturais. A teoria de Bourdieu e Passeron, nesse sentido, parte da similar constatação weberiana da autoridade legítima como mecanismo de dominação.

> Pierre Bourdieu (1930-2002) e Jean-Claude Passeron (1930-) foram sociólogos franceses que, nos anos de 1960 e 1970, tornaram-se parceiros intelectuais em análises investigativas principalmente relativas ao sistema escolar. Nessas pesquisas, por meio da aplicação de questionários em entrevistas, de registros administrativos, de tabulação estatística e da elaboração de conceitos sociológicos, eles buscaram apresentar uma visão crítica da escola e do sistema de ensino. Entre as principais obras em comum dos autores estão os livros *Os herdeiros* (1964), *Ofício de sociólogo: metodologia da pesquisa na sociologia* (1968) – escrita também por Jean-Claude Chamboredon – e *A reprodução: elementos para uma teoria do sistema de ensino* (1970).
>
> Na França, na década de 1960, ocorreu um crescimento quantitativo do processo de escolarização e a necessidade de uma força de trabalho mais qualificada, ensejando debates a respeito da democratização do ensino, da educação básica ao ensino superior. Sob essa ótica, os autores passaram a analisar a desigualdade social no sistema de ensino.

Na perspectiva deles, tais desigualdades não resultavam somente da desigualdade dos recursos econômicos das famílias, mas eram explicadas pelo seu pertencimento social, pois as classes sociais eram analisadas como possuindo experiências e vivências diferenciadas no mundo. Da mesma forma, os estudantes não eram encarados como um grupo social homogêneo. A inexistência da neutralidade nos processos educativos, por sua vez, era mascarada pela ideia de meritocracia, dos "dons" individuais. Logo, para os autores, a escola não seria libertadora, mas legitimadora de uma ordem social excludente. Tais análises desembocavam na ligação entre a formação escolar e as posições sociais adquiridas posteriormente no mercado de trabalho.

Defensor de uma sociologia engajada nos debates públicos, Bourdieu coordenou uma série de pesquisas de campo na França sobre sistema escolar, sindicatos, desemprego, situação dos imigrantes, racismo, além de questões habitacionais, focando nos subúrbios, nos guetos, nos pobres e excluídos. Os espaços sociais passaram a ser objeto de análise de Bourdieu no estudo da relação entre estrutura espacial da distribuição dos agentes e estrutura espacial da distribuição dos bens ou dos serviços, privados ou públicos, constatando a existência de oportunidades de apropriação desses bens e serviços de maneira diversa. O autor defendia uma metodologia de pesquisa sociológica baseada na observação participante, em entrevistas de caráter aberto, diversas das pesquisas de opinião, vistas por ele como mecanizadas, conforme publicado na coletânea de pesquisa organizada por ele intitulada *A miséria do mundo* (1993).

> A aprendizagem pela imitação, o famoso "decoreba" por parte dos estudantes, a autoridade centrada no professor muitas vezes vista de forma inquestionável, são alguns dos elementos que podem ser pensados mediante os estudos de Bourdieu e Passeron.

Na perspectiva de Bourdieu e Passeron, todo sistema de ensino reproduz um arbítrio cultural que funciona como reprodutor das relações entre as classes sociais (Rosendo, 2009). Um sistema de ensino, por sua vez, só surgiu no Ocidente após a criação das universidades medievais, as primeiras a conferirem diplomas e a especializarem agentes. Um corpo profissional de especialistas só foi possível graças a um processo de racionalização e a uma maior divisão social do trabalho. Recorrendo novamente a Max Weber (1991; 2009), lembramos que essa dominação burocrática é mais do que uma técnica de organização; é uma forma de dominação típica da racionalização do mundo moderno, baseada na impessoalidade da lei, na rotina, na crença da validade das normas legais como objetivas.

Esse sistema de ensino burocratizado, seguindo Bourdieu e Passeron, passou a funcionar com base na rotina, no *habitus*. A cultura escolar era vista pelos autores como rotinizada, homogeneizada e ritualizada, buscando valorizar a cultura homogênea tradicional em detrimento de uma criação espontânea, individual. A aprendizagem pela imitação, o famoso "decoreba" por parte dos estudantes, a autoridade centrada no professor muitas vezes vista de forma inquestionável, são alguns dos elementos que podem ser pensados mediante os estudos de Bourdieu e Passeron.

Nessa perspectiva, a escola passa a ser vista como a instituição mais eficiente para segregar pessoas, ao dividir e marginalizar parte dos estudantes com o objetivo de reproduzir a sociedade de classes. A dissimulação da seleção social por meio de uma suposta seleção técnica leva ao que os autores Bourdieu e Passeron chamaram de *autoeliminação* e *autoexclusão* para os indivíduos oriundos das classes sociais não privilegiadas. A inexistência da neutralidade nos processos educativos, por sua vez, é mascarada pela ideologia da neutralidade, do suposto conhecimento técnico, da ideia de meritocracia, dos "dons" individuais. Vejamos como Bourdieu e Passeron (2016, p. 173) abordaram a institucionalização dos exames e sua gênese:

Se é verdadeiro, como observava Durkheim, que o surgimento do exame, ignorado na Antiguidade que só conhecia escolas e ensinos independentes ou mesmo concorrentes, supõe a existência de uma instituição universitária, isto é, de um corpo organizado de docentes profissionais [...]; se é verdadeiro igualmente, segundo a análise de Max Weber, que um sistema de exames hierarquizados que consagra uma qualificação específica e que dá acesso a carreiras especializadas só apareceu, na Europa moderna, em ligação com o desenvolvimento da exigência das organizações burocráticas que pretendem fazer com que indivíduos hierarquizados e intercambiáveis correspondam à hierarquia dos postos oferecidos; se é verdadeiro, enfim, que um sistema de exames que assegura a todos a igualdade formal diante de provas idênticas (das quais o concurso nacional representa a forma pura) e que [...] satisfaz o ideal pequeno burguês de equidade formal, então parece bem fundamentado perceber apenas como uma manifestação particular de uma tendência geral das sociedades modernas a multiplicação dos exames [...].

No fragmento anterior, os autores destacaram que os exames, enquanto mecanismos por excelência do Estado burocrático moderno (no sentido weberiano), aparentemente prestam serviço a uma igualdade formal. No mesmo livro, Bourdieu e Passeron (2016, p. 186-187, grifo do original) prosseguem a respeito dos processos sociais de eliminação e reprodução social:

> Seria necessário reconhecer no sistema de ensino a autonomia que ele reivindica e consegue manter face às exigências externas [...]; todavia, a levar-se ao pé da letra suas declarações de independência, resultaria expor-se a não perceber as funções externas e em particular as funções sociais que preenchem sempre por acréscimo a seleção e a hierarquização escolares [...]. Assim, por exemplo, o culto da hierarquia, puramente escolar na aparência contribuiu sempre na defesa e legitimação das hierarquias sociais na medida em que as hierarquias escolares, quer se trate da hierarquia dos graus e dos títulos ou da hierarquia dos estabelecimentos e das disciplinas, devem sempre alguma coisa às hierarquias sociais que elas tendem a reproduzir (no duplo sentido do termo). [...] De fato, para supor que as funções do exame não se reduzem aos serviços que ele presta à instituição e, menos ainda, às gratificações que ele ocasiona ao corpo universitário, é suficiente observar que a maioria daqueles que, em diferentes fases do curso escolar, são excluídos dos estudos, se eliminam antes mesmo de serem examinados e que a proporção daqueles cuja eliminação é mascarada pela seleção abertamente operada difere segundo as classes sociais. As desigualdades entre as classes são incomparavelmente mais fortes, em todos os países, quando as medimos pelas **probabilidades de passagem** (calculadas a partir da proporção dos alunos que, em cada classe social, ascendem a um nível dado de ensino, com êxito anterior equivalente) do que quando as medimos pelas **probabilidades de êxito**. Assim, com êxito igual, os alunos originários das classes populares têm mais oportunidades de "eliminar-se" do ensino secundário renunciando a entrar nele do que de eliminar-se uma vez que tenham entrado e, a fortiori, do que de serem eliminados pela sanção expressa de um revés no exame.

A reflexão dos autores sobre os processos sociais de eliminação, os quais ocorrem até mesmo antes da realização de exames, pode ser utilizada para analisar a realidade brasileira com relação aos altos índices de evasão escolar, na proporção do acesso de estudantes oriundos das escolas públicas em universidades públicas e, inversamente, em universidades ou faculdades particulares ou, ainda, considerando um recorte étnico-racial, também passível de ser aplicado com relação à evasão na educação básica e no acesso ao ensino superior.

Seguindo os passos de Bourdieu e Passeron, podemos afirmar que a classe social dominante tem acesso às melhores escolas, bem como que os jovens dispõem de tempo e recursos para estudar, enquanto os trabalhadores mais pobres são obrigados a se contentar com escolas de qualidade inferior, dificultando o prosseguimento dos estudos. A existência de uma rede dual de escolarização nessa perspectiva seria funcional à reprodução social, à perpetuação da classe dominante enquanto classe dirigente.

Sob essa ótica, a linguagem é a forma ou o jeito por meio do qual transmitimos a outras pessoas nossos conhecimentos, valores e ideias. A linguagem é, portanto, a soma de recursos – Bourdieu (2010) chamaria de *capitais simbólicos* – que nos permitem divulgar informações. Ela não é única, isto é, pode ocorrer de vários modos. Em relação à escola, a linguagem se apresenta, por exemplo, no discurso do professor ou em seus gestos, nos conteúdos dos livros adotados, nos programas de ensino, nas regras de convivência ou normas disciplinares. São meios para expressar ideias, sentimentos e modelos de comportamento: tudo isso se constitui na linguagem da escola.

Aquilo que o professor diz, o que aparece nos livros didáticos e nas regras da escola, pode ser semelhante e/ou conflitante com o que um pai/uma mãe diz ao filho, bem como com o que pode ser encontrado nos livros presentes na casa do estudante. Uma criança carrega consigo aquilo que Pierre Bourdieu chamou de *determinados níveis de capital cultural* (Bourdieu; Passeron, 2018)*. Esse conceito significa que uma

---

* Esse conceito apareceu originalmente no livro *Os herdeiros*, de 1964, escrito em conjunto com Jean-Claude Passeron, acerca do sistema educacional francês, e permeia toda a obra do autor.

criança terá dificuldades em assimilar determinados conteúdos escolares em condições igualitárias na escola por conta de uma bagagem social e cultural diferenciada. A persistência da grande evasão escolar no Brasil (principalmente nos anos finais do ensino fundamental e no ensino médio) e as reprovações consecutivas podem ser pensadas com base nesse conceito de níveis de apreensão de capital cultural diferenciados.

É fundamental observar a relação entre a educação e a estrutura social existente. Pensar a educação estritamente do ponto de vista da relação professor-estudante pode nos desviar do foco principal, que é a relação da educação com a sociedade. Porém, será que a escola apenas reproduz a sociedade?

2.5
Um diálogo crítico com Bourdieu e Passeron

Uma das críticas feitas a Bourdieu e Passeron é que esses autores seriam adeptos de uma visão reprodutivista e que, nessa perspectiva, a escola representaria, de forma unilateral, uma reprodução ideológica capitalista, em vez de ser pensada como uma conquista civilizatória, oriunda das promessas iluministas. Se a escola apenas reproduzisse a sociedade, não haveria lugar para uma educação transformadora, bem como os conflitos sociais existentes na sociedade que visam defender a escola pública não teriam sentido (Bezerra, 2015; Gadotti, 2010; Snyders, 2005).

O educador francês Georges Snyders (1917-2011) considerava que a análise de Bourdieu e Passeron levava em conta a cultura de maneira unilateral, no sentido de conservar e reproduzir a sociedade burguesa, o que tornaria contraditória a ideia de democratização da cultura e de sua utilização crítica:

> *Bourdieu-Passeron parecem-nos prisioneiros daquilo que criticam: nenhum outro conceito cultural, nenhuma outra função cultural será sequer apontada, nenhuma outra possibilidade além da cultura será capaz de ter conteúdo próprio. [...] A própria definição de cultura é a de servir e delimitar grupos sociais, conservar os privilegiados na posse de seus privilégios culturais e sociais. [...] A cultura como penetração pessoal, e, com mais forte razão, como arma no combate social, a ideia de um valor revolucionário da cultura, de um reforço do povo pela cultura; o esforço para distinguir entre uma utilização conservadora da cultura [...] e as condições em que ela se pode transformar em patrimônio do próprio povo.* (Snyders, 2005, p. 281-283)

Em resposta às críticas à sua teoria da escola e do sistema de ensino como espaço de reprodução, Bourdieu, em 1999, trinta anos após a publicação de seu livro, respondeu a tais as críticas da seguinte maneira:

> *Para mim, ainda hoje é surpreendente, como foi naquela época, que o fato de dizer que uma instância como o sistema de ensino contribui para conservar as estruturas sociais, ou dizer que as estruturas tendem a se conservar ou se manter – o que é uma constatação –, é surpreendente que essa constatação seja percebida como uma declaração conservadora. Basta pensarmos um pouco para percebermos que o mesmo enunciado sobre a existência de mecanismos de conservação pode ter um caráter revolucionário. [...] quando você diz as coisas são assim, pensam que você está dizendo as coisas devem ser assim, ou é bom que as coisas sejam dessa forma, ou ainda ao contrário, as coisas não devem mais ser assim. [...] será que mudei? Não. Continuo a pensar que o sistema de ensino contribui para conservar. Insisto sobre o **contribui**, o que é muito importante aqui. Não digo **conserva**, **reproduz**; digo **contribui para conservar**.* (Bourdieu, citado por Gonçalves, 2016, p. 13-14)

A escola é o espaço do questionamento da ordem social vigente ou contribui para a reprodução e a alienação?

O educador brasileiro Dermeval Saviani (2003, p. 78-79) destacou três elementos da relação da escola com a sociedade. O primeiro é o fato de que o processo educativo envolve necessariamente a passagem da desigualdade à igualdade do saber. O segundo é que a democracia é fruto de conflitos e lutas sociais, e não algo dado, acabado, imutável. E o terceiro é que o trabalho desenvolvido nas escolas deve estar articulado com a necessária democratização da sociedade. Por isso, a educação enquanto prática pedagógica tem uma função política, apesar de ambas, educação e política, serem esferas distintas, mas interpenetráveis. Ainda segundo Saviani (2003, p. 55): "o dominado não se liberta se ele não vier a dominar aquilo que os dominantes dominam. Então, dominar o que os dominantes dominam é condição de libertação". A escola, de acordo com Snyders (2005, p. 79),

> *é tanto um efeito quanto uma causa. É certo que há nela uma margem de iniciativa e é possível, sobretudo necessário, aumentar essa margem. Mas é ilusório atribuir-lhe propriamente um desmedido poder de criação, não é a escola que gera as desigualdades [...] não é ela que transforma em incapacidades as situações desfavorecidas.*

Por outro lado, a escola também é um local para pensar as contradições existentes na sociedade, pois:

> *também comporta forças contrárias e seria de usar de parcialidade não as tomar em conta [...]. A luta pela escola nunca pode estar separada das lutas sociais no seu conjunto, da luta de classes na sociedade total, da luta contra a divisão em classes. [...] Para preparar uma pedagogia individualizada, preocupada com o progresso de cada um e, sobretudo, dos que têm dificuldade de progredir, é necessário, sem dúvida, contar com o apoio de uma configuração social favorável; mas é preciso organizar os princípios pedagógicos da individualização. O docente dispõe ainda sim de uma margem de manobra.* (Snyders, 2005, p. 104-105, 107)

Além disso, a escola cumpre uma função disciplinadora. Um dos autores que abordou essa questão foi o filósofo e historiador Michel

Foucault (1926-1984). No livro *Vigiar e punir*, ao discorrer sobre a história da violência nas prisões, Foucault dedicou algumas páginas nos capítulos "Corpos dóceis" e "Recursos para um bom adestramento" para comentar sobre o nascimento da escola por volta do século XVIII.

Segundo Saviani (2003, p. 55): "o dominado não se liberta se ele não vier a dominar aquilo que os dominantes dominam. Então, dominar o que os dominantes dominam é condição de libertação".

O autor realizou diversos estudos sobre algumas instituições, como prisões, conventos, quartéis, hospitais psiquiátricos e escolas, buscando desvelar semelhanças no que se refere aos aspectos de organização e controle. Um controle que, conforme identificado pelo autor, opera de forma anônima.

Vejamos como Foucault (2009a, p. 131-163, grifo do original) conceituou a formação dos corpos dóceis destacando a escola como um dos mecanismos de formação desses processos de controle:

Houve, durante a época clássica, uma descoberta do corpo como objeto e alvo de poder. Encontraríamos facilmente sinais dessa grande atenção dedicada então ao corpo – ao corpo que se manipula, se modela, se treina, que obedece, responde, se torna hábil ou cujas forças se multiplicam. [...]

Nesses esquemas de docilidade, em que o século XVIII teve tanto interesse, o que há de tão novo? Não é a primeira vez, certamente, que o corpo é objeto de investimentos tão imperiosos e urgentes; em qualquer sociedade, o corpo está preso no interior de poderes muito apertados, que lhe impõem limitações, proibições ou obrigações. Muitas coisas, entretanto, são novas nessas técnicas. [...] Muitos processos disciplinares existiam há muito tempo: nos conventos, nos exércitos, nas oficinas também. Mas as disciplinas se tornaram no decorrer dos séculos XVII e XVIII fórmulas gerais de dominação. [...] O momento histórico das disciplinas é o momento em que nasce uma arte do corpo humano, que visa [...] a formação de uma relação que no mesmo mecanismo o torna tanto mais obediente quanto é mais útil [...]. A disciplina fabrica assim corpos submissos e exercitados, corpos "dóceis". [...]

A minúcia dos regulamentos, o olhar esmiuçante das inspeções, o controle das mínimas parcelas da vida e do corpo darão em breve, no quadro da escola, do quartel, do hospital ou da oficina, um conteúdo laicizado, uma racionalidade econômica ou técnica [...].

Vejamos o exemplo da "classe". [...] A ordenação por fileiras, no século XVIII, começa a definir a grande forma de repartição dos indivíduos na ordem escolar: filas de alunos na sala, nos corredores, nos pátios; colocação atribuída a cada um em relação a cada tarefa e cada prova; colocação que ele obtém de semana em semana, de mês em mês, de ano em ano, alinhamento das classes de idade umas depois das outras; sucessão dos assuntos ensinados, das questões tratadas segundo uma ordem de dificuldade crescente. [...]

A organização de um espaço serial foi uma das grandes modificações técnicas do ensino elementar. [...] Determinando lugares individuais tornou possível o controle de cada um e o trabalho simultâneo de todos. [...] Então, a sala de aula formaria um grande quadro único, com entradas múltiplas, sob o olhar cuidadosamente "classificador" do professor. [...]

As disciplinas organizando as "celas", os "lugares" e as "fileiras" criam espaços complexos: ao mesmo tempo arquiteturais, funcionais e hierárquicos. São espaços que realizam a fixação e permitem a circulação; recortam segmentos individuais e estabelecem ligações operatórias; marcam lugares e indicam valores; garantem a obediência dos indivíduos, mas também uma melhor economia do tempo e dos gestos. São espaços mistos: reais pois que regem a disposição de edifícios, de salas, de móveis, mas ideais, pois projetam-se sobre essa organização caracterizações, estimativas, hierarquias. [...]

1) o horário: é uma velha herança. [...] Seus três grandes processos – estabelecer as censuras, obrigar a ocupações determinadas, regulamentar os ciclos de repetição

– *muito cedo foram encontrados nos colégios, nas oficinas, nos hospitais. [...] O rigor do tempo industrial guardou durante muito tempo uma postura religiosa; no séculos XVII, o regulamento das grandes manufaturas precisava os exercícios que deveriam escandir o trabalho [...].*

Para Foucault (2009a), conforme pudemos observar da citação, mais importante que um poder centralizador e visível, seriam os pequenos poderes os responsáveis por abarcar todo o espaço social, dos quais não conseguimos escapar, porque estão dispersos. Mecanismos disciplinares existiam anteriormente na história, mas, conforme o autor, foram aperfeiçoados, por volta do século XVIII, de forma científica, como uma ciência do corpo e do espaço, visando à formação de corpos dóceis. No caso do nascimento da escola moderna, Foucault destacou a disciplina corporal (gestual, fala), os exames classificatórios (provas), a repetição mecânica, os horários, a ordenação em fileiras, a vigilância dos agentes escolares, o espaço físico, o mobiliário, as regras, os olhares vigilantes, as ameaças e as punições, que agem sempre no sentido de controlar corpos e a consciência, visando à criação de seres úteis, dóceis, treinados para a obediência.

As análises de Foucault, Bourdieu e Passeron e Weber apresentam visões para as quais podemos atribuir um caráter mais negativo do que positivo em relação ao papel da escola no mundo moderno.

Evidentemente, a escola moderna edificou-se com base nas desigualdades existentes na sociedade capitalista, incorporando alguns mecanismos pedagógicos provenientes do período medieval, ressignificando-os, como destacado por Bourdieu, Passeron e Foucault. Porém, a definição dos currículos, as legislações educacionais, as políticas de financiamento da educação e os direitos trabalhistas não são estáticos, isto é, em determinados períodos históricos, podem avançar ou regredir, a depender da correlação das forças sociais em conflito na sociedade. Se a escola for considerada uma mera esfera alienante, adestradora, castradora, não haverá sentido em defendê-la como um direito público subjetivo.

Por outro lado, a contribuição de Bourdieu e Passeron nos ajuda a refletir acerca dos mecanismos de reprodução de desigualdades sociais que se fazem presentes na escola e no sistema escolar, bem como que os discursos baseados na meritocracia mascaram a existência de processos sociais excludentes.

Neste livro, queremos chamar a atenção para o fato de que negar ou secundarizar o papel histórico da escola na transmissão dos conhecimentos científicos, filosóficos, artísticos e literários serviu de fundamentação teórica para certas reformas educacionais contemporâneas baseadas em um suposto saber prático, um conhecimento tácito, calcado nas chamadas *vivências* – tais reformas serão analisadas nos capítulos seguintes.

A escola pública, gratuita, universal, obrigatória e laica como conquista civilizatória, oriunda de uma promessa iluminista (como destacado no Capítulo 1), imersa em uma série de lutas sociais; a escola como reprodutora de desigualdades, como um dos mecanismos de adestramento... Esses são alguns caminhos analíticos possíveis de se pensar a escola, os quais retomaremos na sequência desta obra.

> Se a escola for considerada uma mera esfera alienante, adestradora, castradora, não haverá sentido em defendê-la como um direito público subjetivo.

A educação não é uma questão meramente técnica. Atrás da chamada *razão técnica* existe um determinado projeto político. A educação, de acordo com Gadotti (2010), nunca deixou de ser um prolongamento de um projeto político.

Síntese

Neste capítulo, localizamos o nascimento da sociologia no contexto de transformações revolucionárias do século XVIII e traçamos uma primeira reflexão sobre o papel da Sociologia na educação básica a partir da contribuição do sociólogo estadunidense Charles Wright Mills.

Além disso, fizemos uma breve referência às análises de Durkheim e Weber a respeito do papel reprodutor da escola, teorizado também por Foucault e por Bourdieu e Passeron. Apresentamos algumas críticas que foram feitas a essa visão da escola como mera reprodução.

Indicações culturais

Filmes

A ONDA. Direção: Dennis Gansel. Alemanha: Constantin Film, 2008. 107 min.

Esse filme é inspirado em uma experiência realizada na década de 1960 por um professor de uma escola nos EUA com seus estudantes. Tal experiência levava os alunos a reproduzir mecanismos de movimentos fascistas. O filme permite trabalhar com estudantes de Sociologia na educação básica alguns conceitos da sociologia de Durkheim com relação à criação de mecanismos de solidariedade social, bem como à formação de uma consciência coletiva externa e coercitiva nos estudantes retratados no filme que não se adaptaram ou que recusaram as regras impostas pelo grupo social.

ENTRE os muros da escola. Direção: Laurent Cantet. França: Sony Pictures Classics; Imovision, 2008. 128 min.

Nesse filme, um professor enfrenta os desafios da rotina da sala de aula em uma escola da periferia de Paris, na qual a maioria dos estudantes é imigrante. O filme permite refletir se a escola se mantém como espaço de equalização de oportunidades, bem como a respeito da constatação da existência de uma crise da educação no mundo contemporâneo, que oscila entre responsabilizar individualmente os estudantes ou os professores.

O CORTE. Direção: Costa-Gavras. França, 2005. 122 min.

Esse filme é uma ficção que aborda a situação do desemprego estrutural nas sociedades capitalistas contemporâneas e a constatação de que a qualificação profissional não é garantia de emprego. Na obra, um engenheiro de produção que trabalhava numa empresa há vários anos é demitido. Após receber uma carta de recomendação, o funcionário, que havia dedicado sua vida à empresa, encontra-se desesperado por não conseguir emprego, mesmo tendo um excelente currículo e qualificação profissional. Então, ele toma a decisão de eliminar fisicamente seus concorrentes, ao abrir uma caixa postal para receber os currículos de tais concorrentes e tirar a vida dos mais qualificados como ele. No entanto, diversas histórias se desenrolam nesse caminho, dentre elas, a descoberta de que os demais profissionais qualificados como ele trabalhavam em profissões não relacionadas às suas formações e qualificações.

SEGUNDA-FEIRA ao sol. Direção: Fernando León de Aranoa. Espanha/Itália/França, 2002. 113 min.

Esse filme aborda a situação de trabalhadores que foram demitidos em uma época em que muitas empresas fecharam. Os personagens do longa, que são amigos, precisam se virar para conseguir renda, e em virtude das incertezas com relação ao futuro, eles resolvem discutir tal situação numa manhã de sol de segunda-feira.

Atividades de autoavaliação

1. (FCC – 2016 – SEGEP/MA). Os resultados das pesquisas desenvolvidas por Pierre Bourdieu e Jean-Claude Passeron, nos anos de 1970, contribuíram para que melhor compreendêssemos como a escola, em conjunto com outras instituições sociais:
    a) reproduzem e perpetuam as desigualdades econômicas e sociais entre os indivíduos posicionados diferencialmente na sociedade, ao longo das gerações.
    b) se esforçam para que crianças e adolescentes das classes populares deixem de encontrar dificuldades no trato com a linguagem culta empregada no ensino elitista.
    c) agem para que as crianças de distintas origens sociais deixem de repetir e memorizar, de forma a se apropriarem dos conceitos abstratos transmitidos pela escola.
    d) contribuem para que crianças e adolescentes das classes subalternas rejeitem suas limitações intelectuais e deixem de naturalizar as diferenças culturais.

2. Com relação a certas tradições teóricas nas ciências sociais que buscaram pensar a educação, avalie as seguintes assertivas:
    I) A escola, para Foucault, é vista em sua função disciplinadora, voltada para a obediência de corpos e mentes.
    II) A compreensão dos tipos de autoridade construídos na escola, a postura passiva de estudantes, a disciplina corporal, os exames classificatórios, a repetição mecânica, a ordenação em fileiras e a vigilância representam, para Foucault e Weber, uma descrença na escola com relação aos ideais depositados nela como transformadora da sociedade.

III) A escola, para Durkheim, tem um papel revolucionário, voltado para o questionamento dos papéis sociais impostos, bem como para o desenvolvimento de aptidões e conhecimentos especiais de profissões específicas.

IV) Em Marx, a educação na sociedade capitalista é pensada como reprodutora das relações sociais, reforçando uma sociedade alienada, em oposição à condição humana passível de desenvolver suas potencialidades, aprisionada pelos condicionantes da base material da sociedade capitalista.

V) Em Weber, a análise da burocracia como mecanismo legal, racional, provido de regras de caráter impessoal e, principalmente, a crença da validade das normas legais como objetivas são os mecanismos por excelência da dominação no Estado moderno.

Agora, indique a alternativa que apresenta as assertivas corretas:

a) I, II, IV e V.
b) III e V.
c) I, II, III e V.
d) I, III e IV.
e) II, IV e V.

3. Avalie as assertivas a seguir:

I) Os educadores Georges Snyders e Dermeval Saviani consideram que a visão da escola como esfera alienante, reprodutora da sociedade burguesa, seria unilateral, ignorando as possibilidades de utilização da cultura para uma educação transformadora.

II) A sociologia da educação visa menos a pensar a escola como um prolongamento de um projeto político e mais como uma técnica eficiente, focando nos estudos do saber fazer na sala de aula.

III) Segundo Bourdieu e Passeron, a institucionalização dos exames no mundo moderno produz uma equidade formal que mascara processos sociais excludentes.

IV) Na perspectiva do pedagogo Dermeval Saviani, a educação tem uma função política.

V) A sociedade da informação – ou idade do fato – permite que cada vez mais pessoas possam exercitar a imaginação sociológica, de acordo com Wright Mills.

Agora, marque a alternativa que apresenta as assertivas corretas:
a) I, III, IV e V.
b) II, III e V.
c) I, III e IV.
d) II, III e V
e) III e V.

4. Leia a seguir um trecho do livro *Vigiar e punir*, de Michel Foucault, autor e pesquisador que teve grande importância nos estudos nas ciências sociais:

Houve, durante a época clássica, uma descoberta do corpo como objeto e alvo de poder. Encontraríamos facilmente sinais dessa grande atenção dedicada então ao corpo – ao corpo que se manipula, se modela, se treina, que obedece, responde, se torna hábil ou cujas forças se multiplicam. [...]

Nesses esquemas de docilidade, em que o século XVIII teve tanto interesse, o que há de tão novo? [...]

A minúcia dos regulamentos, o olhar esmiuçante das inspeções, o controle das mínimas parcelas da vida e do corpo darão em breve, no quadro da escola, do quartel, do hospital ou da oficina, um conteúdo laicizado, uma racionalidade econômica ou técnica [...]

Colégios: o modelo do convento se impõe pouco a pouco; o internato aparece como o regime de educação senão o mais frequente [...]

Quartéis: é preciso fixar o exército, essa massa vagabunda; impedir a pilhagem e as violências; acalmar os habitantes [...]

Ao lado das oficinas espalhadas criam-se também grandes espaços para as indústrias, homogêneos e bem delimitados: as manufaturas reunidas primeiro, depois as fábricas, na segunda metade do século XVIII. (Foucault, 2009a, p. 131-163, grifo do original)

Com base na citação, é possível afirmar que Foucault buscou:
a) destacar a exploração de classes presente nas diversas instituições sociais.
b) as semelhanças nas técnicas e formas de controle de corpos, mentes e espaços planejados, como escolas, quartéis, fábricas, hospícios e prisões.
c) identificar o controle de corpos e mentes realizado pelas igrejas.
d) destacar o poder despótico existente em governos ditatoriais e democráticos.
e) identificar como valores, normas e regras socialmente estabelecidos estão presentes em todas as instituições sociais.

5. Avalie as assertivas a seguir a respeito do contexto histórico da formação da sociologia.
   I) A Revolução Francesa de 1789 significou a queda do Estado monárquico e a criação de um Estado laico, baseado nos princípios republicanos, além da ascensão da burguesia ao poder político. As concepções de cidadania e de direitos sociais e políticos emergiram da influência dessa revolução.

II) As três revoluções do século XVIII, a Revolução Industrial, o Iluminismo e a Revolução Francesa, são marcos importantes para pensar a instalação definitiva da sociedade capitalista.

III) A Revolução Industrial, a Revolução Russa e a Guerra Fria são as três grandes transformações que deram origem à formação da sociologia.

IV) Com a Revolução Industrial, ocorreu uma superação dos conflitos entre capital e trabalho e a proliferação do trabalho doméstico nas áreas mecanizadas.

V) O trabalho do artesão perdeu importância com o surgimento de novas formas de organização do trabalho nas cidades e no campo, com a emergência de um processo de urbanização em virtude do aparecimento de duas novas classes sociais: a burguesia e o proletariado.

VI) Interpretações baseadas no sobrenatural, em superstições e crenças passaram a ser questionadas nos estudos dos processos histórico-sociais modernos. Essa racionalização expressava novas formas de conceber o mundo, nas ciências naturais e sociais.

Agora, indique a alternativa que apresenta as assertivas corretas:

a) I e VI.
b) I, II, V e VI.
c) III e IV.
d) II e V.
e) I, III e IV.

Atividades de aprendizagem

Questões para reflexão

1. Com base na contribuição de Charles Wright Mills, reflita a respeito do conceito de imaginação sociológica considerando a postura que o professor deve ter diante da elaboração de sua ação pedagógica.

2. Reflita sobre a ideia de educação como reprodução no sentido dado por Bourdieu e Passeron.

Atividade aplicada: prática

1. Com relação às indicações dadas pelas pesquisas de Bourdieu e Passeron sobre a ligação entre a formação escolar e as posições sociais adquiridas posteriormente, faça um levantamento de dados estatísticos – a pesquisa pode ser feita no *site* do Ministério da Educação (MEC) ou do Instituto Nacional de Estudos e Pesquisas Educacionais Anísio Teixeira (Inep), bem como via revisão bibliográfica – sobre os percentuais de estudantes oriundos de escola pública que estudam em universidades públicas ou em particulares. Em seguida, analise essa distribuição no interior de alguns cursos com maior e menor concorrência.

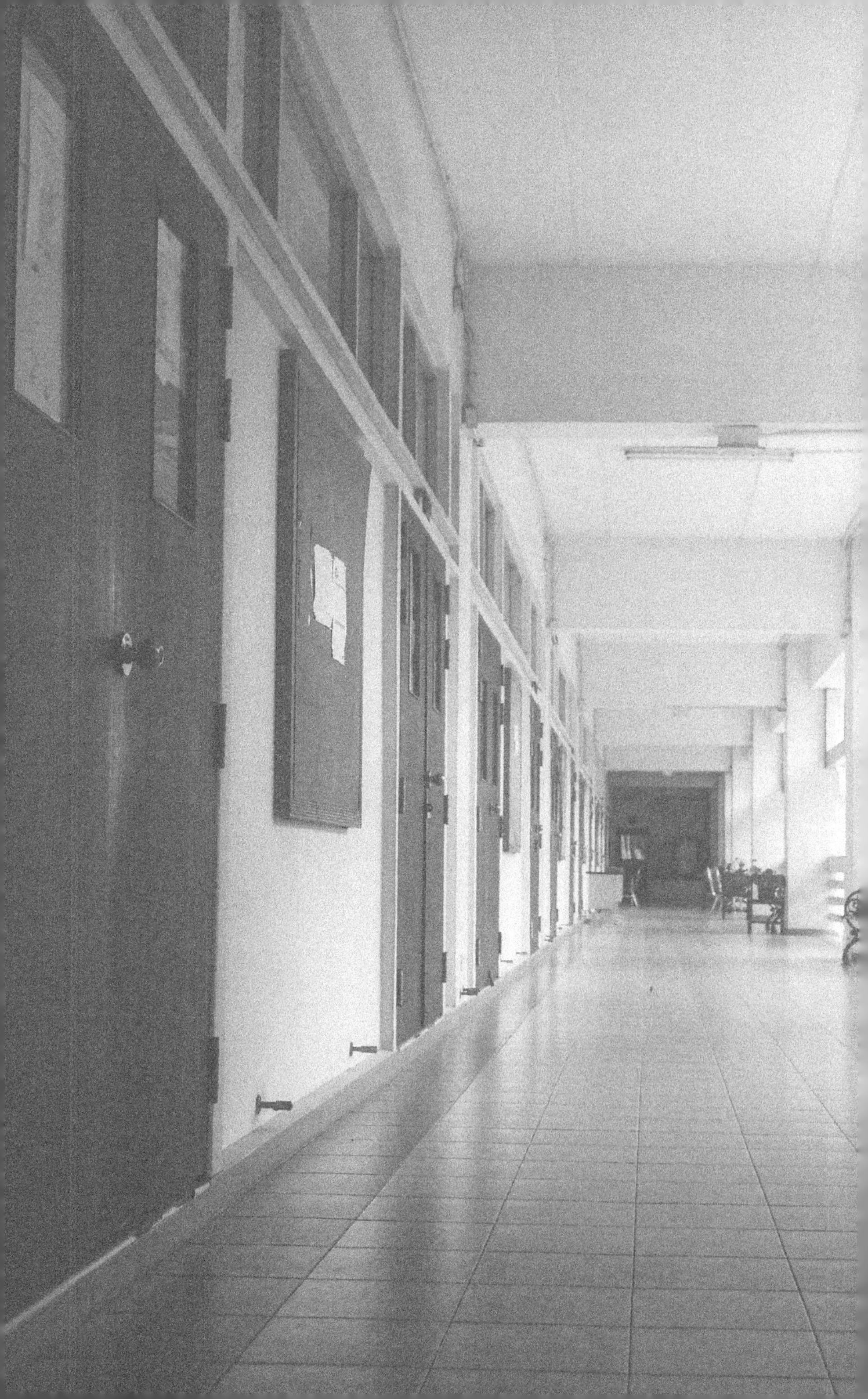

3

A história do ensino de Sociologia no Brasil

Neste capítulo, analisaremos *o perfil do professor de Sociologia na educação básica e abordaremos a trajetória dessa disciplina na educação nacional. Apresentaremos tanto a fase inicial de implantação da Sociologia na educação básica, entre 1925 e 1942, como o retorno da disciplina aos currículos escolares, em 2008. Faremos referência a autores que contribuíram com o pensar da sociologia, considerando diferentes contextos e as hipóteses do caráter intermitente da disciplina na educação básica, além das possibilidades futuras viabilizadas pela recente reforma do ensino médio.*

3.1
Conversa inicial: a necessária institucionalização da Sociologia no currículo

Qual é o objetivo da Sociologia na educação básica? Para responder a essa pergunta, é necessário fazermos, antes, um breve histórico e uma sucinta reflexão sociológica sobre o ensino dessa disciplina no Brasil. Quais foram os contextos, os movimentos, as tendências? Como o ensino de Sociologia, sua permanência e ausência estiveram intimamente ligados ao desenvolvimento da ciência e aos debates das políticas educacionais no Brasil?

A Sociologia no ensino médio foi marcada no currículo escolar sempre de forma intermitente, com grandes interrupções e retornos esporádicos, até sua implantação legal em 2008 e sua reconfiguração com a recente reforma do ensino médio pela – Lei n. 13.415, de 16 de fevereiro de 2017 (Brasil, 2017).

A introdução da Sociologia no currículo foi fruto de um lento e intermitente processo de institucionalização, mas também das necessidades de formação humanística e de se encontrar respostas às dinâmicas da modernização. Esse caráter intermitente deixou marcas na trajetória da disciplina na educação básica. Tais marcas são relativas a uma tradição pedagógica que procurou explicar como ensinar teorias e conceitos sociológicos, o que ocorreu por cerca de uma década (2006-2017). Essas marcas dificultaram a consolidação da disciplina no currículo escolar ao longo da história.

Se considerarmos o período que compreende a Lei n. 11.684, de 2008 (Brasil, 2008), até a aprovação da recente reforma do ensino médio, em 2017, perceberemos que houve avanços importantes quanto à institucionalização da disciplina de Sociologia, expressa em documentos de orientação curricular em âmbito nacional – como os Parâmetros

Curriculares Nacionais (PCN) e as Orientações Curriculares Nacionais (OCN), ambos para o ensino médio –, bem como nos currículos estaduais, em programas de incentivo à docência e em articulações entre educação básica e universidades, na ampliação da produção de livros didáticos de Sociologia no Programa Nacional do Livro Didático (PNLD), na produção de livros de metodologias de ensino de Sociologia para professores do ensino médio e na inserção dos conteúdos da disciplina em vestibulares e no Exame Nacional do Ensino Médio (Enem).

> O currículo escolar expressa as relações de poder existentes na sociedade. Nesse sentido, o sociólogo Pierre Bourdieu destacou que a ciência está envolta em conflitos e hierarquias que visam legitimar conhecimentos científicos mediante uma autoridade conquistada por meio de prestígios e reconhecimentos.

A necessária institucionalização da Sociologia no currículo escolar passa, entre outras ações, pela garantia de que os professores que lecionam essa disciplina tenham formação de licenciatura plena em Ciências Sociais/Sociologia e/ou concurso público na disciplina de Sociologia. Além da garantia de profissionais formados na área para ministrar as aulas, a Sociologia deve ser pensada de maneira orgânica no interior do currículo escolar, ou seja, ela tem uma contribuição não apenas sobre o ato de pensar a própria disciplina, mas também os profissionais da área podem contribuir para uma reflexão sobre a estrutura e o funcionamento do ensino.

O currículo escolar expressa as relações de poder existentes na sociedade. Nesse sentido, o sociólogo Pierre Bourdieu destacou que a ciência está envolta em conflitos e hierarquias que visam legitimar conhecimentos científicos (o que é considerado legalmente científico) mediante uma autoridade conquistada por meio de prestígios e reconhecimentos (a qual o autor chamou de *capital social e simbólico*).

A Sociologia teve sua afirmação e seu reconhecimento na educação básica intensificados no período 2006-2017, em um processo de retomada no currículo interrompido com a Reforma Capanema. Parte desse processo de afirmação esteve ligada ao Programa Institucional de Bolsas de Incentivo à Docência (Pibid), criado em 2007 pelo Ministério da Educação (MEC) e que concedia bolsas de estudos a estudantes de diversas licenciaturas, bem como a professores da educação básica que se inscrevessem em processos seletivos para atuar como supervisores desses estudantes em seus locais de trabalho, além de garantir uma remuneração aos professores de universidades que se tornassem coordenadores do programa. Inicialmente aplicado para disciplinas do ensino médio, o Pibid foi depois expandido para diversas escolas (estaduais, municipais, comunitárias, filantrópicas, confessionais) e outras modalidades (educação infantil, fundamental), bem como para atividades de equipes pedagógicas.

Iniciativas dessa natureza nos permitem fazer uma reflexão importante sobre os saberes, as práticas e os métodos não só de ensinar Sociologia, mas também sobre a estrutura e o funcionamento do ensino e dos currículos, bem como a respeito da relação entre educação e sociedade.

Essa importante iniciativa de articulação entre profissionais da educação básica e estudantes de universidades foi encerrada no início de 2018 pelo MEC, no governo de Michel Temer, com o cancelamento de bolsas do programa. Antes, em 18 de outubro de 2017, o Executivo federal havia anunciado um outro programa, intitulado *Residência Pedagógica*, apresentado como modernização na formação inicial de professores. Nesse programa, não haverá bolsas aos alunos que atuarão nas escolas, nem a presença de professores supervisores bolsistas, como era no Pibid. O governo federal não explicitou os detalhes do programa quando de seu anúncio, logo, não ficou claro como ocorrerá essa residência de estudantes em formação em sala de aula, quem fará a supervisão, se haverá substituição de professores titulares por residentes, entre outras questões.

Os conteúdos de Sociologia especificados pelas OCN de 2006 e pelos PCN de 2000 são de ciências sociais, isto é, abrangem as áreas de sociologia, antropologia e ciência política. Mas o ensino dos conteúdos de ciências sociais no ensino médio levou o nome de *Sociologia*.

Apenas a profissão de sociólogo é reconhecida pelo Estado brasileiro – por meio da Lei n. 6.888, de 10 de dezembro de 1980 (Brasil, 1980), regulamentada pelo Decreto n. 89.531/1984). Essa regulamentação menciona que todo bacharel em Sociologia, Sociologia e Política ou Ciências Sociais exerce a profissão de sociólogo (Brasil, 1980).

No Brasil, existem cursos de Ciências Sociais que formam bacharéis e licenciados simultaneamente; há, também, cursos que formam apenas bacharéis ou apenas licenciados; e existem, ainda, cursos apenas de Sociologia, geralmente com formação voltada para a licenciatura.

Com relação ao número de estudantes matriculados em cursos de graduação no Brasil (Brasil, 2014, p. 38), 3.732 alunos faziam Ciências Sociais até 2013. Desses, 2.173 cursavam em instituições públicas e 1.559 em instituições privadas. Na modalidade presencial, eram 2.544 alunos, e na modalidade a distância, 1.188.

Mas qual é o perfil do profissional de Sociologia na educação básica? Conforme os últimos dados disponíveis no documento *Censo escolar 2013: perfil da docência no ensino médio regular*, publicado em 2015 pelo Instituto Nacional de Estudos e Pesquisas Educacionais Anísio Teixeira (Inep), alguns levantamentos estatísticos e simulações foram realizadas (Brasil, 2015b).

Considerando uma jornada de 40 horas semanais com duas horas-aula de 50 minutos por semana e 1/3 de hora-atividade conforme regulamentado pela Lei do Piso (Lei n. 11.738/2008), o documento do Inep traçou o seguinte perfil do profissional de Sociologia (Brasil, 2015b):

- O Brasil tinha 47.961 docentes de Sociologia no ensino médio até 2013.
- Desses, apenas 12,7% (6.094) lecionavam somente essa disciplina, e 87,3% ensinavam outras disciplinas além de Sociologia.
- Dos 47.961 docentes de Sociologia, 38,1% (18.286) atuavam exclusivamente no ensino médio, e 61,9% (29.675), no ensino médio e em outra etapa de ensino (fundamental ou superior).
- Apenas 4.656 professores lecionavam exclusivamente Sociologia no ensino médio, correspondendo a apenas 9,7%.

Com relação a esses primeiros dados, é possível perceber que o número de profissionais obrigados a lecionar outras disciplinas além de Sociologia é extremamente alto (87,3%). O fato de a Sociologia ser ofertada apenas no ensino médio reduz significativamente a oferta das outras disciplinas, pois, geralmente, no turno da tarde são ofertadas turmas do ensino fundamental que não têm Sociologia. Ademais, sem medo de errar, podemos admitir a hipótese de que os baixos salários levam o professor a ter de lecionar uma quantidade mais elevada de horas semanais, ensinando também outras disciplinas da área de humanas (como Filosofia, História e Geografia, por exemplo). Outro aspecto a se destacar é que o inverso também ocorre: há profissionais de outras disciplinas que lecionam Sociologia, reduzindo a oferta de aulas para profissionais formados (sejam concursados ou temporários).

O documento do Inep, de 2013, traz mais alguns dados importantes sobre o ensino de Sociologia (Brasil, 2015b):

- Dos profissionais que lecionavam unicamente Sociologia e exclusivamente no ensino médio, 76,4% tinham vínculo com apenas uma escola, e 57,4% trabalhavam em apenas um único turno.

- Os profissionais que lecionavam Sociologia e outra disciplina e que não trabalhavam apenas no ensino médio apresentavam como característica a atuação em duas ou mais escolas, representando 58,9% ante apenas 41,1% que atuavam apenas em uma escola. Desse grupo de profissionais que ensinavam Sociologia e outra disciplina, 52,7% trabalhavam em dois turnos, e 30,9% em três turnos, ante apenas 16,4% em apenas um turno.
- Dos profissionais que ensinavam apenas Sociologia, 36,9% eram formados em Sociologia/Ciências Sociais.

Ou seja, o típico profissional que ensina Sociologia leciona mais de uma disciplina para cumprir uma carga horária de 40 horas semanais e atua em duas ou mais escolas, de dois a três turnos, e em mais de uma modalidade (ensino médio e outra modalidade). Quem leciona exclusivamente Sociologia no ensino médio representa uma minoria, e existe apenas um pequeno contingente de professores formados em Sociologia que leciona a disciplina. Essa realidade de um grande número de profissionais que ensinam uma disciplina, apesar de não serem formados no curso específico dela, não é exclusiva da Sociologia; pelo contrário, isso ocorre em praticamente todas as demais disciplinas do currículo da educação básica.

O documento do Inep lista que, em 2013, havia 213.965 turmas de ensino médio regular no Brasil que não eram atendidas por professores com formação específica. Os 5.663 docentes formados em Sociologia/Ciências Sociais são insuficientes para atender a todas as turmas. Por isso, o Inep (Brasil, 2015b) fez algumas simulações:

- Em uma simulação com 16 turmas por semana, apenas no ensino médio, seriam necessários 14.587 docentes formados exclusivamente em Sociologia.

- Em uma simulação com 32 turmas por semana, apenas no ensino médio, seriam necessários 7.900 docentes formados exclusivamente em Sociologia.

Existem alguns Estados no Brasil em que a Sociologia é ofertada com piso de duas aulas semanais, ao passo que em outros, a obrigatoriedade é de apenas uma aula semanal. Essa realidade – apenas uma aula semanal –, para qualquer disciplina, implica uma acentuada precarização do trabalho docente, com elevado número de alunos e trabalhos correspondentes, além de diminuto tempo para a elaboração e o efetivo trabalho de conteúdos da disciplina.

Entre 2001 (ano em que a Sociologia esteve próxima de retornar ao currículo, após sua inclusão ter sido aprovada nas duas casas legislativas, mas vetada pelo Executivo) e 2013 (último ano pesquisado pelo Inep), cerca de 72 mil alunos ingressaram em faculdades de Sociologia/Ciências Sociais, sendo que 74,3% se formaram em instituições de ensino superior públicas (Brasil, 2015b).

Os dados citados demonstram a necessidade de se investir na formação de profissionais dessa disciplina, para que haja uma maior possibilidade de aumentar a qualidade no trabalho docente, bem como a necessária oferta de concursos públicos pelo Estado para atender à demanda com qualidade. Mas eles também ilustram que, para completar a carga horária e seus rendimentos, esse profissional leciona não apenas Sociologia.

Na educação superior no Brasil, a inclusão da disciplina de Ciências Sociais foi cronologicamente posterior à existência dessa disciplina (especificamente, *Sociologia*) na educação básica. Consolidou-se por décadas a distinção entre cursos superiores (Ciências Sociais) e as disciplinas de nível médio (Sociologia).

Mas como a disciplina de Sociologia teve início no Brasil na educação básica?

3.2
A trajetória inicial da Sociologia na educação básica

A primeira menção à Sociologia no currículo da educação básica no Brasil pode ser encontrada no final do século XIX, mais precisamente em 1882, no período derradeiro do Segundo Reinado (1840-1889), quando o Ministro Ruy Barbosa (1849-1923) emitiu pareceres em que se propunha o ensino de Sociologia na educação básica, além de sugerir que a disciplina figurasse nos programas dos cursos de Direito.

Foi apenas em 1891 que a Sociologia ingressou no sistema de ensino, com a reforma educacional protagonizada por Benjamin Constant (1836-1891), aprovada em novembro de 1890, sob o título de *Sociologia e Moral*, e pré-formatada pelo espírito positivista reinante na ciência e na sociedade da época. Nesse cenário, a disciplina era cursada por estudantes do 6º e 7º anos dos cursos secundários. Mas, enquanto disciplina obrigatória, a Sociologia durou apenas um ano. Foi retirada do currículo pela Reforma Epitácio Pessoa, em 1901.

Em 1925, com a Reforma Rocha Vaz – ratificada pela Reforma Francisco Campos, de 1931 –, a Sociologia reapareceu como conteúdo a ser avaliado nas provas de vestibular para ingresso nas faculdades. Tal exigência fez com que, entre 1926 e 1929, a disciplina aparecesse na grade das disciplinas do então nível secundário do Colégio Pedro II, do Rio de Janeiro. Em 1931, com a centralização do sistema educacional brasileiro (início do governo de Getúlio Vargas), a Sociologia passou a integrar o quadro curricular dos cursos complementares.

Segundo Meucci (2007), além da reforma Rocha Vaz, houve outra circunstância atrelada ao retorno da Sociologia aos currículos escolares, nos anos de 1920: quando a disciplina passou a ser presença no currículo dedicado à formação dos professores primários e secundários em dois importantes Estados brasileiros: Rio de Janeiro e Pernambuco. Em 1928, a disciplina figurou no programa das chamadas *escolas normais*, nomenclatura dada à escola de formação de professores, bem como enquanto estudo complementar a alguns cursos de ensino superior.

Nesse período, tratava-se de uma Sociologia que ainda engatinhava, dava seus primeiros passos no mundo acadêmico e que tinha um caráter cientificista e cívico-redentorista – uma sociologia voltada ao civismo, ao nacionalismo (Moraes, 2003; 2011; Sarandy, 2002).

O que seria esse caráter cívico-redentorista e cientificista? Segundo Sarandy (2002), creditava-se à disciplina de Sociologia a condição de ciência fundamental, uma capacidade para um conhecimento seguro da realidade social, sob influência tanto do positivismo quanto da Escola Nova no Brasil, capitaneada por Anísio Teixeira.

> Anísio Teixeira (1900-1971), baiano do município de Caetité, exerceu diversos postos na Administração Pública nas décadas de 1920 e 1930. Dentre eles, foi diretor de Instrução Pública do Rio de Janeiro, entre 1931 e 1935. Além disso, foi um dos idealizadores e redatores do importante *Manifesto dos pioneiros da educação nova*, de 1932. Perseguido pela ditadura de Vargas, demitiu-se do cargo em 1936. Assumiu a pasta da Educação na Bahia em 1947 e, em 1952, a chefia do Instituto Nacional de Estudos Pedagógicos. Com a instauração do governo militar, em 1964, deixou o instituto – que hoje leva seu nome – e foi lecionar em universidades americanas, de onde voltou em 1965 para continuar atuando como membro do Conselho Federal de Educação. Anísio Teixeira foi mentor de duas universidades: a do Distrito Federal, no Rio de Janeiro, e a de Brasília. Morreu no Rio de Janeiro, em março de 1971.

A partir dos anos de 1920 em diante, no contexto da acelerada urbanização e industrialização no Brasil, um grupo de intelectuais brasileiros buscou engajar-se na defesa da educação como pilar do desenvolvimento social e econômico e na superação das desigualdades do país. Esse movimento se intensificou nas décadas de 1930, 1940 e 1950, em um intenso debate sobre educação envolvendo diversos intelectuais das universidades brasileiras. Esse foi o contexto da criação da Associação Brasileira de Educação (ABE), em 1924, que culminou com o importante *Manifesto dos pioneiros da educação nova* (1932), livro assinado por 26 educadores que defendia como plataforma: um sistema público, gratuito e universal, de obrigação do Estado, descentralizado e que advogasse contra os privilégios educacionais para apenas uma parcela da população. Além disso, a obra defendia a laicidade, bem como um plano nacional de educação em tempo integral. Entre os nomes conhecidos que assinaram a obra, estavam, além de Anísio Teixeira, Fernando de Azevedo (1894-1974) e a poetisa Cecília Meireles (1901-1964). A atuação desses intelectuais se estendeu por muitas décadas e influenciou uma nova geração de educadores e pesquisadores, como o antropólogo Darcy Ribeiro (1922-1997) e o sociólogo Florestan Fernandes (1920-1995).

O ensino de Sociologia entre os anos de 1920 e 1940 estava inserido nesse contexto de modernização e que via na educação um meio de contrapor o Brasil legal (nossas instituições) ao Brasil real (nossa estrutura social).

Na chamada *escola normal*, a Sociologia existia para garantir cientificidade aos cursos de formação de professores. Nos cursos preparatórios, ela cumpria papéis de civismo e civilidade, vinculados a uma formação nacionalista. Nas escolas cristãs, aparecia subordinada às disciplinas de Ética, Metafísica e Teologia.

Na década de 1930, surgiriam os primeiros cursos de Ciências Sociais no Brasil: em 1933, na Escola Livre de Sociologia e Política (ELSP); em 1934, na Universidade de São Paulo (USP); e em 1935, na Universidade do Distrito Federal (UNIDF). No entanto, não se tratava de uma política governamental de expansão universitária em âmbito nacional, como destacado por Sarandy (2002).

Entre 1925 e 1942, tivemos o maior período de vigência obrigatória da disciplina de Sociologia na educação básica. A Reforma Capanema, de 1942, durante a ditadura do Estado Novo de Getúlio Vargas, excluiu a Sociologia da educação básica, criando um vácuo que só foi interrompido em 2008. A disciplina desapareceu do currículo dos cursos complementares e foi mantida apenas nas grades dos cursos normais, sob a rubrica de *sociologia geral* e/ou *sociologia da educação*.

Nesse longo período de marginalização (1942-2008), a Sociologia se fez presente de forma esporádica, descontínua. Houve alguns momentos de debates, nos meios acadêmicos, sobre a necessidade do ensino dessa disciplina na educação básica, conforme defendido, por exemplo, pelos sociólogos Luiz de Aguiar Costa Pinto e Florestan Fernandes nos anos de 1950.

O sociólogo Luiz de Aguiar Costa Pinto foi um dos intelectuais a se posicionar contra a exclusão da Sociologia na educação básica. Em sua tese de livre-docência "O ensino de Sociologia na escola secundária", de 1947, e em artigo publicado na revista *Sociologia* da ELSP, em 1949, opôs-se à Reforma Capanema.

> Luiz de Aguiar Costa Pinto (1920-2002), baiano de Salvador, foi um sociólogo brasileiro de renome internacional. Nos anos de 1940 e 1950, tomou parte na defesa do retorno da Sociologia às escolas secundárias e escreveu sua tese de livre-docência

"O ensino de Sociologia na escola secundária". Foi preso por oito meses pela ditadura Vargas. Graduou-se em Ciências Sociais na Universidade do Brasil – atual Universidade Federal do Rio de Janeiro (UFRJ). Também foi deputado estadual. Nas décadas de 1950 e 1960, atuou nas áreas de sociologia rural, desenvolvimento socioeconômico e relações raciais. Seus trabalhos são considerados uma das bases do pensamento social brasileiro. Na década de 1950, Costa Pinto participou da investigação a cargo da Organização da Nações Unidas para a Educação, a Ciência e a Cultura (Unesco) sobre relações sociais e assinou, com outros sociólogos, a declaração "A questão da raça". Esse último trabalho impulsionou sua trajetória no campo das ciências sociais em nosso país. Em 1957, tornou-se presidente da Associação Brasileira de Sociologia e, a partir de então, projetou-se no cenário internacional. Teve expressiva carreira internacional, publicando livros em francês, espanhol e inglês. Lecionou até se aposentar, no Canadá.

Em um simpósio organizado pela ELSP, em 1949, sobre o tema *ensino de sociologia e etnologia*, o renomado sociólogo Antônio Cândido (1918-2017) defendeu a Sociologia apenas para os cursos de formação de professores, mas não a sua inclusão no então colegial (equivalente ao ensino médio):

> Com efeito, não apenas o currículo do curso secundário, em ambos os ciclos, padece de sobrecarga, como a sociologia é matéria que pressupõe conhecimentos de história, geografia e filosofia. Seria de toda conveniência iniciar o seu estudo depois de alguns anos dessas disciplinas, elas sim indispensáveis à formação secundária [...]. (Cândido, citado por Moraes, 2011, p. 372)

A citação de Antônio Cândido evidencia que havia um cientificismo, uma visão de que a sociologia seria supostamente um conhecimento inacessível ao estudante da educação básica, vinculada a uma visão ilustrada, elitizada da ciência.

Em franca oposição a essa visão, o sociólogo Florestan Fernandes, no Primeiro Congresso Brasileiro de Sociologia, em 1954, apresentou o texto "O ensino de Sociologia na escola secundária brasileira", defendendo a inserção da disciplina no ginásio sob a nomenclatura *Elementos de Ciências Sociais*.

De origem humilde, o paulistano Florestan Fernandes (1920-1995) trabalhou desde criança como auxiliar em uma barbearia e depois como engraxate. Filho de mãe solteira que exercia o ofício de empregada doméstica, foi criado por sua madrinha. Em 1941, ingressou na Faculdade de Filosofia, Letras e Ciências Humanas (FFLCH) da USP, concluindo o curso de Ciências Sociais. Em 1945, trabalhou como assistente do professor Fernando de Azevedo, na cadeira de Sociologia II. Suas dissertações de mestrado na ELSP e doutorado na FFLCH da USP abordaram a organização social dos tupinambás, tornando-se um clássico da etnologia brasileira. Tomou parte no Primeiro Congresso Brasileiro de Sociologia em 1954 na defesa da disciplina na educação básica sob o nome de *Elementos de Ciências Sociais*, com a apresentação do texto "O ensino de sociologia na escola secundária brasileira". Defendia um caráter formativo da Sociologia na educação básica em oposição a visões que ele identificava como elitistas e acríticas. Em 1964, foi afastado das atividades acadêmicas, quando foi perseguido pela ditadura militar brasileira. Entre os seus clássicos estudos, estão *A integração do negro na sociedade de classe* (1964), *Capitalismo dependente e classes sociais na América Latina*

(1973) e *A revolução burguesa no Brasil* (1975), os dois últimos abordando questões sobre a resistência que a classe dominante brasileira tinha em relação às mudanças sociais. Considerado o fundador da sociologia crítica no Brasil. Elegeu-se deputado federal em 1986 pelo PT e participou dos debates Constituintes de 1988, dedicando sua atuação política à defesa da educação pública até seu falecimento, em 1995.

Nesse congresso, Fernandes argumentou que o ensino médio funcionava no Brasil apenas como ponte para o ensino superior (de caráter propedêutico), isto é, tinha um caráter ilustrado, de aquisição de informações despidas de espírito crítico, o que justificaria a exclusão da Sociologia no educação básica advinda da Reforma Capanema. Segundo Costa (2011, p. 54-55):

> Os argumentos defendidos por aqueles autores no Symposium, dos quais também compartilhava Florestan Fernandes, associavam a pertinência das ciências sociais nos currículos da escola média com a necessidade de formação do espírito crítico, de tomada de posições autônomas em face das mudanças sociais, de aumento do poder do homem de controlar racionalmente os aspectos instáveis da vida em sociedade e de compreensão mais ampla dos dilemas humanos na nova ordem industrial e democrática. Tais ideias se colocavam contra os horizontes de uma educação voltada para a conservação do status quo, por isso recebiam a oposição dos interesses da comercialização do ensino e dos setores empenhados em resguardar as concepções pedagógicas tradicionais, de uma cultura de simples ilustração. Essas seriam as razões mais prováveis do abandono do ensino da sociologia pela iniciativa privada na educação e pelos órgãos oficiais.

No âmbito educacional, nos anos de 1950, Florestan Fernandes (e não apenas ele) identificava um caráter elitista do ensino no Brasil (já assinalado pelo *Manifesto dos pioneiros*, de 1932) em diferentes níveis (primeiro, secundário e superior). O sociólogo entendia haver o seguinte embate: de um lado, uma concepção educacional com raízes em nossa história colonial e escravocrata baseada na ideia de que o objetivo da educação era formar elites pensantes e ilustradas; de outro, posições modernas e inovadoras ligadas a uma visão de desenvolvimento e cidadania. Florestan defendia, então, que o currículo de Sociologia tivesse um teor formativo, voltado à reflexão de nossa formação social e histórica, e não à reprodução de um velho padrão enciclopédico baseado numa coleção de ideias, teorias e nomes, como destacado por Costa (2011).

Esse importante debate entre as décadas de 1930 e 1950 sobre a Sociologia na educação básica foi curiosamente secundarizado na produção acadêmica das ciências sociais nas décadas posteriores, retornando apenas no final do século XX.

A institucionalização das ciências sociais no Brasil, como dito anteriormente, ocorreu primeiro na educação básica, nos cursos de formação de professores, e depois no colegial, para só então dar seus primeiros passos nas universidades, nos anos de 1930.

O ensino universitário no Brasil tem como antecedentes as criações da Academia Militar, da Escola Nacional de Belas Artes e de duas faculdades de Medicina, no Rio de Janeiro e na Bahia, logo após a chegada da família real portuguesa, em 1808. Em 1827, surgiram faculdades de Direito em Olinda – transferida depois para Recife – e em São Paulo.

No período de transição da colônia ao império, houve a criação de impostos para o financiamento da educação e para institutos culturais (bibliotecas, museus) e, mais tarde, as faculdades. Estas tinham apenas como objetivo transmitir saberes que tivessem uma aplicação prática para as necessidades administrativas da Coroa. A educação era transmitida a uma pequena aristocracia.

Em 1900, surgiu a Universidade Federal do Paraná (UFPR), a primeira universidade do Brasil (Wachowicz, 2006). Nos anos de 1930, foram criadas as já citadas ELSP e USP. Até 1944, existiam apenas três universidades em nosso país. Porém, da década de 1930 em diante, o Brasil entrou em um contexto sociocultural baseado em um projeto de modernização social e política. Mas foi apenas no final dos anos de 1960 que ocorreu uma política de expansão da educação superior no país, em termos de graduação e pós-graduação, mas com ênfase dos governos voltada às áreas tecnológicas, já no contexto da ditadura civil-militar, que privilegiava essas áreas com os maiores aportes de recursos.

A partir da década de 1930, irrompeu um debate nos meios acadêmicos que buscava articular as variáveis democracia, ciência e modernidade – e a defesa da Sociologia no currículo estava inserida nesse contexto, como destaca Sarandy (2002). As noções de modernidade e desenvolvimento estavam vinculadas às tentativas de interpretação sobre o Brasil, as quais encontravam raízes também na Semana de Arte Moderna de 1922. Nos anos de 1930, intensificaram-se diversas interpretações sociológicas e históricas sobre o Brasil. Nesse período, ocorreu um florescimento cultural nos âmbitos da educação, da vida artística e literária, bem como nos estudos históricos e sociais e nos meios de difusão cultural, como livro e rádio. Esse florescimento cultural foi simultâneo à permanência de extremas desigualdades sociais que excluíam amplos setores da população (Ianni, 2004).

Esse divórcio entre o pensamento acadêmico e a educação básica pode ser associado a uma distinção entre as Ciências Sociais universitárias, voltadas à formação de quadros burocráticos e pesquisadores, e a Sociologia enquanto educação básica (Moraes, 2011; Sarandy, 2002).

Antes da década de 1930, houve uma intensa produção intelectual no Brasil. Entre os pesquisadores sociais desse período, destacamos

Tavares Bastos, Sílvio Romero, Joaquim Nabuco, Ruy Barbosa, Euclides da Cunha, Alberto Torres e Oliveira Vianna. No âmbito das artes, a problemática social também estava presente em Mario de Andrade, Oswald de Andrade e Graciliano Ramos (Brandão, 2005).

As gerações de cientistas sociais de prestígio imediatamente seguintes foram compostas por Gilberto Freyre, Sérgio Buarque de Holanda, Caio Prado Jr., Raymundo Faoro, Victor Nunes Leal, Guerreiro Ramos, Luiz de Aguiar Costa Pinto, Antônio Cândido, Nelson Werneck Sodré, Florestan Fernandes, Celso Furtado, e os escolanovistas Fernando de Azevedo, Anísio Teixeira e Afrânio Peixoto (Brandão, 2005; Ianni, 2004; Sarandy, 2002).

Mas quais foram os fatores que geraram essa exclusão da obrigatoriedade da Sociologia na educação básica por tanto tempo (1942-2008)?

A Reforma Capanema, de 1942, que excluiu a obrigatoriedade da sociologia, contribuiu para isso, e a ditadura militar consolidou um insulamento acadêmico, afastando a universidade de debates públicos. Essa hipótese foi formulada por Sarandy (2002), ao destacar que, no âmbito do ensino superior, a institucionalização das ciências sociais esteve pautada pela institucionalização da pesquisa de campo, produzindo intelectuais comprometidos com a carreira acadêmica, mas afastados das controvérsias da vida pública. Esse insulamento deu origem a ilhas burocráticas, isto é, divisões das universidades em departamentos, que passaram a competir por recursos, bem como à expansão das pós-graduações no final dos anos de 1960, o que contribuiu para uma invisibilidade da Sociologia no ensino médio, em contraste com a produção acadêmica sobre a Sociologia na educação básica entre as décadas de 1930 e 1950.

A distinção entre bacharéis e licenciados é consequência desse divórcio e repousa em uma visão de que o licenciado supostamente não sabe ou não pode fazer pesquisa. Por outro lado, para lecionar nos cursos de pós-graduação, os títulos de mestre e doutor são suficientes. Apenas o livre-docente passa por uma prova didática para obter título. A carreira de professor universitário necessita de formação em mestrado e doutorado, mas não de licenciatura. Ou seja, é "como se fosse suficiente ser pesquisador para ser professor", como destacou criticamente Moraes (2003, p. 10).

Nas primeiras décadas do século XX, houve a participação de vários intelectuais acadêmicos na produção de materiais didáticos de Sociologia na educação básica.

O primeiro manual de Sociologia voltado à educação básica foi escrito em 1900, por Paulo Egydio de Oliveira Carvalho (1843-1906), intitulado *Sociologia criminal*. Entre 1900 e 1945, foram publicados 32 manuais de Sociologia – sendo que apenas um deles foi escrito por uma mulher, a autora Francisca Peeters –, de acordo com levantamento realizado por Meucci (2007). Entre os anos de 1910 e 1920, foram publicados cinco manuais. A partir da década de 1930, no entanto, tais manuais se proliferaram, como um efeito da institucionalização da Sociologia iniciada na segunda metade dos anos de 1920 e que despertou também o interesse da indústria editorial, conforme destacou Meucci (2007).

Entre os autores dos primeiros manuais, havia uma presença significativa de bacharéis em Direito e em outras formações vinculadas à saúde, a instituições militares e à Igreja Católica. A título de exemplo destacado por Meucci (2007): entre 1931 e 1945, foram publicados 28 manuais de 22 diferentes autores, mas apenas dois tinham formação sistemática em Ciências Sociais: Donald Pierson (1900-1995), estadunidense que era professor da ELSP,

> O primeiro manual de Sociologia voltado à educação básica foi escrito em 1900, por Paulo Egydio de Oliveira Carvalho (1843-1906), intitulado *Sociologia criminal*.

e Gilberto Freyre, pernambucano que concluiu seus estudos de graduação e pós-graduação nos Estados Unidos e foi um dos mais importantes pesquisadores das ciências sociais brasileiras. Quando Pierson e Freyre publicaram seus manuais – ambos em 1945 –, a Sociologia já havia sido retirada pela reforma de 1942 e os cursos de pós-graduação em Ciências Sociais estavam sendo inaugurados (Meucci, 2007).

> Gilberto Freyre (1900-1987) foi um sociólogo e historiador pernambucano. Aos 17 anos, foi para os Estados Unidos como bolsista e se especializou em Sociologia e em Política. Obteve o grau de mestre com o trabalho "Vida social no Brasil em meados do século XIX", orientado pelo antropólogo Franz Boas. Foi professor de Sociologia da escola normal na primeira vez em que essa disciplina passou a ser ministrada regularmente nas escolas no Brasil. Em 1945, escreveu um manual de ensino de Sociologia intitulado *Sociologia: introdução ao estudo dos seus princípios*. Lecionou essa disciplina na Universidade do Distrito Federal a convite de Anísio Teixeira. Entre 1933 e 1937, escreveu clássicos voltados para o problema da formação da sociedade patriarcal e as relações étnico-raciais no Brasil: *Casa-grande & senzala*, *Sobrados e mucambos* e *Nordeste*. Em 1945, foi eleito à Assembleia Constituinte, participando da elaboração da Constituição de 1946. Sua viagem à Índia e à África Portuguesa resultou no livro *Aventura e rotina*. Recebeu dezenas de prêmios internacionais em diversos países. Faleceu em 1987.

Entre os motivos dessa produção de manuais acadêmicos destacados por Meucci (2000; 2007) e Sarandy (2002) estava a busca por contribuir para o desenvolvimento educacional do país, nacionalizando conteúdos escolares e acadêmicos ao se traduzir e popularizar autores e conceitos de pesquisadores nacionais e estrangeiros. Muitos dos autores dos manuais eram intelectuais que ocupavam relevantes cargos em institutos e universidades e que participavam de movimentos em defesa de reformas educacionais, como Fernando de Azevedo, autor do manual *Princípios de sociologia* (1935).

> Fernando de Azevedo (1894-1974) foi bacharel em Direito, educador, professor, crítico, ensaísta e sociólogo brasileiro. Mineiro de São Gonçalo do Sapucaí, foi professor de Sociologia no Instituto Caetano de Campos e, mais tarde, no Instituto de Educação da USP. Exerceu diversos cargos na Administração Pública. Em 1926, tornou-se diretor-geral da Instrução Pública do Rio de Janeiro. De 1927 a 1930, iniciou as primeiras reformas da educação brasileira. Foi um dos redatores do *Manifesto dos pioneiros da educação nova*, de 1932. Em 1933, assumiu a direção da Instrução Pública do Estado de São Paulo. De 1941 a 1943, foi diretor da FFCLH da USP, onde também lecionava Sociologia. Em 1942, dirigiu o Centro Regional de Pesquisas Educacionais de São Paulo. Em 1947, foi nomeado Secretário de Educação do Estado de São Paulo. Foi também presidente da Sociedade Brasileira de Sociologia. Em 1951, fundou a Biblioteca Pedagógica Brasileira, na Companhia Editora Nacional, órgão que dirigiu por mais de 15 anos. Faleceu em 1974.

Segundo Meucci (2007), os primeiros manuais de Sociologia buscavam evocar a necessidade de um realismo sociológico, opondo-se ao que os autores adjetivavam de *dilentantismo, erudição, proselitismo, ficção literária* e *enciclopedismo*. A crítica aos intelectuais do direito, acusados de portarem tais adjetivações livrescas e escolásticas, estava relacionada, segundo Meucci (2007), a uma decepção entre o Brasil legal – em que os preceitos liberais eram professados pelos governantes – e o Brasil real – que necessitava ser desvelado. Nessa perspectiva,

Meucci (2007) destacou que os autores de tais manuais incentivavam a pesquisa de campo, bem como a realização de debates, excursões, seminários, levantamentos estatísticos, pesquisas bibliográficas, além de uma extensa citação de conceitos e autores.

Porém, conforme destacaram Meucci (2000; 2007) e Sarandy (2002), os manuais de Sociologia que expressavam essas lutas políticas e ideológicas eram muito mais do que meros manuais. Havia uma clara disputa entre os grupos de intelectuais católicos e os que se alinhavam a uma concepção laica de educação. Essa disputa se refletia no estado da arte da sociologia na época, na qual um grupo de autores era alinhado com uma chamada *sociologia cristã*, ao passo que outros estavam ligados a uma visão laica/pró-reformas educacionais. Conforme Meucci (2007), tratava-se de uma disputa pela legitimidade e pelo monopólio da explicação sobre a natureza da vida social.

Os manuais *Lições de Sociologia* (1932), de Achiles Archero Junior, e *Princípios de Sociologia* (1935), de Fernando de Azevedo, estavam pautados numa ênfase à Sociologia como disciplina científica, à capacitação de indivíduos para o mundo tecnológico, à civilidade e ao civismo. Já os manuais *Preparação à Sociologia* (1931), de Alceu Amoroso Lima, e *Noções de Sociologia* (1935), de Francisca Peeters, ligados à Igreja Católica, pensavam a Sociologia como uma disciplina moral, ao lado da Ética e do Direito, cuja principal função seria a afirmação de dogmas e valores das instituições religiosas que faziam sua interpretação do cristianismo (Meucci, 2000).

É importante destacar que os tensionamentos sobre a afirmação do Estado laico e os interesses religiosos permeiam a história do Brasil, em particular na educação. Na primeira Constituição republicana de 1891, ocorreu a separação oficial entre Estado e Igreja, e o ensino religioso foi retirado do currículo. O *Manifesto dos pioneiros da educação nova*, de 1932, posicionava-se firmemente pela laicidade. Mas a Constituição Federal de 1934 retornou com o ensino religioso como facultativo. Esse debate sobre ensino religioso e laicidade, que ia além da discussão do currículo, passando sobre a pertinência de verbas públicas às instituições privadas – religiosas e leigas –, ocorreu no Congresso ao longo dos debates da Lei de Diretrizes e Bases (LDB) – Lei n. 4.024/1961 à atual LDB – Lei n. 9.394, de 20 de dezembro de 1996 (Brasil, 1996). No currículo, o ensino religioso se manteve facultativo durante décadas, da ditadura militar à chamada *redemocratização*.

O aspecto que nos chama a atenção no período analisado sobre a institucionalização da Sociologia é que havia um comprometimento de intelectuais das universidades em se pensar a educação básica. Tal compromisso se traduzia no esforço de se pensar e produzir manuais didáticos e debates em congressos científicos sobre a necessidade de inserir a disciplina no currículo. Lembremos: tais debates sobre o retorno da Sociologia aos currículos escolares foram retomados apenas no final dos anos de 1990, mas somente em 2008 é que foi aprovado o retorno obrigatório da disciplina.

Florestan Fernandes identificava a permanência de uma concepção educacional direcionada à formação de elites pensantes e ilustradas, destituídas de uma educação voltada para uma reflexão crítica da sociedade. O autor criticava a posição de setores conservadores da Igreja Católica e dos empresários da educação, que visavam se apropriar de verbas públicas destinadas para o ensino público. Os dilemas da educação brasileira, para Fernandes, não estavam vinculados apenas à escassez de recursos, mas provinha de decisões políticas de grupos interessados em promover a escolarização apenas de uma pequena elite e de caráter acrítico (Costa, 2011).

Além das hipóteses de Florestan Fernandes e da hipótese do insulamento burocrático das universidades destacada por Sarandy (2002), a exclusão da Sociologia nesse longo período pode ser pensada também como fruto de uma insuficiente institucionalização burocrática. Esse é o argumento de Amaury Moraes (2011, p. 365):

> *entendemos que a exclusão da Sociologia do currículo prende-se menos a preconceitos ideológicos e mais à indefinição do papel dessa disciplina no contexto de uma formação que se definia mais orgânica, resultado do estabelecimento de uma burocracia mais técnica e mais exigente ou convicta em relação à concepção de educação. De certa forma, pode-se fizer que os defensores da Sociologia não conseguiram convencer essa burocracia educacional quanto à necessidade de sua presença nos currículos.*

O argumento apresentado por Moraes (2011) é que a Sociologia mencionada pela primeira vez nos Pareceres de 1882, no seu curto ingresso em 1891 e implantada de fato em 1925, não foi proposta por governos simpáticos a ideais que podemos chamar de *progressistas*. Quando a disciplina passou a ter uma inserção mais sólida, a partir de 1925, o governo brasileiro da época era o de Arthur Bernardes (1922-1926), caracterizado por uma intensa repressão aos movimentos sociais, com constantes decretos de estados de sítio diante das pressões do movimento operário e do movimento tenentista da época.

Os dilemas da educação brasileira, para Fernandes, não estavam vinculados apenas à escassez de recursos, mas provinha de decisões políticas de grupos interessados em promover a escolarização apenas de uma pequena elite e de caráter acrítico (Costa, 2011).

A argumentação de Moraes (2011) é que a inserção da Sociologia no currículo e sua ausência se devem muito mais a um não convencimento da burocracia educacional – ou fraca institucionalização burocrática –, a uma separação e um distanciamento entre universidade e educação básica, do que a uma suposta vocação revolucionária da disciplina ou a interesses ideológicos que negaram sua inserção no currículo.

Se, por um lado, a argumentação de Moraes (2011) é correta, ao destacar que a Sociologia não ingressou no currículo pelas mãos de um governo de caráter progressista, por outro lado, a Reforma Capanema de 1942, que retirou a disciplina, foi promovida durante um governo de tendências autoritárias e simpatizante de teses fascistas de Getúlio Vargas, no período do chamado *Estado Novo* (1937-1945).

Quando se encerrou o governo ditatorial de Vargas, no período da chamada *República Liberal* de 1946 até 1964 – em que se tramitou por 13 anos a LDB n. 4.024/1961 –, não houve nenhuma iniciativa parlamentar favorável ao retorno da disciplina excluída em 1942. Foi em boa parte desse período que Florestan Fernandes participou da campanha em defesa da escola pública (1959-1961) e impulsionou, com outros pesquisadores, o debate sobre educação e a pertinência da Sociologia na educação básica.

A postura defendida no Simpósio de 1949 e no Primeiro Congresso de Sociologia, em 1954, representava um engajamento de uma parcela de cientistas sociais nas universidades interessados em pautar os destinos da educação no país, identificando a negativa por parte dos governos brasileiros de formar cidadãos críticos de nossa formação social.

Nas décadas de 1960 e 1970, a Sociologia manteve-se excluída da obrigatoriedade nos currículos. Na Lei n. 4.024/1961, a primeira LDB, a disciplina era um componente optativo, excluída da grade curricular na educação básica.

Mantida a exclusão da Sociologia nas grades curriculares dos cursos secundários no período da ditadura civil-militar (1964-1985), figuravam, segundo a LDB n. 5.692/1971, disciplinas voltadas ao civismo, ao nacionalismo e à religião, como as disciplinas Educação Moral e Cívica, Organização Social e Política Brasileira e Ensino Religioso.

Com o golpe civil-militar de 1964, os interesses do capital internacional e da burguesia nacional associada evidenciaram-se em diversos aspectos das políticas públicas. Um exemplo foram os convênios do MEC com a agência estadunidense Usaid (United States Agency for International Development, em português, Agência dos Estados Unidos para o Desenvolvimento Internacional), negociados em 1966 e aprovados em lei em 1968. Tais convênios sofreram grande oposição de alguns políticos, como o deputado Márcio Moreira Alves (1968) do MDB, de setores da intelectualidade, bem como da União Nacional de Estudantes (UNE) – que foi posta na ilegalidade com a prisão de seus líderes no mesmo ano de 1968.

Entre as propostas e mudanças promovidas pelo convênio MEC-USAID, destacamos: a renomeação e reorganização dos níveis de ensino (o primário e ginásio tornaram-se primeiro grau; o clássico e o científico, criados pela Reforma Capanema, foram fundidos e tornaram-se segundo grau; e o ensino universitário passou a ser denominado *terceiro grau*); a proposta de padronização de livros didáticos; a redução das séries da educação básica de 12 para 11 anos; a redução de cargas horárias de disciplinas de formação humanística; a criação de consultorias técnicas para a consecução de objetivos e metas; as proposições de que as universidades públicas passariam a ser financiadas por fundações privadas.

As Constituições de 1967 e 1969 aprovaram a destinação de recursos públicos para as instituições particulares, prometendo amparo técnico e financeiro do Poder Público (Plank, 2001), e a LDB n. 5.692/1971 enfatizou a profissionalização obrigatória e um currículo de caráter tecnicista, voltado à aprendizagem não de conceitos gerais, mas no "saber fazer", em regras básicas gramaticais e em conhecimentos técnicos profissionais.

A perspectiva da profissionalização obrigatória estava ligada à criação de um ensino integral nas escolas, mas que carecia de falta de recursos para sua implementação (Plank, 2001). Nesse contexto, existiam intensas mobilizações estudantis que criticavam a falta de verbas nos diferentes níveis de ensino e que serviam de combustão para as mobilizações no período. As tentativas do MEC de instituir mensalidades nas universidades públicas também esbarraram em grandes resistências do movimento estudantil, obrigando o governo federal a recuar nessa proposta.

3.3
A retomada do debate da Sociologia na educação básica e sua difícil implementação

Nos anos de 1980, ocorreu uma flexibilização da obrigatoriedade do ensino profissionalizante (Lei n. 7.044/1982) que vigorava desde as reformas educacionais dos anos anteriores. Essa flexibilização permitiu que se abrisse espaço novamente para a Sociologia, em uma perspectiva de uma escola de formação mais geral. Na década de 1980, aconteceram intensas mobilizações sociais no Brasil, como as expressivas greves operárias no ABC paulista e em demais regiões do país, os movimentos pelas Diretas Já e por uma Assembleia Nacional Constituinte soberana. Com o apoio de sindicatos e pesquisadores nas universidades, foram criados movimentos e fóruns em defesa da escola pública.

Nesse contexto de efervescência social e política, surgiram associações de sociólogos e a defesa da inclusão da Sociologia por sindicatos de professores, contribuindo com um retorno gradual e opcional da disciplina nos currículos, estendendo-se aos anos de 1990.

Na década de 1980, também houve a regulamentação da profissão de sociólogo e ocorreram os primeiros concursos públicos para professores de Sociologia. Na década de 1990, intensificou-se a criação das primeiras propostas curriculares de Sociologia nos Estados de São Paulo, Paraná, Rio Grande do Sul, Rio de Janeiro, Minas Gerais, Santa Catarina e Mato Grosso (Moraes, 2011; Silva, 2007). Um caso curioso foi o de Mato Grosso, que instituiu a obrigatoriedade da disciplina no currículo na educação básica em 1997, antes da criação do curso de Ciências Sociais da Universidade Federal de Mato Grosso (UFMT). Em 2000, o Distrito Federal incluiu a Sociologia nos três anos do ensino médio. Além disso, a Universidade Federal de Uberlândia (UFU), em 1997, a Universidade Estadual de Londrina (UEL), em 2003, e a UFPR, em 2007, incluíram a Sociologia nos seus vestibulares.

No fim dos anos de 1990 e início da década seguinte, a inclusão da disciplina em alguns vestibulares, a criação de currículos de Sociologia e sua implantação como disciplina obrigatória em alguns Estados ocorreram no contexto em que a Sociologia e a Filosofia reapareciam na LDB, ainda que de forma não disciplinar, expressando uma forte movimentação pelo retorno obrigatório dessas disciplinas ao currículo da educação básica.

No entanto, a implementação da Sociologia esbarra em dificuldades, conforme destacado por Moraes (2011), quando, no início da década de 1990, houve um novo refluxo na expansão da Sociologia no Estado de São Paulo, com diminuição das grades horárias do diurno – de 30 para 25 horas semanais –, atendendo às orientações da Unesco e do Banco Mundial. Tal orientação estava vinculada à priorização das disciplinas de Língua Portuguesa e Matemática em relação a testes padronizados nacionais e internacionais.

No âmbito nacional, na segunda metade dos anos de 1980, durante os debates constituintes, ocorreram intensas discussões sobre os rumos do país, e a educação estava no centro dessa disputa. A Constituição Federal de 1988 trouxe como avanço um aumento no percentual mínimo obrigatório a ser aplicado em educação aos respectivos entes federativos. Além disso, ela instituiu um regime colaborativo entre União, Estados e municípios, porém, manteve a não exclusividade de verbas públicas para a educação pública.

O primeiro projeto de LDB foi de autoria do deputado Octávio Elísio (PSDB-MG), o qual recebeu o número 12.588/1988. Em 1988/1989, um grupo de trabalho organizado pelos deputados Florestan Fernandes (PT-SP) e Jorge Hage (PSDB-BA) – respectivamente, coordenador e relator – deu início a audiências públicas, seminários temáticos, debates e encontros por todo o país. Após uma série de audiências públicas com intensa participação da sociedade civil, foi apresentado o substitutivo pelo deputado Jorge Hage (conhecido como *Projeto Jorge Hage*). Com a relatoria da deputada Ângela Amin (PDS-SC), o projeto recebeu o número 45/1991, indo a plenário e recebendo 1.263 emendas, voltando às comissões.

O projeto teve três versões. Em 13 de maio de 1993, o projeto na Câmara foi aprovado. No Senado, em 1994, o projeto da LDB recebeu o número PL 101/1993 e a relatoria do senador Cid Saboia (PMDB-CE). Esse projeto passou a ter sua aprovação defendida pelo Fórum Nacional em defesa da escola pública – uma articulação política de entidades sindicais e pesquisadores das universidades.

Mas por conta de uma manobra regimental destacada por Pinto (2002) e Zanetti (1997), partidos da base do governo de Fernando Henrique Cardoso (PSDB-SP) substituíram o Projeto Hage-Saboia por outro, que levou o nome do senador *Darcy Ribeiro* (PDT-RJ), em 1996.

O projeto do senador Darcy Ribeiro foi redigido em acordo com o MEC, levando ao arquivamento do PL 101/1993 pelo presidente da comissão de educação, o senador Roberto Requião (PMDB-PR). Na opinião do senador Ribeiro, o projeto Hage-Saboia era detalhista e corporativista.

A nova LDB n. 9.394/1996 foi aprovada, mas com a supressão de algumas proposições que estavam presentes no Projeto Hage-Sabóia, como: hora-atividade para preparação de aulas no percentual de 50% da jornada; jornada integral de 40 horas; dedicação exclusiva; projeto de limitação de estudantes em sala (20 para creches, 25 para pré-escola e 35 para os demais níveis); recursos com transporte e material didático não seriam contabilizados como gastos em educação (Zanetti, 1997; Pinto, 2002).

> A Constituição Federal de 1988 trouxe como avanço um aumento no percentual mínimo obrigatório a ser aplicado em educação aos respectivos entes federativos. Além disso, ela instituiu um regime colaborativo entre União, Estados e municípios, porém, manteve a não exclusividade de verbas públicas para a educação pública.

Durante os debates da LDB n. 9.394/1996, a Sociologia e a Filosofia apareceram no texto legal de forma ambígua. No art. 36 desse texto legal, havia a seguinte redação: "§ 1º Os conteúdos, as metodologias e as formas de avaliação serão organizados de tal forma que ao final do ensino médio o educando demonstre: [...] III – **domínio dos conhecimentos de Filosofia e de Sociologia** necessários ao exercício da cidadania" (Brasil, 1996, grifo nosso).

Em 1997, por iniciativa do deputado federal Padre Roque (PT-PR), foi apresentado o PL n. 3.178/1997, visando alterar o art. 36 da LDB, em que se propôs a instituição das disciplinas de Sociologia e Filosofia como obrigatórias. O projeto foi aprovado na Câmara, seguiu para o Senado sob o número de 09/2000 e, em 18 de setembro de 2001, foi aprovado.

Um mês depois, o presidente – e sociólogo – Fernando Henrique Cardoso vetou o projeto sob o seguinte argumento:

> *o projeto de inclusão da Filosofia e da Sociologia como disciplinas obrigatórias no currículo do ensino médio implicará a constituição de ônus para os estados e o Distrito Federal, pressupondo a necessidade da criação de cargos para a contratação de professores de tais disciplinas, com a agravante de que, segundo informações da Secretaria de Educação Média e Tecnológica, não há no país formação suficiente de tais profissionais para atender à demanda que advirá caso fosse sancionado o projeto, situações que por si só recomendam que seja vetado na sua totalidade por ser contrário ao interesse público.* (Cardoso, citado por Moraes, 2011, p. 369-370)

O argumento do executivo federal, relativo à insuficiência de profissionais formados e a despesas financeiras em contratação de mais profissionais, era associado também a uma abordagem transversal e transdisciplinar, que diluiria os conhecimentos da Sociologia em outras disciplinas, como expresso nas Diretrizes Curriculares Nacionais do Ensino Médio (DCNEM), no Parecer n. 15, de 1º de junho de 1998 (Brasil, 1998) e na Resolução do CNE 03/1998. Segundo Moraes (2011, p. 370-371), entre os motivos do veto presidencial e a exclusão da disciplina diluída em outras, estariam:

> *Aqui, como em relação à Reforma Capanema de 1942, parece-nos que o que orientou a exclusão da disciplina pelas DCNEM e o veto presidencial decorreu muito mais do contexto burocrático educacional. Por exemplo, se observarmos bem as DCNEM, a ideia que a condicionou era a da interdisciplinaridade, ou da "desdisciplinarização". [...] Por outro lado, a adesão explícita das DCNEM à Pedagogia das Competências pôs em xeque a definição de conteúdos: ao invés de transmissão, aquisição ou até mesmo de construção de conhecimentos (conforme a última moda pedagógica, a que se filiavam as DCNEM), o que passou a dominar o discurso pedagógico, de que as Diretrizes são um exemplar fiel, foi o "desenvolvimento de competências e habilidades"*

(Parecer CNE/CEB n.15/98; Perrenoud, 1998). Assim, seria necessário aprofundar as pesquisas nesse sentido e não socorrer-se de uma explicação de duvidoso poder heurístico, se bem que com efeitos políticos indiscutíveis.

A *desdisciplinarização*, conforme denominada Amaury Moraes (2011), provinha de orientações baseadas na chamada *pedagogia das competências*, na busca por um ensino aparentemente pragmático, sinalizando a intencionalidade em diluir os conteúdos das ciências de referência (a desdisciplinarização), adaptando-se a testes padronizados nacionais e internacionais, focados em análise verbal e raciocínio lógico (Freitas, 2012).

Esse aspecto relativo à desdisciplinarização será destacado no Capítulo 4, ao abordarmos as políticas educacionais contemporâneas que impactam as perspectivas da educação básica no Brasil, incluindo a da Sociologia.

Nesse intervalo entre a LDB n. 9.394/1996 e a reforma do ensino médio aprovada em 2017, a Sociologia e a Filosofia retornaram ao currículo em 2008.

3.4
O retorno da Sociologia ao currículo

No fim dos anos de 1990 e início da década de 2000, ocorreu um engajamento de muitos sociólogos, buscando retomar os debates dos anos de 1950, em que estudantes e professores de Ciências Sociais de universidades como UFPR, UEL, UFSC e USP passavam paulatinamente a rediscutir a importância da Sociologia na educação básica. A revista do departamento de sociologia da USP, *Tempo social*, organizou um dossiê sobre o tema do ensino da disciplina. As participações do sindicato dos sociólogos de São Paulo, da Federação Nacional dos Sociólogos e da Sociedade Brasileira de Sociologia (SBS) contribuíram com esse debate.

Segundo o professor Amaury Moraes, da USP, um dos integrantes desse movimento:

> Ficava claro que nosso interesse filiava-se àquele proposto por Florestan Fernandes em 1954: contribuir para a formação dos jovens e intervir na estrutura do sistema educacional, em especial no que se refere ao currículo. Dominado pela tradição e por equívocos de concepção, o currículo da escola média brasileira tem produzido resultados os mais sofríveis, colocando o Brasil em termos de aproveitamento escolar nos piores lugares em rankings internacionais. (Moraes, 2011, p. 375)

Em 2004, o MEC passou a incorporar sociólogos – entre eles, o professor Amaury Moraes – para debater a inserção do ensino de Sociologia durante as elaborações preparatórias da produção das Orientações Curriculares Nacionais do Ensino Médio (Ocem), aprovadas em 2006. O Parecer n. 38/2006 foi elaborado por uma equipe liderada pelo professor Moraes e se tornou a principal peça nos debates da Câmara de Educação Básica do Conselho Nacional de Educação (CNE), em 2006, ajudando a alterar as DCNEM e tornando obrigatórias as disciplinas de Filosofia e Sociologia. De acordo com Silva (2007, p. 420), ao discorrer sobre a argumentação do Parecer:

> Em 2005, Moraes elaborou um Parecer detalhado sobre a legislação educacional, desde a LDB de 1996 até as DCNEM (1998). Nesse Parecer consegue explicitar que as Diretrizes Curriculares Nacionais do Ensino Médio de 1998 não estavam cumprindo a LDB, pois não garantiam que os currículos, de fato, ofereceriam os conhecimentos de Filosofia e de Sociologia, apenas como temas transversais.

A aprovação desse Parecer sofreu oposição do Conselho Estadual de Educação de São Paulo (CEESP), sob o argumento de que o CNE feria a autonomia dos sistemas de ensino e das escolas. Por meio da Indicação

n. 62/2006, o CEESP suspendeu a vigência no território paulista do parecer emitido pelo CNE.

As entidades de defesa da sociologia apelaram ao Congresso Nacional. Após mais dois anos de debates, em 2 de junho de 2008, no Governo Lula, foi finalmente aprovada e sancionada a Lei n. 11.684/2008, que alterou o art. 36 da LDB n. 9.394/1996 para incluir a Filosofia e a Sociologia como disciplinas obrigatórias em todas as séries do ensino médio.

Segundo Moraes (2011), o parecer opunha-se à visão hegemônica do MEC (entre os anos de 1990 e 2000), segundo a qual os conteúdos, em especial os de Sociologia e Filosofia, deveriam ser diluídos em outras disciplinas, "quer pela tradição, quer pela aceitação acrítica de 'tendências pedagógicas', solidárias do chamado processo de globalização econômica, que vinha nas fórmulas da flexibilização, desregulamentação e, no caso da educação, da desdisciplinarização" (Moraes, 2011, p. 375).

Então, o Parecer n. 38/2006 ia na contramão dessa tendência, argumentando sobre a importância de se contar com bases curriculares pautadas em disciplinas com seus conteúdos específicos. Segundo Moraes (2011), o argumento desse parecer sustentava a ideia de que era necessário mexer na base curricular, dando aos estudantes uma formação mais crítica e sólida, como tentativa de modificar o péssimo resultado do Brasil nos *rankings* internacionais.

Outro aspecto a se destacar é que o retorno da Sociologia (e da Filosofia) estava inserido num contexto de ampliação valorativa do currículo, composto pela aprovação da obrigatoriedade do ensino de história e cultura afro-brasileira e indígena (Lei n. 11.645/2008), bem como pela obrigatoriedade da oferta da língua espanhola (Lei n. 11.161/2005) e do ensino de música (Lei n. 11.769/2008). Em 11 de novembro de 2009, foi aprovada a Emenda Constitucional n. 59, com referência à obrigatoriedade do Estado em ofertar educação dos 4 aos dezessete anos, rompendo com as orientações históricas de priorização e obrigatoriedade apenas ao ensino fundamental. A alteração foi feita na LDB por meio da Lei n. 12.796/2013, que oficializou a mudança ocorrida com a Emenda Constitucional n. 59.

3.5
As perspectivas com a nova reforma do ensino médio

A partir de 2008, iniciou-se o segundo período mais longevo da Sociologia como disciplina obrigatória por lei na educação básica, período que durou até o final de 2016/início de 2017. Muitos avanços relativos à institucionalização da disciplina – conforme citado na conversa inicial deste capítulo – foram realizados, envolvendo técnicos do MEC, programas nas universidades, secretarias estaduais de educação e debates em congressos/seminários acadêmicos.

Em 2016, novos rumos foram dados à educação básica no Brasil, mediante iniciativas do novo governo do presidente Michel Temer (PMDB), que assumiu após a deposição da ex-presidente Dilma Rousseff (PT), fruto de um *impeachment* aprovado pela maioria dos deputados e senadores no Congresso nacional e do qual o então vice-presidente foi um dos articuladores.

No dia 22 de novembro de 2016, o Presidente Temer impôs um novo ensino médio com prazo legal de 60 dias, via Medida Provisória (MP) n. 746 (Brasil, 2016a), a qual foi prorrogada na sequência por mais 60 dias, em 16 de novembro de 2016 (uma medida provisória é uma ação do Poder Executivo com força de lei e que dispensa a aprovação do Poder Legislativo, mas que possui prazo determinado até o momento em que o Legislativo é chamado a discuti-la e aprová-la ou rejeitá-la).

Sob o argumento de que o debate acerca do tema já havia sido feito na sociedade, tal MP passou a vigorar com força de lei, gerando descontentamentos de estudantes, bem como ocupações em mais de 200 universidades (também motivadas pela negativa do anúncio de congelamento de investimentos sociais nos serviços públicos por vinte anos, pela chamada *PEC 55)* e em escolas basicamente do Estado do Paraná (foram cerca de 1.000 escolas ocupadas só nesse Estado)*, além da oposição de sindicatos de professores e pesquisadores nas universidades.

Quando a MP foi aprovada, no dia 30 de novembro de 2016, em comissão mista no Congresso, recebeu cerca de 500 emendas que foram ao plenário. A seguir, destacamos o argumento do relator para rejeitar a emenda que propunha a manutenção da obrigatoriedade da Sociologia e da Filosofia nos três anos do ensino médio:

> *No espírito da reforma pretendida, acreditamos que a esfera da BNCC é a mais adequada para a inserção de componentes curriculares **ou temas transversais**. A construção de currículos deve ser feita no âmbito do CNE, a fim de que se constitua uma diretriz orgânica, capaz de responder aos anseios e necessidades de formação para o século XXI. Assim,* **não vislumbramos a necessidade de inscrever em lei a obrigatoriedade deste ou daquele componente curricular,** *em detrimento de outros e em prejuízo da **flexibilidade** e da articulação interdisciplinar entre os saberes.* **Rejeitada.** (Brasil, 2016c, p. 30, grifo nosso)

A nova versão de ensino médio, que foi aprovada e sancionada em fevereiro de 2017 como Lei n. 13.415/2017, eliminou a organização disciplinar da Sociologia em nome de dar forma a perspectivas "transversais", remetendo à publicação de uma BNCC (Base Nacional Curricular Comum) o debate do currículo, regredindo a sociologia e a filosofia na prática à redação da LDB de 1996.

---

* Sobre o fenômeno de ocupação de escolas no Paraná, recomendamos a leitura da obra *OcupaPR 2016: memórias de jovens estudantes*, dos pesquisadores paranaenses Schmidt, Divardim e Sobanski (2016).

Mas, o que mudou com a nova reforma? Em síntese, as ênfases do novo ensino médio passaram a ser as seguintes: profissionalização com correspondente redução de carga horária das disciplinas do currículo de formação científica geral e comum a todos; flexibilização de ofertas curriculares e tempos de aprendizagem, visando à possibilidade de formação aligeirada via certificados; projeção de metas para educação integral; criação de um modelo dual de escolas de referência *versus* escolas comuns; privatização do currículo via convênios; e permissão da privatização da gestão das escolas públicas.

A lei da nova reforma do ensino médio instituiu (segundo o art. 3º, que modificou o art. 35-A da LDB) que a nova BNCC passasse a ser composta por cinco itinerários formativos opcionais: Ciências da Natureza; Matemática; Ciências Humanas e Sociais Aplicadas; Linguagens e suas tecnologias; e a adicional Formação Técnica e Profissional (Brasil, 2017). No entanto, esses itinerários formativos serão escolhidos pelos sistemas de ensino (conforme art. 4º, que modificou o art. 36, parágrafos 1º e 3º, da LDB), os quais determinarão os conhecimentos que devem ou não ser oferecidos aos estudantes.

Então, todos os sistemas de ensino ficaram desobrigados a ofertar todas as áreas (os itinerários formativos). Ou seja, a formação integral em diversas áreas e disciplinas ficou, assim, desarticulada e fragmentada. Tal concepção de fatiamento do currículo encontra similaridade na Reforma Capanema de 1942, permitindo uma ampla flexibilização do currículo.

Com a nova reforma, as únicas disciplinas que permaneceram no currículo como obrigatórias foram Língua Portuguesa e Matemática (conforme art. 3º, que modificou o art. 35, parágrafo 3º, da LDB). De acordo com o art. 7º da Portaria n. 1.145, de 10 de outubro de 2016, publicada pelo MEC:

§ 1º *A carga horária estabelecida na proposta curricular deve ser de, no mínimo, 2.250 (dois mil, duzentos e cinquenta) minutos semanais, com um mínimo de 300 (trezentos) minutos semanais de Língua Portuguesa, 300 (trezentos) minutos semanais de Matemática e 500 (quinhentos) minutos semanais dedicados para atividades da parte flexível.*

§ 2º *A parte flexível deverá integrar a proposta curricular em conformidade com a legislação vigente, considerando as diretrizes nacionais e locais.*

§ 3º *Após a publicação da Base Nacional Comum Curricular, as propostas curriculares das SEE deverão ser adequadas no prazo de 1 (um) ano, considerando a reforma do ensino médio.* (Brasil, 2016b, p. 24)

A ênfase, portanto, foi dada às disciplinas de Língua Portuguesa e Matemática, que passaram a ter 300 minutos semanais cada, sendo que os demais 500 minutos semanais deverão ser divididos conforme a parte flexível, que comportará todas as demais áreas, incluindo a formação técnica e profissional. Quando a Portaria n. 1.145/2016 foi publicada, a Lei n. 13.415/2017 ainda não havia sido aprovada. Foi a edição forçosa da MP n. 746, 19 dias antes, que serviu de base legal para a sustentação da portaria.

A nova lei aumentou a carga horária mínima anual de 800 para 1.400 horas (conforme art. 1º, que alterou o art. 24, parágrafo 1º, da LDB) e reduziu, nos três anos, de 2.400 para até 1.800 horas as disciplinas da BNCC (segundo art. 3º, que modificou o art. 35, parágrafo 5º, da LDB) (Brasil, 2017). Tal modificação implica que os currículos da BNCC podem compor, no máximo, 1.800 horas – isto é, podem ser ofertados em cargas horárias ainda menores.

O documento da Confederação Nacional dos Trabalhadores em Educação (CNTE) intitulado "Avaliação Sistemática da BNCC e da

Reforma do Ensino Médio", de maio de 2018, faz a seguinte constatação acerca da distribuição da BNCC na carga horária do ensino médio:

> *o parágrafo 5º do art. 35-A da LDB, introduzido pela Lei 13.415, limita o cumprimento de toda a BNCC em no máximo 1.800 horas. Já o § 1º do art. 24, também da LDB e com redação conferida pela Lei do Ensino Médio, estabeleceu 2.400 horas de BNCC até 1º de março de 2017, ampliando a carga horária entre 2017 e 2022 para pelo menos 3.000 horas e a partir desta última data para 4.200 horas. Diante destes parâmetros, observa-se que o tempo disponível para a formação comum dos estudantes será reduzido de 75% até 2017, para 60% entre 2017 e 2022 e, finalmente, para 42,8% a partir do último ano de implantação da reforma (2022). Para agravar ainda mais essa tendência de menos formação comum obrigatória, a minuta de resolução que visa alterar as DCN-EM prevê a possibilidade de cumprimento de até 40% de todo o currículo escolar regular do Ensino Médio (inclusive a parte da BNCC) na forma a distância e 100% para a modalidade de EJA – mais um disparate para atender interesses comerciais!* (CNTE, 2018b, p. 9)

Na letra da Lei do novo ensino médio, o art. 4º modificou o art. 36, parágrafo 6º, da LDB, ao dizer que essa modalidade poderá ser ofertada de diferentes maneiras: como um sistema de créditos, módulos ou com terminalidade específica (ou seja, não necessita ser mais anual, podendo ser de curta duração): "§ 10. Além das formas de organização previstas no art. 23, o ensino médio poderá ser organizado em módulos e adotar o sistema de créditos com terminalidade específica." (Brasil, 2017).

A nova reforma permite que haja no currículo convênios com o setor privado, com possibilidade de validação de horas extracurriculares para formação aligeirada, além da já citada desobrigação do Poder Público em ofertar todas as áreas.

Em outro texto, intitulado "Ações necessárias para impedir os retrocessos da reforma do ensino médio", de março de 2018, uma das principais críticas feitas pela CNTE foi a seguinte:

> Em vez de aumentar os recursos na proporção estabelecida na meta 20 do PNE (equivalente a 10% do PIB), a antirreforma do ensino médio retoma a política de fragmentação do atendimento escolar, priorizando uma etapa escolar em detrimento das demais [...]. Só que agora a situação é mais grave! Além de priorizar uma etapa escolar, o Poder Público investe na terceirização da gestão das escolas e até dos profissionais e na privatização de parte substancial do currículo [...]. (CNTE, 2018a)

O referido documento da CNTE (2018a) critica a proposta de ensino médio técnico inovador instituído pela Portaria do MEC n. 727/2017, que instituiu o Programa de Fomento às Escolas de Ensino Médio em Tempo Integral (EMTI). Segundo o posicionamento dessa entidade de classe, a criação de escolas de referência cria uma concepção elitizada de educação, ao se propor criar ilhas de excelência em um oceano de precariedade e falta de investimentos. Tal proposição, segundo a CNTE (2018a), pretende criar um *apartheid* educacional, diversos tipos de escola para diferentes públicos. Ou seja, o MEC passou a defender a criação de um modelo dual: escolas de referência *versus* escolas comuns. Conforme o texto da CNTE (2018a), a criação dessas escolas de referência ainda promoverá a exclusão de milhares de estudantes, ao se indicar a criação de escolas exclusivamente de ensino médio ou de ensino fundamental atentando contra o direito de o estudante contar com uma escola perto de sua residência.

A proposta de transferência em 100% da educação de jovens e adultos (EJA) para modalidade a distância e o ensino de tempo integral provocarão o esvaziamento do noturno regular e levarão à diminuição do número de aulas disponíveis aos professores, podendo provocar subocupação ou desemprego.

A adoção do ensino em tempo integral sem a necessária infraestrutura física, de recursos humanos e de materiais pedagógicos poderá resultar não em inclusão, mas no contrário disso. Ainda sobre a criação de escolas diferenciadas ou de referência, diz o documento da CNTE (2018a):

> *E administrar "escolas de referência", seja através do Poder Público ou da iniciativa privada, onde os recursos são priorizados, inclusive dobrando a remuneração dos professores (em muitos casos), torna-se uma tarefa muito mais fácil do que ter que conviver com as inúmeras restrições financeiras, de pessoal e de estrutura física e pedagógica da maioria das escolas públicas. Portanto, é falacioso afirmar que a gestão privada dessas escolas será melhor que a gestão pública, pois as desigualdades no atendimento das matrículas nestas instituições em relação às demais escolas será gritante. E isso reforça o caráter excludente do EMTI.* (CNTE, 2018a)

A perspectiva da criação de metas para a educação integral está descrita assim na Lei n. 13.415/2017:

> *Art. 13. Fica instituída, no âmbito do Ministério da Educação, a Política de Fomento à Implementação de Escolas de Ensino Médio em Tempo Integral.*
>
> *Parágrafo único. A Política de Fomento de que trata o caput prevê o repasse de recursos do Ministério da Educação para os Estados e para o Distrito Federal pelo prazo de dez anos por escola, contado da data de início da implementação do ensino médio integral na respectiva escola, de acordo com termo de compromisso a ser formalizado entre as partes, que deverá conter, no mínimo:*
> *I – identificação e delimitação das ações a serem financiadas;*
> *II – metas quantitativas;*
> *III – cronograma de execução físico-financeira;*

IV – previsão de início e fim de execução das ações e da conclusão das etapas ou fases programadas. (Brasil, 2017)

Sobre a questão da educação integral, mais algumas observações são necessárias. A estrutura para a implementação do ensino integral esbarra nas atuais organizações das escolas, que funcionam em três turnos, o que obrigaria o deslocamento, para fora da escola, de matrículas de estudantes de alguns desses turnos. É importante lembrar que a profissionalização obrigatória prevista na LDB n. 5.692/1971 não seguiu adiante por falta de recursos e infraestrutura.

Com relação à formação profissional que passou a compor a maior parte do currículo do novo ensino médio, o art. 4º, que modificou o art. 36, parágrafo 6º, da LDB, diz o seguinte:

§ 6º A critério dos sistemas de ensino, a oferta de formação com ênfase técnica e profissional considerará:

I – a inclusão de vivências práticas de trabalho no setor produtivo ou em ambientes de simulação, estabelecendo parcerias e fazendo uso, quando aplicável, de instrumentos estabelecidos pela legislação sobre aprendizagem profissional;

II – a possibilidade de concessão de certificados intermediários de qualificação para o trabalho, quando a formação for estruturada e organizada em etapas com terminalidade. (Brasil, 2017)

Quanto à ênfase na profissionalização, a formação também não necessita ser mais anual, e cada sistema de ensino pode oferecer determinados módulos ou créditos de formação técnica. Entidades credenciadas pelo MEC poderão ofertar horas para serem substituídas e validadas no currículo, visando à formação aligeirada.

A questão do ensino noturno, que tende a ser afetado com o ensino integral, gera uma grande dúvida, pois, de acordo com os dados de Schmidt, Divardim e Sobanski (2016), 85% das matrículas do ensino médio no Brasil são provenientes da escola pública. Desse valor, 25% estudam e trabalham simultaneamente. Das 8.300.189 matrículas em 2014, 2 milhões estudam a noite e trabalham de dia.

Outra mudança de muita polêmica foi a possibilidade de contratação de profissionais com "notório saber" (conforme art. 6º, que modificou o art. 61 da LDB), o que gerou dúvidas sobre a abrangência e as formas de contratação:

> IV - *profissionais com notório saber reconhecido pelos respectivos sistemas de ensino, para ministrar conteúdos de áreas afins à sua formação ou experiência profissional, atestados por titulação específica ou prática de ensino em unidades educacionais da rede pública ou privada ou das corporações privadas em que tenham atuado, exclusivamente para atender ao inciso V do caput do art. 36 [...].* (Brasil, 2017)

O reconhecimento de profissionais com "notório saber" para atuar na área de educação profissional, sem formação de magistério, permite uma desregulamentação da profissão e da carreira docentes.

No ensino regular (BNCC), a obrigatoriedade das disciplinas de Língua Portuguesa e Matemática permite que priorizar a contratação apenas desses profissionais (menos conteúdo, menos professores), o que é funcional a uma política de Estado mínimo.

Um aspecto importante a se destacar é que a perspectiva de escola em tempo integral já estava prevista nas metas do PNE 2014-2024 (Lei n. 13.005/2014). Na Portaria n. 1.145/2016, publicada pelo MEC, ficou expressa a intenção do governo federal em ampliar o tempo de estudo, tendo em vista preparar os estudantes para as provas e exames nacionais. Em seu art. 18, a referida Portaria traçou metas anuais para a criação de escolas em tempo integral no ensino médio para cada Estado e determinou a utilização da nota do Enem (Exame Nacional do Ensino Médio) – calculada a partir da média das quatro provas objetivas correspondentes às atuais quatro áreas – para cada escola e Estado do país: "§ 3º A média no ENEM das escolas será calculada considerando a média simples das 4 provas objetivas: a) Ciências Humanas e suas Tecnologias; b) Ciências da Natureza e suas Tecnologias; c) Linguagens, Códigos e suas Tecnologias; e d) Matemática e suas Tecnologias" (Brasil, 2016b).

Por fim, vamos retomar a situação da Sociologia no novo ensino médio. A não obrigatoriedade dessa disciplina passou a estar vinculada, pela nova redação (conforme o art. 3º, que alterou o art. 35 da LDB), a estudos e práticas em Sociologia, diluída na área de Ciências Humanas e Sociais Aplicadas (Brasil, 2017). Tal configuração por área já era possível de ser identificada nas DCNEM, no Enem e na LDB de 1996, quando esta tratava o currículo de Sociologia como domínio de conhecimentos, até sua alteração pela Lei n. 11.684/2008. A nova redação da LDB assim se manifesta em seu art. 3º: "§ 2º A Base Nacional Comum Curricular referente ao ensino médio incluirá obrigatoriamente estudos e práticas de educação física, arte, sociologia e filosofia." (Brasil, 2017).

A exclusão da Sociologia como disciplina retomou a ambiguidade da LDB de 1996, pois o discurso oficial do MEC é de que a Filosofia e a Sociologia não foram extintas, uma vez que a nova legislação cita a obrigatoriedade de estudos e práticas nessas disciplinas. Mas tal situação não deve ser entendida como exclusiva da Sociologia, haja vista que ocorreu a desdisciplinarização em todos os componentes curriculares, excetuando-se Língua Portuguesa e Matemática.

Diante dessa nova configuração, como a Sociologia pode ser repensada? De forma diluída ou integradora? Como pensar a formação dos profissionais de Sociologia, o currículo, as metodologias de ensino da disciplina? De que maneira podemos compreender as fundamentações teóricas da nova reconfiguração do ensino médio no Brasil? Esses aspectos serão abordados nos próximos capítulos.

Síntese

Neste capítulo, traçamos um breve histórico do ensino de Ciências Sociais no Brasil no âmbito da educação básica, destacando o caráter fragmentário da Sociologia no currículo. Buscamos localizar no tempo o processo de institucionalização da disciplina entre o final da década de 1920 e a década de 1950, vinculado às ideias de ciência, nação, democracia e modernidade, bem como à produção de extensos materiais didáticos por intelectuais que intervinham e/ou ocupavam postos importantes nos debates políticos, em um contexto no qual pesquisadores das ciências sociais na universidade buscaram pensar a Sociologia na escola secundária.

Esse período de debates e produções intelectuais sofreu um curto-circuito após a década de 1950. Destacamos algumas das hipóteses sobre a longa ausência da Sociologia no currículo, como as questões institucionais-burocráticas ligadas ao não convencimento das burocracias educacionais, o insulamento da universidade com danosa separação entre ensino superior e educação básica, além de aspectos ligados a possíveis motivações políticas.

A necessidade de um caráter formativo da Sociologia no currículo escolar em conflito com uma visão elitista e acrítica de ensino também foi resgatada pela contribuição de Florestan Fernandes. Nesse histórico, abordamos a retomada paulatina da Sociologia no currículo e as resistências e articulações pela sua aprovação – ocorrida em 2008. Finalmente, analisamos as novas configurações possibilitadas pela nova reforma do ensino médio, as polêmicas em torno de sua aprovação, bem como a concepção subjacente a essas importantes mudanças.

Indicações culturais

Dissertações

> MEUCCI, S. **A institucionalização da sociologia no Brasil**: os primeiros manuais e cursos. 158 f. Dissertação (Mestrado em Sociologia) – Universidade Estadual de Campinas, Campinas, 2000. Disponível em: <http://repositorio.unicamp.br/jspui/bitstream/REPOSIP/279132/1/Meucci_Simone_M.pdf>. Acesso em: 10 set. 2018.
>
> SARANDY, F. M. S. **A sociologia volta à escola**: um estudo dos manuais de sociologia para o ensino médio no Brasil. 142 f. Dissertação (Mestrado em Sociologia) – Universidade Federal do Rio de Janeiro, Rio de Janeiro, 2004. Disponível em: <http://www.educadores.diaadia.pr.gov.br/arquivos/File/maio2012/sociologia_artigos/flaviosarandy_manuais.pdf>. Acesso em: 10 set. 2018.

Essas duas dissertações são textos acadêmicos de referência acerca da história do ensino de Sociologia no Brasil. O trabalho de Simone Meucci foca no período inicial de inclusão dessa disciplina na educação básica e na análise dos primeiros manuais didáticos de Sociologia. O trabalho de Flávio Sarandy abarca os manuais de Sociologia da década de 1980. Ambos os autores buscam identificar os sentidos da produção sociológica voltada para a educação básica.

Documentário

> A SOCIOLOGIA é um esporte de combate. Direção: Pierre Carles. França, 2001. Documentário.

Este documentário exibido na TV francesa é centrado na trajetória intelectual de Pierre Bourdieu e aborda a necessidade de uma militância científica, munindo-se das ferramentas de pesquisa e análise das ciências sociais como subsídios à necessidade de o intelectual intervir no espaço público. Cenas de participações de Bourdieu em debates acadêmicos, manifestações públicas, entrevistas, programas de rádio e diálogos com outros intelectuais dão substância a esse longa-metragem.

Atividades de autoavaliação

1. Sobre o veto presidencial em 2001 para o projeto de lei que tornava obrigatório o ensino de Sociologia e de Filosofia, segundo Amaury Moraes (2011), é correto afirmar:
   a) Uma das principais motivações foi impedir o conhecimento crítico sobre a realidade brasileira.
   b) O veto ia contra a formação humanista, privilegiando apenas a formação técnica e voltada à inclusão no mercado de trabalho.
   c) O veto ia de encontro à realidade burocrática escolar, orientada para a construção de currículos transdisciplinares e transversais.
   d) Havia uma preocupação com o caráter doutrinário da disciplina, cujos professores tinham orientação política de esquerda.
   e) Pautava-se na ideia de que a Sociologia deveria ser restrita à produção científica e ao magistério do ensino superior.

2. Sobre a inclusão e a exclusão da Sociologia no currículo escolar ao longo do tempo, relacione corretamente os períodos às suas respectivas características:
   1) 1942 – Reforma Capanema
   2) 1925 – Reforma Rocha Vaz
   3) 1996 – LDB n. 9.394
   4) 2008 – Lei n. 11.684
   5) 1961 – Lei n. 4.024

( ) Marcou a formulação da primeira LDB, instituindo a divisão entre ginásio e secundário, sem, contudo, incluir a Sociologia como disciplina obrigatória.

( ) Tornou obrigatório o ensino de Sociologia e de Filosofia no ensino médio, indo de encontro a uma formação mais humanista, despertando a reflexão.

( ) Reorganizou o ensino secundário, dividindo-o em dois segmentos, e retirou a obrigatoriedade do ensino de Sociologia.

( ) O ensino de Sociologia e Filosofia passou a ser incorporado na educação, pois tais disciplinas foram entendidas como fundamentais para o exercício da cidadania – porém, de forma ambígua.

( ) Instituiu a obrigatoriedade do ensino de Sociologia no governo de Arthur Bernardes durante a chamada *República Velha*.

Agora, assinale a alternativa que apresenta a sequência correta:
a) 4, 3, 1, 5, 2.
b) 2, 5, 4, 3, 1.
c) 5, 1, 2, 3, 4.
d) 5, 4, 1, 3, 2.
e) 1, 4, 5, 3, 2.

3. Sobre a trajetória das ciências sociais na educação básica, avalie as assertivas a seguir:
1) O papel atribuído à educação pela ciência social no início do século XX estava ligado a uma aproximação entre universidade e educação básica, expressa na produção de manuais didáticos e na criação de um projeto de modernização.

II) Florestan Fernandes defendia que a inclusão das ciências sociais na educação básica deveria ter um caráter formativo para a cidadania diverso de uma formação acrítica e elitista de ensino.

III) Os primeiros manuais de sociologia expressavam uma visão erudita e diletante acerca da reflexão sobre a realidade brasileira. A despeito do esforço teórico dos autores dos primeiros manuais, não havia incentivo a aulas de caráter investigativo como pesquisa de campo, debates, excursões, levantamentos estatísticos e seminários.

IV) O argumento do ex-presidente e sociólogo Fernando Henrique Cardoso para vetar a Sociologia no ensino médio em 2001 era que não havia formação de profissionais suficientes para se atender à demanda, além de acarretar ônus ao Estado.

Agora, indique a alternativa que apresenta as assertivas corretas:
a) II e III.
b) I, II e IV.
c) III e IV.
d) I e III.
e) II, III e IV.

4. A respeito da trajetória das ciências sociais na educação básica, avalie as assertivas que seguem:
I) A separação entre docência e pesquisa, entre educação básica e universidade, tem raízes no processo de insulamento acadêmico, contribuindo com uma longa ausência da Sociologia nos currículos escolares.
II) Do ponto de vista da inserção curricular da Sociologia, a Lei n. 13.415/2017 retomou a ambiguidade prevista na LDB n. 9.394/1996.

III) Nos anos de 1990, a disciplina de Sociologia retornou ao currículo de forma obrigatória, a partir da LDB n. 9.394/1996.

IV) Existe uma similaridade entre os objetivos da Lei n. 13.415/2017 e da LDB n. 5.692/1971, no que diz respeito a uma formação de caráter mais tecnicista.

Agora, assinale a alternativa que apresenta as assertivas corretas:

a) I, II e III.
b) I e IV.
c) III e IV.
d) I, II e IV.
e) I e III.

5. Com relação ao perfil profissional do professor de Sociologia e o histórico da disciplina na educação básica, é correto afirmar:

I) Geralmente, o típico professor de Sociologia na educação básica leciona também outras disciplinas do currículo, com formação em Sociologia/Ciências Sociais.

II) A profissão de sociólogo não é reconhecida pelo Estado brasileiro, um dos motivos que explicou as dificuldades da implantação definitiva da disciplina no currículo.

III) Parte do processo de afirmação da Sociologia no currículo esteve vinculada ao programa do MEC de incentivos à formação docente no período 2006-2017.

IV) A necessária institucionalização da Sociologia no currículo escolar passa, entre outras ações, pela garantia de que os professores que a lecionam tenham formação de licenciatura plena e concurso público na disciplina de Sociologia.

V) A primeira menção à Sociologia no currículo da educação básica no Brasil foi feita no final do século XIX, ainda durante o Segundo Reinado.

Agora, assinale a seguir a alternativa que apresenta as assertivas corretas:

a) I, II e III.
b) II, III e IV.
c) III, IV e V.
d) I e V.
e) I, II, e IV.

Atividades de aprendizagem

Questão para reflexão

1. Quais são as hipóteses sobre a longa ausência da Sociologia no currículo formuladas por pesquisadores da história do ensino dessa disciplina? Quais são os argumentos que fundamentaram, do ponto de vista legal, o retorno de sua obrigatoriedade ao currículo em 2008?

Atividade aplicada: prática

1. Faça uma breve pesquisa em pelo menos três livros didáticos de Sociologia do PNLD 2017-2020 e identifique, no sumário, os títulos, temas e conteúdos de cada capítulo. Escolha três conteúdos (por exemplo: trabalho, cultura e política) e analise as semelhanças e diferenças presentes nos três livros com relação a: organização do(s) capítulo(s), iconografias, atividades avaliativas propostas, teorias, autores e conceitos abordados.

4

*Os sentidos
das reformas
educacionais
contemporâneas*

Neste capítulo, abordaremos os sentidos das transformações recentes nas políticas educacionais, identificando os agentes e as instituições responsáveis pela produção de certas narrativas político-educacionais e como tais articulações sociopolíticas impactam a Sociologia e os demais componentes curriculares no Brasil e em outros lugares do mundo.

Para tanto, identificaremos o sentido de algumas das reformas educacionais intensificadas nos anos de 1990 e seus impactos na configuração da Sociologia no currículo, refletindo sobre o debate acerca das intencionalidades em torno de uma base nacional comum e de qualidade na educação.

4.1
Conversa inicial: os sentidos das recentes orientações por reformas educacionais

Na década de 1990, a Organização das Nações Unidas para a Educação, a Ciência e a Cultura (Unesco) e o Banco Mundial defenderam a priorização do ensino fundamental e a relativização do dever do Estado com educação. Tal orientação provinha da Conferência Mundial de Educação Para Todos, realizada em Jomtiem, na Tailândia, em 1990. A necessidade de produzir conhecimentos úteis, ligados a projetos de vida, e a responsabilização docente pelos resultados educacionais passaram a ganhar força no discurso hegemônico.

Nesse contexto, ganhou força o discurso da chamada *pedagogia das competências*, sinalizando a intencionalidade em se diluir os conteúdos das ciências de referência (a desdisciplinarização, já citada no Capítulo 3), adaptando-se a testes padronizados nacionais e internacionais, focados em análise verbal e raciocínio lógico.

Como esses elementos – pedagogia das competências, mudanças curriculares, avaliações em larga escala e responsabilização docente – estão articulados? É o que discutiremos na sequência deste capítulo.

4.2
Um necessário parêntese: interdisciplinaridade, transversalidade e transdisciplinaridade

Quando foram criadas as Diretrizes Curriculares Nacionais (DCN) e os Parâmetros Curriculares Nacionais (PCN), em 1997, o ensino de Sociologia, ainda que não obrigatório, já fazia parte de alguns currículos de escolas públicas, particulares e de formação de professores para a educação infantil. Os PCN passaram a advogar os princípios da Unesco baseados no "aprender a aprender" (Delors et al., 2010, p. 12), editados em 1996 por Jacques Delors (1925-), político francês e presidente da Comissão Europeia entre 1985-1995.

Os chamados **quatro pilares da educação para o século XXI** – "aprender a conhecer, aprender a fazer, aprender a conviver e aprender a ser" (Delors et al., 2010, p. 31) – foram baseados em um relatório da Unesco oriundo de uma Comissão Internacional para a Educação do Séculos XXI. Desse relatório, foi criada, em 1996, uma edição em livro intitulado *Educação: um tesouro a descobrir*, que no Brasil foi publicado em 1998. As orientações presentes nessa obra estiveram subjacentes na redação dos documentos norteadores dos currículos nacionais e internacionais.

Faremos, aqui, um necessário parêntese acerca das dificuldades em aprovar a inclusão da Sociologia e da Filosofia aos currículos escolares, conforme abordado no capítulo anterior. Dialogamos com a observação de Moraes (2011), segundo a qual fatores de ordem institucional-burocrática contribuíram para o veto a essas disciplinas no contexto da emergência da pedagogia das competências. Entendemos que esses "fatores de ordem institucional-burocrática" estão vinculados a uma concepção pedagógica e de sociedade. Nesse sentido, faremos uma reflexão sobre as perspectivas interdisciplinares, transversais e transdisciplinares e suas implicações em políticas educacionais.

A especialização científica afirmou-se no século XIX. Mas a delimitação de um objeto de conhecimento, que é o passo inicial de toda prática científica, não significa necessariamente fragmentá-lo.

Como esse conhecimento científico se desenvolve? No texto "O método na economia política", Marx (2008a) argumentou que o conhecimento parte das impressões imediatas, isto é, do empírico, que representa um todo caótico.

Cabe acrescentar que essas impressões imediatas são formatadas também por experiências anteriores, acumuladas e que influenciam as expectativas e ações dos indivíduos. Até que ponto nossas impressões sobre o real são fidedignas ou orientadas por esquemas interpretativos?

Marx, no entanto, fazia menção à categoria da totalidade, como um procedimento metodológico necessário que visasse ampliar ou alargar o campo de observação, buscando realizar uma síntese de múltiplas determinações existentes no real (Marx, 2008a; Saviani, 2003; Frigotto, 2008).

> Os estudantes entram na escola com uma visão sincrética – partindo de uma visão sensorial imediata, influenciada por experiências anteriores – para chegarem a uma visão sintética. Logo, o ponto de partida é o concreto, a realidade sensível, e o ponto de chegada, o conhecimento, a reconstrução do concreto.

Qual é, então, o papel da instituição escolar na produção do conhecimento? Os estudantes entram na escola com uma visão sincrética – partindo de uma visão sensorial imediata, influenciada por experiências anteriores – para chegarem a uma visão sintética. Logo, o ponto de partida é o concreto, a realidade sensível, e o ponto de chegada, o conhecimento, a reconstrução do concreto. Como produto da história, a educação tem um papel, que é permitir às novas gerações se apropriarem da riqueza cultural acumulada pela humanidade ao longo do tempo.

Uma metodologia de trabalho **interdisciplinar** implica a integração de conhecimentos. O prefixo *inter-* pressupõe troca, reciprocidade entre as ciências. Assim, a interdisciplinaridade pressupõe diálogos, mas mantém a ciência de referência, a epistemologia de cada disciplina. Nesse sentido, uma metodologia de trabalho interdisciplinar implica passar de uma concepção fragmentária a uma concepção unitária de conhecimento, superar a dicotomia ensino e pesquisa, considerando ambos pela contribuição de diversas ciências.

O pesquisador Gaudêncio Frigotto (2008), no texto "A interdisciplinaridade como necessidade e como problema nas ciências sociais", advogou pela necessária integração dos conhecimentos. Mas quando refletimos sobre a natureza do conhecimento, imediatamente devemos nos perguntar: Qual é o sentido da produção do conhecimento? Como ele é produzido? De que forma e quem se apropria dele?

Uma resposta provisória destacada por Frigotto (2008) é que vivemos numa sociedade cindida em classes, em relações de dominação e exclusão – na qual persiste a divisão entre trabalho manual e intelectual – vinculadas às condições materiais de produção e apropriação do conhecimento na sociedade capitalista. O conhecimento científico e técnico, o controle dos recursos econômicos, políticos e naturais, é oligopolizado ou monopolizado pelo capital. Portanto, a busca por uma forma de apropriação do conhecimento de fato democrática necessita da superação radical da atual forma de organização da sociedade.

Como afirmamos, uma perspectiva interdisciplinar pressupõe as ciências de referência, as quais, por sua vez, procuram fazer intercâmbios com outras disciplinas. A Sociologia pode, e deve, relacionar uma série de conteúdos com aspectos da Literatura, da História, da Geografia, da Economia e da Filosofia, mas também da Química, da Biologia e da Matemática. Ou seja, quanto mais conhecimento adquirimos dos fenômenos sociais e naturais, mais percebemos a necessidade de estudá-los em suas múltiplas determinações, pois, por vezes, uma única disciplina não dá conta de abranger tudo.

No entanto, assumimos aqui a proposição de que a interdisciplinaridade necessita de um ponto de partida epistemológico, ou seja, qual é "o olhar" pelo qual determinado fenômeno está sendo analisado:

sociológico, histórico, geográfico, filosófico? A epistemologia de cada ciência de referência diz respeito aos pressupostos e métodos de investigação de cada uma.

Porém, além da persepctiva interdisciplinar, outras visões relativas ao conhecimento podem ser mobilizadas, mas com intencionalidades diferenciadas.

> Quanto mais conhecimento adquirimos dos fenômenos sociais e naturais, mais percebemos a necessidade de estudá-los em suas múltiplas determinações, pois, por vezes, uma única disciplina não dá conta de abranger tudo.

O termo *transversalidade* – que significa "atravessar as disciplinas" – passou a fazer parte do vocabulário de alguns documentos educacionais – foi incluído nos PCN a partir de 1997, que passaram a citar o ato de aprender sobre a realidade e questões da vida real. Como exemplo de temas transversais, podemos citar educação para o trânsito, sobre drogas, educação sexual, empreendedorismo etc. Nessa perspectiva, totalidade e historicidade são deslocadas, privilegiando-se temas e projetos.

O terceiro termo que passou a figurar nas formulações sobre currículo se refere à *transdisciplinaridade* – cujo significado é de "transcender as disciplinas". Os macrocampos ou áreas materializaram tal concepção e apareceram nos documentos do Ministério da Educação (MEC) nos anos de 1990 (novamente os PCN), na formatação do Exame Nacional do Ensino Médio (Enem), nas Orientações Curriculares Nacionais (OCN) de 2006 e na recente reforma do ensino médio (Brasil, 2017).

A diluição da Sociologia e da Filosofia em "domínio de conhecimentos de filosofia e sociologia", conforme art. 36 da Lei de Diretrizes e Bases (LDB), de 20 de dezembro de 1996 (Brasil, 1996), ou como "estudos e práticas" (Brasil, 2017) não diz respeito à interdisciplinaridade, pois esta pressupõe a existência das ciências de referência. As perspectivas que orientaram a diluição da Sociologia, na verdade, são transversais e transdisciplinares.

4.3
A estigmatização da ciência e o ensino voltado para questões práticas

Consideramos que, numa perspectiva **transversal** e **transdisciplinar**, a epistemologia de cada ciência de referência é anulada e, mais do que isso, a própria noção de ciência esvazia-se, ao dar forma a uma pedagogia de projetos (transversalidade) ou a áreas do conhecimento (transdisciplinar) desvinculadas de uma reflexão sistematizada. Esse movimento pedagógico que visa adotar conteúdos alternativos, baseados nas chamadas *vivências* de cada estudante, está ligado a um movimento político-intelectual de estigmatização da escola e da ciência. De acordo com Bezerra (2015, p. 60):

> Quando Herbart anunciou cinco passos formais para o ensino (a apresentação, a comparação e assimilação, a generalização e aplicação) tinha em vista os passos do método empírico inaugurado por Bacon, que dividia a investigação científica em três passos: a observação (na exposição didática equivale à apresentação, comparação e assimilação), a generalização (em Herbart, igualmente chamada de generalização) e a confirmação (a aplicação na pedagogia herbartiana).

Johann F. Herbart (1776-1841) foi um filósofo e pedagogo alemão, considerado um dos primeiros sistematizadores da pedagogia moderna como disciplina acadêmica. Herbart buscou relacionar teorias de aprendizagem com aspectos psicológicos. Segundo ele, a mente dos indivíduos desenvolve-se através de estímulos ou representações diversas – tal conceito influenciou, por exemplo, o psicólogo suíço Jean Piaget (1896-1980). A grande contribuição de Herbart foi dotar a pedagogia de um método científico, ao advogar que, para uma teoria ser considerada científica, é necessária a sua aplicação prática, sua comprovação. Mas a teoria de Herbart é considerada na história da educação como representante da chamada *pedagogia tradicional*, pois era centrada na forte autoridade do professor, na transmissão mecânica de conteúdos e no controle do comportamento dos estudantes. As ideias de Herbart sofreram críticas das pedagogias novas, como de John Dewey (1859-1952).

Sob a égide de ataque ao positivismo, defendida por autores como Edgard Morin (1921-) e Jacques Delors, as posições da Unesco e dos PCN foram fundamentadas. Críticas às pedagogias tradicionais vieram de distintas correntes pedagógicas: das ligadas ao construtivismo, da pedagogia das competências, da pedagogia dos projetos, da pedagogia dialógica de Paulo Freire, da sociologia da educação.

A chamada *modernidade*, como destacado nos capítulos 1 e 2, estava vinculada a um conjunto de transformações nas relações de trabalho e produção que deram origem ao capitalismo, às novas formas de ordenação política oriundas da formação do Estado nacional moderno e ao racionalismo científico e filosófico em oposição ao dogmatismo teocêntrico medieval.

Nesse contexto, principalmente no século XIX, deu-se o nome de **positivismo** a um conjunto de visões de mundo compartilhadas por muitos intelectuais, dentre eles Augusto Comte.

Uma concepção positivista era aquela baseada na suposta neutralidade, objetividade e imparcialidade da ciência livre de julgamentos de valor. Diversos estudos posteriores no âmbito da filosofia da ciência e das ciências humanas destacaram a relatividade do conhecimento, a parcialidade dos pontos de vista, com a impossibilidade de transpor os parâmetros das ciências naturais aos fatos sociais, como analisado por Frigotto (2008) e Löwy (2009). No entanto, o relativismo epistemológico levado até o fim coloca em xeque a objetividade da ciência. A busca pela objetividade do conhecimento científico está condicionada por uma autonomia relativa dos cientistas – dos intelectuais – com relação aos interesses materiais e ideológicos das classes sociais, como destacado por Cupani (1990) e Löwy (2009). A monopolização da ciência, da técnica e dos recursos naturais pelo grande capital é o exemplo de como o conhecimento produzido pela humanidade na sociedade capitalista é apropriado privadamente pelo capital e passa a operar em função desses pressupostos de acumulação privada.

Por outro lado, de acordo com Newton Duarte (2008), perspectivas que negam a categoria da totalidade em nome de um relativismo cultural absoluto (étnico, de gênero, juvenil, religioso), associando que cada indivíduo tem uma cultura particular, uma vivência própria, tornariam inviável a construção de um currículo comum a todos. Nesse sentido, o cotidiano, baseado em uma espistemologia pragmatista na qual os conteúdos devem ter utilidade prática, passou a ocupar um lugar nos discursos e nas práticas dos agentes do Estado e da escola. Segundo Duarte (2008), as referidas perspectivas relativistas estão sintonizadas com uma visão pós-moderna que busca negar a categoria da totalidade em nome de um relativismo epistemológico.

Como destacou Löwy (2009), o positivismo, em sua luta contra o absolutismo e o dogmatismo religioso, ao afirmar a necessidade de uma ciência do homem opondo-se à naturalização dos fenômenos sociais, foi revolucionário. O nascimento da escola moderna deve ser analisado sob dois ângulos: de um lado, como reprodutora de desigualdades, baseada na memorização e na autoridade excessiva e inquestionável do professor, na divisão entre escola para ricos e escola para pobres; de outro, como inserida nesse movimento revolucionário, calcada na concepção de direitos iguais, universais e sofrendo a influência desses movimentos.

Os positivistas que eram revolucionários no século XVIII tornaram-se defensores da ordem burguesa, de uma sociedade dirigida, governada, com base em esclarecidos, notáveis – os cientistas e industriais –, muito similar à visão de Platão em relação à sociedade governada pelos reis filósofos. Essa era a posição de Augusto Comte, considerado o fundador da sociologia.

> A monopolização da ciência, da técnica e dos recursos naturais pelo grande capital é o exemplo de como o conhecimento produzido pela humanidade na sociedade capitalista é apropriado privadamente pelo capital e passa a operar em função desses pressupostos de acumulação privada.

Os princípios iluministas – liberdade, igualdade e fraternidade – passaram a ser reivindicados não mais do ponto de vista formal, mas social. Paulatinamente, conforme Saviani (2003), houve um deslocamento de uma concepção pedagógica da essência (baseada numa noção de homem universal e, consequentemente, de direitos universais) para uma nova pedagogia: a pedagogia da existência, com suas diversas variantes (pragmatismo, renovadora, montessoriana, construtivista, dialógica). Apesar de importantes diferenças, de acordo com Saviani (2003), tanto as correntes tradicionais dos séculos XVIII e XIX (liberais tradicionais) quanto as novas correntes do século XX (pedagogias tecnicistas e liberais progressistas) eram caracterizadas por conceber a educação como autônoma dos condicionantes sociais objetivos – e, por isso, não críticas.

O filósofo e pedagogo estadunidense John Dewey (1859-1952) foi um dos principais representantes dessa visão classificada como *não crítica*. Dewey acreditava que o conhecimento só tinha valor quando era orientado para uma ação, o que ficou conhecido como *pragmatismo* ou *concepção utilitária do saber*. O filósofo defendia que a escola devia deixar de ter um caráter intelectualista e de preocupação com o futuro para buscar uma metodologia que permitisse aos estudantes pensarem por si, estimulados a resolverem os próprios problemas. Sob essa ótica, a escola deveria ser um espaço de simulação do dia a dia da criança, e os estudantes deveriam reconstruir suas experiências vivenciadas no ato de aprender fazendo.

Dewey não se preocupava, em nenhum momento, em criticar a sociedade capitalista. A pedagogia tecnicista, que no Brasil ganhou terreno durante o regime militar, inspirou-se em certos pressupostos pragmáticos enunciados por Dewey. Como destacado por Silva (2007), os currículos no Brasil, nos anos de 1970, pregavam que os estudantes não necessitavam aprender literatura, mas sim comunicação e expressão; não precisavam apreender conceitos abstratos de física, por exemplo, mas apenas a elaboração de tarefas básicas para certas atividades profissionais. Os estudos eram baseados em instrução programada, testes e exercícios de completar.

> Dermeval Saviani (1943-), paulista de Santo Antônio de Posse, formou-se em Filosofia pela Pontifícia Universidade Católica de São Paulo (PUC-SP) em 1966 e doutorou-se em Filosofia da Educação pela mesma instituição, em 1971, com pesquisa sobre o papel do Congresso Nacional na aprovação da LDB n. 5.692/1971, identificando a inexistência de um sistema nacional de ensino. Na sequência, analisou a reforma universitária do regime ditatorial militar (Lei n. 5.540/1968). Tornou-se, em 1986, livre-docente em história da educação na Universidade Estadual de Campinas (Unicamp). Desde 1967, é professor no ensino superior. Foi coordenador do Comitê de Educação do Conselho Nacional de Desenvolvimento Científico e Tecnológico (CNPq), coordenador de pós-graduação na Universidade Federal de São Carlos (Ufscar), na PUC-SP e na

Unicamp; professor titular colaborador da USP e sócio-fundador da Associação Nacional de Pós-Graduação e Pesquisa em Educação (Anped), bem como do Centro de Estudos Educação e Sociedade (Cedes), do Centro de Estudos de Cultura Contemporânea (Cedec) e da Sociedade Brasileira de História da Educação (SBHE), da qual foi o primeiro presidente. É considerado fundador de uma nova teoria da educação: a pedagogia histórico-crítica, que veio desenvolvendo no Brasil desde os anos de 1980. Saviani defende que uma das funções da escola é possibilitar o acesso aos conhecimentos científicos-filosóficos previamente produzidos e sistematizados. É crítico das correntes pedagógicas – a que ele chamou de *não críticas* (tradicionais, escolanovistas e tecnicistas) –, mas também das chamadas *crítico-reprodutivistas*, que viam de forma unilateral o papel da escola como mera reprodução das condições vigentes. Saviani adota uma perspectiva epistemológica no Brasil pautada pelo materialismo histórico-dialético, propondo uma teoria que supere as pedagogias tradicionais e as pedagogias novas, incorporando seus avanços e superando seus limites.

O filósofo também identificou que a educação burguesa foi se transformando, mas não visou à necessária articulação da educação com a transformação social. Segundo ele, com o desenvolvimento da sociedade capitalista, da burguesia, a escola tradicional foi construída como instrumento para redimir a humanidade da opressão, ao permitir que os "súditos" se convertessem em "cidadãos", mas numa época em que a burguesia era revolucionária. Quando esta se transformou em conservadora, a busca pela igualdade entre os homens explicitou as diferenças – a burguesia, assim, tornou-se reacionária.

Saviani defende que, na medida em que os professores conseguirem lidar criticamente com os conhecimentos disponíveis, articulando-os com a necessidade de transformação social radical, o ensino poderá deixar de ser mera transmissão. Entre seus principais livros, estão: *Educação: do senso comum à consciência filosófica* (1980); *Escola e democracia* (1986); *Política e educação no Brasil: o papel do congresso nacional na legislação do ensino* (1987); *Sobre a concepção de politecnia* (1989); *Da nova LDB ao novo plano nacional de educação: por uma outra política educacional* (1998); *Pedagogia histórico-crítica: primeiras aproximações* (2000); *História das ideias pedagógicas no Brasil* (2007).

A *pedagogia da existência*, expressão utilizada por Saviani para designar as correntes pedagógicas que buscam deslocar do professor para o estudante a reflexão pedagógica, busca enfatizar as diferenças, a experiência de vida de cada indivíduo, a autonomia na resolução de problemas. A ideia é que não se pode impor conteúdos, pois a aprendizagem se inicia com o nascimento. Isto é, tudo deve estar centrado em conhecimentos úteis.

A chamada *escola tradicional* é estruturada pelo método expositivo, centrado na figura do professor. Sob essa ótica, preparação, apresentação, comparação, assimilação, generalização e aplicação são os passos seguidos por professor e estudante. O ensino é baseado na aprendizagem, na preparação do conteúdo seguinte tendo por base o grau de compreensão do conteúdo anterior. Por meio dos exercícios, o aluno demonstra se assimilou ou não o conhecimento. Esse processo pedagógico, comenta Saviani (2003), demonstra toda a sua validade e não tem nada de pré-científico.

No entanto, nas proposições chamadas por Saviani de pedagogias novas, a autoridade do professor como portador de conhecimentos sistematizados e estruturados é diluída, centrando-se na satisfação dos desejos da criança, do indivíduo.

É essa estigmatização da ciência, associada mecanicamente ao positivismo, que fundamentou – e continua fundamentando – proposições de currículos mais atrativos, ligados à vida prática, a projetos, em uma escola baseada nos interesses próprios de cada estudante, conforme defendido por correntes construtivistas e relativistas na educação e criticadas por Bezerra (2015), Saviani (2003) e Duarte (2008). Esse é o sentido da tese de Saviani (2003, p. 47): "o caráter científico do método tradicional e o caráter pseudo-científico dos métodos novos".

Essa visão negativa da escola, como se o conhecimento científico sistematizado alienasse a criatividade dos estudantes, foi abordada tanto por teorias não críticas (de acordo com as quais a educação se desenvolve de forma autônoma em relação aos condicionantes da sociedade capitalista) como por teorias críticas, chamadas por Saviani de *crítico-reprodutivistas*. Nesse grupo, encontram-se os sociólogos Bourdieu e Passeron (no livro *A reprodução: elementos para uma teoria do sistema de ensino*), o filósofo Louis Althusser (1918-1990) (com a obra *Ideologia e aparelhos ideológicos de Estado*) e os sociólogos Christian Baudelot (1938-) e Roger Establet (1938-) (no texto *A escola capitalista na França*).

Tais perspectivas viam a escola como instrumento de dominação – seja como violência simbólica, seja como aparelho ideológico de Estado –, que imporia ideologias burguesas como mera reprodução das concepções dominantes, inspiradas por concepções estruturalistas na sociologia da educação e na filosofia. Essa visão reprodutora – e negativa – da escola também está presente em autores como Max Weber e Michel Foucault, conforme visto no Capítulo 2.

Se o currículo, supostamente, é ininteligível ao estudante, e se a escola não corresponde a sua cultura original levada até o fim, logo, as classes populares, que geralmente são vistas como submetidas a uma bagagem cultural e social de menor acesso, estariam desobrigadas de terem acesso a essa herança cultural e científica. Essa herança, então, ficaria restrita às classes dominantes, que têm acesso às melhores escolas (em termos de estrutura e diversificação curricular) e, portanto, à universidade. Newton Duarte (2008, p. 6-7) abordou essa questão da seguinte forma:

> Nas proposições chamadas por Saviani de *pedagogias novas*, a autoridade do professor como portador de conhecimentos sistematizados e estruturados é diluída, centrando-se na satisfação dos desejos da criança, do indivíduo.

> *Pensando-se no sistema educacional público e na meta que esse sistema deveria perseguir, de universalização do acesso ao que de mais rico exista na ciência e na arte por parte de todos os filhos da classe dominada (posto que os filhos da classe dominante já têm esse acesso assegurado), penso ser muito simplista o argumento que alguns intelectuais de esquerda contrapõem a essa meta, qual seja, o de que a ciência e a arte burguesa são alheias à cultura da classe trabalhadora e produziriam um alheamento em relação a essa cultura por parte daqueles que a vivem. Discordo desse argumento em primeiro lugar porque o fato de boa parte da produção científica e artística terem sido apropriadas pela burguesia, transformando-se em propriedade privada e tendo seu sentido associado ao universo material e cultural burguês não significa que os conhecimentos científicos e as obras artísticas sejam inerentemente burgueses.*

Os pontos de partida de cada estudante, a depender de sua situação social e econômica, evidentemente são diferentes. No entanto, ao longo do processo educativo, os alunos devem se apropriar dos saberes artísticos, literários, científicos e filosóficos acumulados historicamente e sistematizados na escola.

Um dos discursos que fundamentou a recente reforma é que o número de disciplinas obrigatórias é muito extenso – razão pela qual ocorrem situações como evasão e distorção idade/série. Antes da Medida Provisória n. 746, de 22 de setembro de 2016 (Brasil, 2016a), discussões no interior do MEC, durante o governo de Dilma Rousseff (2011-2016), já eram feitas em 2012, as quais resultaram na formação, na Câmara dos Deputados, em Brasília, de uma Comissão Especial para a Reformulação do Ensino Médio presidida pelo Deputado Reginaldo Lopes (PT-MG). Tal comissão formatou o Projeto de Lei (PL) n. 6.840, de 27 de novembro de 2013 (Brasil, 2013), que tinha como objetivo alterar a LDB n. 9.394/1996. Na sua justificativa, o PL n. 6.840/2013 explicava a necessidade de readequar o currículo do ensino médio na intenção de fazê-lo mais atrativo para os alunos, possibilitando-lhes a inserção no mercado de trabalho, pela "constatação, inclusive por meio dos resultados de avaliações nacionais e internacionais [...] de que o atual modelo de ensino médio está desgastado, com altos índices de evasão e distorção idade/série" (Brasil, 2013, p. 7).

O texto de justificativa do PL n. 6.840/2013 prossegue: "o atual currículo do ensino médio é ultrapassado, extremamente carregado, com excesso de conteúdos, formal, padronizado, com muitas disciplinas obrigatórias numa dinâmica que não reconhece as diferenças individuais e geográficas dos alunos." (Brasil, 2013, p. 7).

A argumentação de que o ensino médio tem muito conteúdo é controversa. O objetivo da escola é a difusão de conteúdos acumulados historicamente nas diferentes disciplinas do conhecimento. É nela que, com o trabalho dos professores, os alunos aprendem os conteúdos estabelecidos por meio de métodos de aprendizado. Através de um currículo nacional, a escola se firma como um pilar constitutivo da nação. Nesse sentido, quais seriam os conteúdos necessários e os descartáveis?

Vejamos como os proponentes do PL 6.840/2013 e da Lei n. 13.415, de 16 de fevereiro de 2017 (Brasil, 2017) apresentaram suas concepções. O PL n. 6.840/2013 (apoiado pelo governo de Dilma Rousseff) apresentava diversos elementos que foram incorporados à MP n. 746/2016 e, depois, à Lei n. 13.415/2017 (com o apoio do governo de Michel Temer): o ensino por áreas de conhecimento; a apresentação de perspectivas transversais (educação para o trânsito, cultura da paz, prevenção ao uso de drogas/álcool, empreendedorismo, direitos do consumidor); a ambiguidade da Sociologia e da Filosofia, citadas no PL como conteúdos obrigatórios e não disciplinares; a proposta de jornada integral; o aumento de jornada anual de 800 para 1.400 horas anuais, entre outros.

Com relação à diferenças quanto à Lei n. 13.415/2017, estava o fato de que o PL n. 6.840/2013 não citava o notório saber nem a validação de horas em instituições credenciadas pelo MEC, tampouco a possibilidade de privatização da gestão e dos currículos. Diferentemente da Lei n. 13.415/2017, o PL n. 6.840/2013 estabelecia que só poderiam estudar no ensino noturno jovens com mais de 18 anos, o que gerou fortes críticas, pois o projeto vedava ao estudante trabalhador com menos de 18 anos o direito de estudar à noite.

No PL n. 6.840/2013, havia a proposição de que, no 3º ano do ensino médio, a formação fosse voltada a um ensino por ênfases e à formação profissional. Na Lei n. 13.415/2017, a expressão utilizada foi *itinerários formativos* (Brasil, 2017), significando que os conteúdos podem ser ofertados de forma opcional desde o ingresso do estudante no ensino médio, e não apenas no 3º ano, como previa o PL n. 6.840/2013.

Tanto no PL n. 6.840/2013 como na Lei n. 13.415/2017, ao se negar a formação integral pela não obrigatoriedade de oferta de todas as áreas ou itinerários, incentivou-se uma decisão precoce, penalizando os estudantes que, porventura, façam más escolhas. Nesse quesito, tanto a proposição do PL n. 6.840/2013 como a Lei n. 13.415/2017 se assemelharam à Reforma Capanema de 1942, que trouxe mudanças significativas na organização do então ensino secundário colegial, dividindo-o entre clássico e científico. O curso clássico encaminhava para os vestibulares de Direito ou para um dos cursos da Faculdade de Filosofia, Ciências e Letras. Por sua vez, o científico, para os vestibulares de Medicina, Odontologia, Farmácia e Engenharia.

Esse parêntese sobre o PL n. 6.840/2013 é necessário para que possamos identificar algumas mudanças – mas, principalmente, continuidades – nas reformas educacionais empreendidas pelos dois últimos governos no Brasil citados neste livro (de Dilma e de Temer), a despeito das retóricas discursivas dos seus respectivos dirigentes partidários.

A perspectiva de um ensino transversal e transdisciplinar já estava presente em documentos norteadores desde os anos de 1990, mas conflitava com perspectivas disciplinares e embates entre concepções pedagógicas diversas no interior do próprio MEC.

Sob o argumento de um ensino médio mais atraente, de combate à evasão, que fundamentou o PL n. 6.840/2013 e a Lei n. 13.415/2017, a transversalidade e a transdisciplinaridade produziram um esvaziamento das ciências de referência. Trata-se, então, de privilegiar "aspectos socioemocionais" e os "projetos de vida", conforme redação do art. 7º da Lei n. 13.415/2017: "Os currículos do ensino médio deverão considerar a formação integral do aluno, de maneira a adotar um trabalho voltado para a construção de seu projeto de vida e para sua formação nos aspectos físicos, cognitivos e socioemocionais" (Brasil, 2017).

Conforme destacado por Schmidt, Divardim e Sobanski (2016, p. 20), o discurso da flexibilização oriundo das agências do grande capital, que necessitam de formação aligeirada e de uma força de trabalho barata e precária para o mercado, fundamentam determinadas concepções pedagógicas:

> existe uma vinculação entre a lógica do aprender a fazer e as razões necessárias ao mercado de trabalho. Esta ideia está diretamente relacionada ao artigo 35 da Lei de Diretrizes e Bases da Educação Brasileira de 1996, que versa sobre a necessidade de preparação dos indivíduos para o trabalho, cidadania e a flexibilidade, para se adaptar as novas condições de trabalho exigidas pelo capitalismo. Assim, foi no contexto dos anos 1990 que ganhou força nos documentos oficiais o debate das pedagogias das competências, encaminhamentos que já foram e vem sendo criticados por intelectuais brasileiros dedicados aos estudos de política e filosofia da educação.

As narrativas de uma educação voltada para o "mercado", conjugada com a ênfase em um currículo pautado em questões de ordem "prática", supostamente "mais atraente", passou a aliar-se a uma perspectiva de políticas públicas educacionais com o foco nos resultados, em metas, buscando claramente identificar nas avaliações institucionais os mecanismos por excelência de responsabilização dos agentes escolares.

4.4
Os testes padronizados e suas intencionalidades

A reflexão sobre a reorganização do tempo e do espaço escolares (aulas de 50 minutos, por exemplo) não necessariamente deve resultar em esvaziamento de conteúdos, com um ensino voltado para certas habilidades e competências.

Além do fato de o ensino médio supostamente não ser atraente, por conta de conteúdos excessivos, o foco passou a ser na valorização dos resultados das macroavaliações. Conforme o art. 3º da Lei n. 13.415/2017, que alterou o art. 35 da LDB: "§ 6º A União estabelecerá os padrões de desempenho esperados para o ensino médio, que serão referência nos processos nacionais de avaliação, a partir da Base Nacional Comum Curricular" (Brasil, 2017).

A já citada Conferência Mundial Educação Para Todos, da Unesco, passou a orientar diversas reformas educacionais dos anos de 1990 aos dias atuais: os eixos dessa conferência defenderam a redefinição do papel do Estado e a constatação de que o Estado é supostamente ineficiente. A conclusão desse documento era otimizar recursos, desresponsabilizando o Estado do financiamento educacional via investimentos privados (empresariais, religiosas ou do voluntariado) na educação, conforme exposto na citação a seguir, que compreende alguns dos trechos da Declaração Mundial Sobre Educação para Todos:

> *Artigo 7. As autoridades responsáveis pela educação aos níveis nacional, estadual e municipal têm a obrigação prioritária de proporcionar educação básica para todos.* **Não se pode, todavia, esperar que elas supram a totalidade dos requisitos humanos, financeiros e organizacionais necessários a esta tarefa.** *Novas e crescentes articulações e alianças serão necessárias em todos os níveis [...] entre* **as organizações governamentais e não governamentais, com o setor privado, com as comunidades locais, com os grupos religiosos, com as famílias.** *É particularmente importante reconhecer o papel vital dos educadores e das famílias.*
>
> [...]
>
> *Artigo 29. Os governos e* **seus parceiros** *podem analisar a alocação e uso corrente dos recursos financeiros e outros para a educação e capacitação nos diferentes setores, a fim de determinar seu apoio adicional à educação básica pode ser obtido mediante:*
> *(i) o incremento da* **eficácia;**
> *(ii) a* **mobilização de fontes adicionais de financiamento, dentro e fora do orçamento público;** *e*

*(iii) a **redistribuição dos fundos dos orçamentos de educação** e capacitação atuais, levando em conta os critérios de eficácia e eqüidade. Nos países onde a contribuição orçamentária total para a educação é escassa, será necessário estudar a **possibilidade de realocar, para a educação básica, certos fundos públicos**, anteriormente destinados a outros fins.*

*Artigo 30. [...] Os países que necessitam de ajuda externa para satisfazer as necessidades básicas de aprendizagem de suas populações podem utilizar a estimativa de recursos e o plano de ação como base para a discussão com seus aliados internacionais, e também para coordenar **financiamentos externos**. [...]*

*Artigo 35. Associações **comunitárias, cooperativas, instituições religiosas e outras organizações não governamentais** também desempenham papéis importantes no apoio e **provisão de educação básica**. [...] Deve-se promover sua participação ativa em **alianças** para a educação básica, mediante políticas e mecanismos que fortaleçam suas capacidades e reconheçam **sua autonomia**.*

(Unesco, 1990, grifo nosso)

A perspectiva de uma educação não mais focada nos requisitos (aprendizagem de conteúdos), mas nos resultados, pode ser observada no art. 4º da Declaração: "Em consequência, a educação básica deve estar centrada na aquisição e nos resultados efetivos da aprendizagem, e não mais exclusivamente na matrícula, frequência aos programas estabelecidos e preenchimento dos requisitos para a obtenção do diploma" (Unesco, 1990).

Nesse documento, a perspectiva de uma educação crítica e emancipatória, como problematizada por Saviani (2013), é deslocada, priorizando-se o discurso da flexibilidade e de certa adaptação ao mundo.

A orientação da Unesco em relação à captação de recursos por fora do Estado, pautada na ideia emprestada do mundo empresarial de eficiência e eficácia, isto é, na descentralização, visava à criação de ferramentas de gestão por resultados. Assim, empresas e suas entidades de classe começaram a pautar a agenda das reformas educacionais, criando movimentos que passaram a influenciar políticas públicas e as redações dos planos nacionais de educação.

Sob essa ótica, em 2006, foi lançado no Brasil um movimento de organizações empresariais (como Vivo, Gol Linhas Aéreas Inteligentes, Fundação Lemann, Fundação Jacobs, Itaú, Unibanco, Natura, Votorantim e Grupo Gerdau, entre outras entidades empresariais) que promoveu a publicação de um documento intitulado "Compromisso Todos pela Educação", assumindo a perspectiva de gestão por resultados do Banco Mundial e da Unesco*.

Os integrantes do referido movimento não apenas formulam, eles também agem como um grupo de pressão junto ao Poder Público. Além disso, seus representantes têm assentos em órgãos governamentais, e as metas oriundas dos interesses dessas organizações empresariais foram assumidas pelo próprio MEC, como destacado por Shiroma, Garcia e Campos (2011).

No Brasil, desde a década de 1990, intensificou-se a adoção de uma perspectiva gerencialista-empresarial na educação, pautada e controlada cada vez mais à distância por agências internacionais "desinteressadas", conforme destacado por pesquisadores como Shiroma, Garcia e Campos (2011), Hypolito (2014) e Alavarse (2014). Segundo Shiroma, Garcia e Campos (2011, p. 234):

O "Compromisso Todos pela Educação" visa mobilizar a iniciativa privada e organizações sociais do chamado "terceiro setor" para atuar de forma convergente, complementar e sinérgica com o Estado no provimento de políticas públicas. [. . .]

---

* O *site* do movimento pode ser acessado por meio do seguinte *link*: <https://www.todospelaeducacao.org.br/quem-somos/mantenedores-e-apoiadores>. Acesso em: 19 set. 2018.

Seu enfoque é primordialmente voltado à melhoria da qualidade do ensino traduzida em indicadores mensuráveis obtido por meio de avaliações externas.

O Pisa (*Programme for International Student Assessment* – em português, Programa Internacional de Avaliação de Estudantes) é o mecanismo em escala global criado pela Organização para a Cooperação e Desenvolvimento Econômico (OCDE), órgão multilateral-empresarial composto por mais de 30 países, que visa enquadrar diversos governos ao poderoso instrumento das avaliações em larga escala e aos ranqueamentos internacionais aplicados a estudantes no Brasil a partir do 8º ano do ensino fundamental. As avaliações no Pisa ocorrem a cada três anos e são focadas em apenas três disciplinas: Leitura, Matemática e Ciências. Em 2015, foram incluídas as áreas de Competência Financeira e Resolução Colaborativa de Problemas. Nesse ponto, é possível identificar que há, claramente, a valorização de algumas disciplinas e áreas em detrimento das humanidades. O Pisa funciona, então, como numa lógica de enquadramento das políticas educacionais para diversos países e governos, por vezes de maneira acrítica.

Nessas articulações hegemônicas, um discurso comum emerge: foco na avaliação e responsabilização dos agentes escolares. Os pesquisadores britânicos Meg Maguire e Stephen Ball destacaram tal procedimento também na Inglaterra: "No Reino Unido, os professores são culpabilizados pelo fracasso escolar e pelas alegadas diminuições nos índices dos testes" (Maguire; Ball, 2011, p. 187).

A pesquisadora estadunidense Diane Ravitch lançou, em 2011, um interessante livro sobre os impactos desse sistema nos Estados Unidos. O livro é intitulado *Vida e morte do grande sistema escolar americano: como os testes padronizados e o modelo de mercado ameaçam a educação*. A autora é uma reconhecida pesquisadora e trabalhou nas Secretarias Nacionais de Educação em diversos governos nos EUA, como os dos

Bush (tanto o pai como o filho) e de Bill Clinton, chegando a aplicar as proposições das testagens padronizadas. Porém, após um interessante exercício de autocrítica, ela passou a rever suas posições, desfazendo sua adesão aos programas de que participava e denunciando suas distorções e intencionalidades ideológicas. O sugestivo título evidencia a aplicação de diversos programas, como o *No Child Left Behind*, nos Estados Unidos, em 2001, que era baseado nos testes padronizados, na competição entre escolas e em demais políticas de avaliação. Nesse modelo, a pesquisadora mostrou o evidente o papel das corporações, de grupos e famílias de milionários e fundações que passaram a querer "ajudar" a resolver o problema das escolas.

Resumimos as críticas a essa política feitas pela pesquisadora Diane Ravitch (2011) em quatro aspectos:

1. O empobrecimento curricular em virtude de se privilegiar algumas áreas nos testes (basicamente, leitura, letramento e cálculo matemático) em detrimento de outras disciplinas.
2. A identificação da produção de materiais didáticos direcionados para atender aos objetivos dos exames e às políticas deliberadas para melhorar o fluxo (ou a facilitação de formas de aprovação).
3. As diversas manipulações estatísticas com a aplicação de programas de incentivo à leitura e ao letramento em bairros/regiões onde os indicadores sociais não eram os mais baixos; a permissão para que apenas certos estudantes realizassem os testes no dia dos exames; a existência de fraudes estatísticas com mudanças nas notas de estudantes; o pagamento a estudantes para que estes aumentassem seus escores nos testes. Ademais, a autora identificou que os testes estaduais nos Estados Unidos produziam resultados extremamente díspares em relação aos testes federais aplicados nas mesmas regiões.

4. Com relação aos profissionais da educação, a pesquisadora identificou a responsabilização e punição aos profissionais por meio da aplicação de salários condicionados às bonificações vinculadas a esses testes e da recorrente demissão de diretores e supervisores educacionais que não estivessem cumprindo as metas.

A discussão sobre resultados e metas está diretamente vinculada à noção de qualidade. Nesse sentido, a pergunta que cabe é a seguinte: Seria possível mensurar qualidade na educação? O conceito de qualidade, como destacado por Alavarse (2014), é histórico, portanto, mutável no tempo. A qualidade de algo pode ser mensurada pelas propriedades que esse algo possui ou por aquilo que excede em comparação com outra coisa. De acordo com Alavarse (2014, p. 46, grifo nosso):

> *Aprofundando a temática, no âmbito educacional, a qualidade pode se dar **no processo** ou, em outro extremo, no produto – **no resultado**. Evidentemente, a expressão "em outro extremo" é empregada para salientar oposições para efeito de exposição, pois na prática podemos encontrar posições matizadas pela combinação ou articulação desses extremos.*

A defesa da igualdade de oportunidades, como expressão de uma sociedade mais justa, deve estar vinculada à igualdade de resultados. Mas, como seria possível mensurar indicadores de qualidade?

Alavarse (2014) destacou que a mensuração da qualidade na educação pode ser pensada com base em distintos indicadores:

- o acesso à escola, a permanência e a taxa de evasão;
- o currículo;
- as condições de trabalho docente, bem como a estrutura das escolas (bibliotecas, laboratórios, equipamentos e materiais pedagógicos diversos, ambientes adequados);
- as taxas de aprovação e reprovação;
- as provas.

Uma prova deve ser entendida como um poderoso instrumento de coleta de informações, e não como uma avaliação cristalizada. Não trataremos aqui das avaliações internas ao espaço da escola. Abordaremos a questão das chamadas *avaliações externas*.

Como mencionou Alavarse (2014), ao pensarmos a avaliação, devemos fazer os seguintes questionamentos: Quem é o sujeito da avaliação? Quem a conduz? Quem decide o que entra ou não na avaliação?

Na avaliação **interna**, os sujeitos são os professores(as). Por sua vez, na avaliação **externa**, os sujeitos são os agentes do Estado, como ministros e secretários. O **objeto** da avaliação diz respeito ao que será avaliado, mas, na avaliação externa, o que se avalia? A **finalidade** da avaliação diz respeito aos usos que se pretende fazer para os juízos da avaliação (diagnóstica ou punitiva?). Por fim, o **usuário** da avaliação é quem avalia. Logo, é interessante questionar: Por que está avaliando? Quem vai usar os resultados obtidos? Qual a intencionalidade?

Segundo Almeida, Dalben e Freitas (2013, p. 1154-1155), no Brasil:

As avaliações externas e seus resultados já fazem parte da cultura escolar, ainda que de uma forma bastante controversa. Por um lado, são muitas as críticas feitas a elas, sua finalidade, abrangência e possibilidade de análise da realidade escolar [...]; por outro lado, os resultados dessas avaliações têm sido apropriados pelas políticas públicas e divulgados pela mídia de tal forma que se chega a acreditar que seus efeitos são inquestionáveis e que, ao interferirem no cotidiano escolar e na vida das pessoas, o fazem de forma sempre benéfica, desconsiderando-se os diferentes tipos de erro e os variados efeitos colaterais destas políticas [...].

No Brasil, esta lógica vem ocorrendo desde a década de 1990, quando as avaliações externas passaram a ser inseridas no cotidiano escolar através do aparato normativo-jurídico, vinculando seus resultados ao financiamento da educação e, ainda, revestida de plausíveis argumentos pedagógicos [...].

No Brasil, o Índice de Desenvolvimento da Educação Básica (Ideb), segundo o Instituto Nacional de Estudos e Pesquisas Educacionais Anísio Teixeira (Inep), do MEC, é um índice que combina informações de desempenho em exames padronizados (Prova Brasil ou Sistema de Avaliação da Educação Básica – Saeb) – obtidas ao final das etapas de ensino (final da série inicial do ensino fundamental, etapa final do ensino fundamental e final do ensino médio) – com informações sobre rendimento escolar.

O desempenho está associado ao aproveitamento em Língua Portuguesa e Matemática. O rendimento está ligado ao fluxo escolar, ao tempo despendido para o estudante concluir a sua etapa escolar.

Segundo Almeida, Dalben e Freitas (2013), o Ideb, como instrumento de aferição de qualidade educacional, não leva em conta o nível socioeconômico (o capital cultural trazido da família, por exemplo) e o contexto das escolas (sua estrutura e organização).

É conhecido o fato de que escolas com índices muito diferentes têm estudantes com perfis socioeconômicos também muito distintos. É amplamente conhecida a influência do nível socioeconômico no desempenho dos estudantes da educação básica. No entanto:

> *O nível socioeconômico aparece em inúmeros estudos como variável explicativa ou de controle para a análise de diversos fenômenos sociais. No entanto, não há um consenso na literatura sobre sua conceituação, bem como sobre como medi-lo nas pesquisas empíricas. Há vários aspectos relacionados ao NSE que vêm merecendo debate entre os cientistas sociais. Por exemplo, a sua base de conceituação teórica, o tipo de medida – se contínua ou categórica –, os fatores a serem considerados na produção da medida – se variáveis isoladas ou em forma de um índice –, a definição de um esquema de classificação das variáveis consideradas e a importância relativa do pai e da mãe para a definição do NSE das famílias.* (Alves; Soares, 2009, citados por Almeida; Dalben; Freitas, 2013, p. 1161)

No Brasil, seguindo as orientações dos organismos internacionais (Banco Mundial, Unesco e OCDE) e os modelos que vêm sendo implantados nos Estados Unidos há tempos, existe, segundo Hypolito (2014, p. 13-14), um discurso hegemônico:

> No Brasil, nos últimos anos, a adoção de uma perspectiva gerencialista na educação tem se dado, precisamente, como o preconiza esse modelo de gestão; muito menos in loco e muito mais à distância, um distante cada vez mais presente, controlado desde fora. Como isso funciona exatamente? Os testes padronizados, por exemplo, constituem uma das formas de o Estado efetivar o controle sobre o que deve ser ensinado e o que é ensinado, efetivamente.

Ainda segundo Hypolito (2014, p. 14), com os testes padronizados:

> É o professor que passa a ser avaliado. A unidade escolar passa a ser identificada, gerando absurdos. Na verdade, temos relatos e verdadeiros linchamentos e humilhações, com a publicação e a fixação de placas nas portas das escolas com o resultado do Índice de Desenvolvimento da Educação Básica (Ideb) e por aí afora.

Logo, a escola, o diretor e os professores passam a ser avaliados e responsabilizados pelos fracassos educacionais, por meio da utilização do Ideb.

Porém, em países como a Finlândia, segundo Freitas (2015a, 2015b, 2015c, 2015d) e Hypolito (2014), os testes padronizados nacionais foram abolidos, por não terem relevância alguma na verificação da aprendizagem. Nesse país, os professores têm uma jornada bem menos desgastante, com apenas 21 horas por semana em sala de aula, tendo muito mais tempo para cumprir suas obrigações com o ensino – no planejamento individual ou coletivo, por exemplo. Uma experiência oposta à tendência verificada em países como Brasil e Estados Unidos.

Luiz Carlos de Freitas (2012), um dos principais pesquisadores em políticas educacionais, analisou o sentido de certas reformas na educação aplicadas no Brasil e em outros países. Segundo ele, é possível identificar três elementos relativos a esse discurso: responsabilização, meritocracia e gerencialismo. Responsabilização baseada em recompensas e sanções (dos agentes escolares), incluindo a exposição pública da escola – geralmente via imprensa – e sua estigmatização.

Conforme destacou Freitas (2012, p. 383), nesse modelo, "o que faz a diferença entre as pessoas é o esforço pessoal, o mérito de cada um. Nada é dito sobre a igualdade de condições no ponto de partida". Ou seja, a distribuição de resultados é muito mais do que uma mera questão de competência do professor ou da escola. Associadas a isso, surgiram proposições de privatização (gerencialismo) da gestão das escolas públicas. Ou seja, a escola, segundo Freitas (2012, p. 386), segue sendo "gratuita para os alunos, mas o Estado transfere para a iniciativa privada um pagamento pela sua gestão".

Esse modelo foi implementado nos Estados Unidos por meio das chamadas *Charter Schools*, colégios públicos que têm seus recursos geridos de forma privada. Nessas escolas, são evitadas as contratações de professores sindicalizados; além disso, os professores não necessitam ter qualificação correspondente para ensinar e são, em sua maioria, jovens. Nesse modelo, aplicado em várias cidades nos Estados Unidos, ocorrem sorteios públicos – no estilo premiação de loteria – para estudantes que têm a sorte de estudar nesses colégios, frustrando outros que não foram sorteados.

Sobre esse modelo, Dwight Holmes, pesquisador estadunidense em educação, deu a seguinte entrevista à pesquisadora Nora Krawczyk, da Unicamp, em 2016:

> Na Flórida, por exemplo, o salário médio anual dos professores nas escolas charter em 2011-2012 era de 38.459 dólares e nas escolas públicas tradicionais de 46.273 dólares.

A porcentagem de professores com apenas um ou dois anos de experiência era de 69% nas escolas charter e de 21% nas escolas públicas tradicionais. Além disso, as cadeias nacionais de escolas charter deixam muito pouco nas mãos dos professores sobre o que, como e quando ensinar. A maioria delas utilizam currículos estruturados e orientados para o teste. Os professores são obrigados a usar apostilhas, produzidas de forma centralizadas para todo o país. [...]

A Aliança Nacional para Escolas Públicas Charter, um importante lobby pró-charter, publicou um "modelo de lei para a escola charter", que descreve o mundo como eles gostariam que fosse. Ela também classifica os estados de acordo com a proximidade de suas leis para as escolas charter com a "lei modelo". Nesse modelo, os componentes essenciais de uma lei para escola pública charter são a autorização ilimitada do número de escolas charter, a possibilidade de criar diferentes tipos de escolas charter, incluindo virtuais/on-line, e que organizações externas estejam autorizadas a gerir escolas charter. Ela quer também as escolas charter isentas das leis e convenções estaduais coletivas, evitando que os professores possam se organizar em sindicato. [...]

Uma forma de pressão é injetar grandes quantidades de dinheiro nas escolas charter para que diferentes grupos possam iniciar novas escolas charter. Um dos financiadores que se destaca é a fundação da família Walton, dona do Walmart e uma das mais ricas do país. Além do investimento em escolas charter, durante décadas investiram milhões tentando desviar fundos da escola pública às escolas privadas com bônus. De qualquer maneira, é importante destacar que o investimento federal, através do Programa Charter, tem superado os investimentos realizados por grandes fundações privadas. [...]

As forças privatistas têm procurado captar de diferentes maneiras uma parte significativa desse dinheiro para si. Por exemplo, através da emissão de bônus (voucher) para pagar a mensalidade em escolas privadas para crianças pobres, benefícios fiscais para quem paga escola pública, terceirização de funções tradicionalmente desempenhadas por funcionários públicos (alimentação, transporte e limpeza) e agora, também, via escolas charter.

No geral, os milionários defensores da escola charter são obcecados em criar e expandir um sistema de educação paralelo à educação pública tradicional que reflita os valores corporativos e não seja responsável publicamente frente aos país e a comunidades. Esse esforço exacerba a desigualdade de renda, uma vez que drena recursos de distritos escolares públicos e prejudica o seu sucesso. (Holmes, 2016)

A apropriação de recursos públicos geridos de forma privada, sem prestar contas desse dinheiro e baseando-se em modelos de contratação precarizados, é uma grande oportunidade de lucro para certos grupos econômicos, além de se constituir uma possibilidade de promover controle ideológico do sistema educacional via apostilamento (que já é aplicado em alguns sistemas municipais e estaduais no Brasil).

Nesse modelo, os testes padronizados passaram a ser o foco das políticas educacionais. O que é cobrado nos testes é o que será valorizado no currículo, deixando de fora outras disciplinas. Conforme destacou Freitas (2012, p. 389-390):

Um argumento muito conhecido no âmbito sistema capitalista e que significa postergar para algum futuro não próximo a real formação da juventude, retirando dela elementos de análise crítica da realidade e substituindo-se por um "conhecimento básico", um corpo de habilidade básicas de vida, suficiente para atender aos interesses das corporações e limitado a algumas áreas de aprendizagem restritas (usualmente leitura, matemática e ciências). A consequência é o estreitamento curricular focado nas disciplinas testadas [...].

A argumentação de que o básico é bom porque tem que vir em primeiro lugar é tautológica, ou seja, nos leva a acreditar que "o básico é bom porque é básico".

A pesquisadora estadunidense Diane Ravitch, ao comentar os currículos nas escolas secundárias nos Estados Unidos, usou a denominação "currículo estilo lanchonete" (Ravitch, 2011, p. 43), isto é, com variedade, mas sem profundidade. Em alguns Estados, simplesmente inexistiam currículos, apenas foco em Letramento e Matemática no ensino médio (Ravitch, 2011, p. 81). E na educação infantil, a compulsão por ir bem nos testes nessa modalidade fez com que "as crianças fossem submetidas a três horas de leitura no jardim de infância" (Ravicth, 2011, p. 83).

Ainda, os currículos de História, segundo a pesquisadora, são generalistas e "não fazem referência a evento histórico algum" (Ravitch, 2011, p. 36). Em **Língua Inglesa**, ela destacou que "poucos Estados fazem referência a um único trabalho significativo de literatura que os estudantes devem ler"; em vez disso, o foco passa a ser "como os alunos interagem com o texto", como "aplicam análise de palavras e habilidades de vocabulário", "sem refletir e pensar sobre o que valha a pena ler" (Ravitch, 2011, p. 36).

Em seu livro, Ravitch destacou que, nos Estados Unidos, escolas de bairro passaram a ser fechadas, e os estudantes tiveram de escolher onde iriam estudar a partir de uma lista prévia. As escolas passaram a ser temáticas, centradas em uma profissão ou especialidade específica, exigindo dos estudantes do 9º ano que escolhessem precocemente uma profissão ou uma especialidade. Aqui, há certa similaridade com a reforma do ensino médio no Brasil baseada na seleção de itinerários formativos. Escolas privadas passaram a receber isenções fiscais e a

> Essa necessária reflexão sobre a política dos testes padronizados, no Brasil e nos Estados Unidos, não significa negar a existência de avaliações, mas permite-nos discutir quais são as intencionalidades dessas avaliações em larga escala.

comportar estudantes oriundos do sistema público, pelo sistema de escolha escolar (vouchers).

Essa necessária reflexão sobre a política dos testes padronizados, no Brasil e nos Estados Unidos, não significa negar a existência de avaliações, mas permite-nos discutir quais são as intencionalidades dessas avaliações em larga escala.

Quais são os usos de tais avaliações? Como e por que avaliar? Ademais, é possível pensar na exigência das metas de eficácia de avaliações/testes padronizados diante de uma extrema desigualdade nas condições materiais de nosso sistema escolar?

Conforme destacamos anteriormente, as políticas aplicadas nos Estados Unidos, seguindo as diretrizes da Unesco, já são empregadas no Brasil através do Ideb. Como destacou Hypolito (2014), inúmeras prefeituras já trabalham com sistemas apostilados contratados, dispensando nas respectivas Secretarias Municipais de Educação uma estrutura de técnicos e de profissionais especialistas para dar conta do trabalho de supervisão, organização e orientação de discussões com os profissionais das escolas.

Em diversas localidades no Brasil, surgiram modelos de parcerias público-privadas, por meio das quais Estados e prefeituras passaram a contratar métodos de ensino próprios, modelos de gestão e *softwares* para se administrar a escola. Pesquisadores da educação, como Peroni (2007), Peroni, Oliveira e Fernandes (2009) e Hypolito (2014), identificaram situações nas quais instituições privadas passaram a interferir diretamente na preparação do quadro docente, por meio de **métodos** que prescrevem como o professor deve lecionar determinada aula, quando deve iniciá-la, o que ele deve ler, que tipo de exercício/prova aplicar, além da obrigatoriedade de se concluir um tema para passar ao próximo. Nesse método, se um estudante não for bem-sucedido na prova, a culpa poderá ser atribuída ao professor, que não conseguiu cumprir os conteúdos e as atividades.

Em outras regiões do Brasil, adotou-se uma estratégia de escola que não é a escola de tempo integral (com professores 40 horas). Nesse modelo, o aluno passa a ir no turno inverso, isto é, no contraturno (por exemplo, o aluno assiste às aulas pela manhã e faz as atividades extras no turno da tarde). Não é o corpo docente da escola que ministra aulas, mas sim oficineiros contratados na comunidade, com baixa remuneração e, muitas vezes, sem qualificação profissional.

A criação de referências nacionais comuns no Brasil passou a estar atrelada a um mecanismo para se aplicar as políticas dos testes padronizados. Vamos analisar, então, a incidência desse debate na discussão de uma Base Nacional Curricular Comum (BNCC).

4.5
A proposta de uma BNCC e suas intencionalidades

A proposta de criação de uma BNCC estava prevista na LDB de 1996. Porém, antes dessa data, governos estaduais e municipais, nos anos de 1980 e 1990, já haviam elaborado diretrizes curriculares em contraponto ao currículo mínimo do período da ditadura civil-militar, orientados pela n. Lei 5.692/1971.

A BNCC é uma política de Estado e envolve a articulação de diversos atores (agentes de universidades públicas e privadas, secretários de educação, indicações políticas variadas) na construção de diretrizes. Os Planos Nacionais de Educação (PNE), os Parâmetros Curriculares Nacionais (PCN) e as Diretrizes Curriculares Nacionais (DCN) foram, grosso modo, constituídos por metodologias de trabalho similares. Os documentos que resultam desses trabalhos vão ao Conselho Nacional de Educação (CNE).

Como política de Estado, o termo comum é mais amplo que apenas uma homogeneização curricular no território nacional, mas a busca pela construção de uma arena decisória implica necessariamente uma seleção, uma capacidade de se estabelecer aquilo que é ou não legítimo, vinculado a uma "lógica de enquadramento" (Meucci; Bezerra, 2014, p. 89).

O fato de a Constituição Federal de 1988 ter instituído um regime descentralizado, mas de caráter colaborativo, implica uma multiplicidade de atores e esferas relativamente autônomas. Por vezes, essa autonomia foi – e vem sendo – reivindicada por governadores e prefeitos, quando tensionam-se para a aplicação ou não de determinadas políticas públicas. Como exemplo, citamos o Parecer de 2006 do CNE, que recomendava a instituição da Sociologia e da Filosofia como obrigatória e encontrou resistência com ações judiciais do governo do Estado de São Paulo no mesmo ano. A noção de autonomia dos entes federados e das escolas descrita na LDB presume uma necessária colaboração, mas cria, também, tensionamentos com relação à elaboração de um sistema nacional de ensino.

Segundo Silva, Alves Neto e Vicente (2015), algumas críticas aos documentos oficiais do MEC (PCN e DCN) dizem respeito à adesão à já abordada pedagogia das competências e a uma concepção de ensino profissionalizante não integrada. A partir de 2003 (início do Governo Lula), o grupo do MEC responsável por reelaborar os Parâmetros Curriculares Nacionais para o Ensino Médio (PCNEM) foi formado apenas por membros de sociedades científicas, destoando do anterior envolvimento de secretários estaduais.

Os documentos (PCN e DCN) de 1996 a 2002 focavam em direitos de aprendizagem. A partir de 2011, formou-se um grupo no MEC denominado *GT de aprendizagem* que formulou uma proposta de BNCC. Em 2014, o documento do MEC passou a incorporar "direitos e objetivos de aprendizagem" (Silva; Alves Neto; Vicente, 2015, p. 336). Sobre a questão da conceituação de objetivos de aprendizagem, tal formulação passou a estar vinculada a objetivos para cada ano da educação básica.

Em 2014 e 2015, o MEC apresentou as propostas de uma BNCC. Em 2015, professores nas escolas foram chamados a enviar contribuições a uma plataforma *on-line* chamada de Consulta Pública por meio de códigos preestabelecidos por conteúdos a cada ano. Porém, a devolutiva pública dessa participação não ocorreu.

A primeira versão da BNCC de 2014 ficou amparada por docentes da Universidade Federal do Paraná (UFPR). A segunda versão, de 2015, ficou amparada no Centro de Alfabetização, Leitura e Escrita (Ceale) da Universidade Federal de Minas Gerais (UMFG), conforme registrado por Silva, Alves Neto e Vicente (2015).

Segundo o texto da proposta de BNCC de Sociologia, a organização era uma sugestão (e não obrigação); porém, diferentemente dos textos anteriores dos PCN, havia uma ordenação com discriminação por série, com os seguintes eixos:

- 1º ano: Iniciação à perspectiva sociológica – a relação entre o eu e o nós.
- 2º ano: Processos de formação de identidade pública e culturais.
- 3º ano: Compreensão das formações políticas, da democracia e da cidadania e compreensão sociológica do trabalho (Brasil, 2015a).

Em cada ano, os conteúdos das respectivas séries, os quais apresentamos a seguir, estavam descritos por um código e disponíveis para visualização na plataforma *on-line*.

No 1º ano do ensino médio:

CHSO1MOA001 Relacionar o pensamento sociológico a contextos históricos, favorecendo o questionamento crítico da realidade social.

CHSO1MOA002 Compreender os princípios que tornam uma abordagem sociológica diferente do senso comum.

CHSO1MOA003 Problematizar os fenômenos sociais de modo a desnaturalizar modos de vida, valores e condutas sociais.

CHSO1MOA004 Relacionar trajetórias individuais a condicionantes e oportunidades decorrentes das formas de organização social.

CHSO1MOA005 Problematizar processos de mudanças de diferentes instituições sociais, tais como família, igrejas e escola.

CHSO1MOA006 Reconhecer os principais marcadores sociais que constituem a diversidade cultural, tais como cor/raça, religião, região do país, entre outros.

CHSO1MOA007 Distinguir as diferentes formas de localização social, como classe social e grupo de prestígio social.

CHSO1MOA008 Identificar as principais formas de estratificação da sociedade brasileira, tais como a econômica, política, profissional ou social (classes sociais).

CHSO1MOA009 Compreender as diferentes características da desigualdade social no Brasil.

CHSO1MOA010 Problematizar as relações étnico e raciais e seus desdobramentos na estrutura desigual da sociedade brasileira. (Brasil, 2015a, p. 299-300)

No 2º ano do ensino médio:

CHSO2MOA001 Compreender as inter-relações existentes entre formas de estratificação social e identidades culturais.

CHSO2MOA002 Compreender a perspectiva socioantropológica sobre sexo, sexualidade e gênero.

CHSO2MOA003 Identificar e problematizar as diferentes formas de preconceito, discriminação, intolerância e estigma.

CHSO2MOA004 Conhecer e problematizar as ações coletivas, os movimentos sociais e as diferentes formas de manifestações sociais, diferenciando-as no tempo e no espaço como processos sociais complexos que se ligam a projetos de conservação ou de mudanças sociais e políticas.

CHSO2MOA005 Refletir a respeito dos movimentos sociais contemporâneos, tais como movimentos sociais baseados em classes sociais, como os operários e trabalhistas; movimentos sociais baseados em processos de reconhecimento identitários ou os 'novos' movimentos sociais, tais como o feminista, os que militam pela igualdade racial, pelos direitos dos homossexuais, o ambientalista, entre outros.

CHSO2MOA006 Distinguir diferentes formas de manifestação da violência no meio rural e urbano.

CHSO2MOA007 Problematizar as relações entre padrões de consumo e posições sociais. (Brasil, 2015a, p. 300)

No 3º ano do ensino médio:

CHSO3MOA001 Reconhecer as diferentes formas de exercício do poder e de dominação.

CHSO3MOA002 Compreender as possibilidades, as potencialidades e as tensões entre direitos e deveres da cidadania e suas formas de participação direta e indireta.

CHSO3MOA003 Relacionar sistemas políticos e formas de participação política e social.

CHSO3MOA004 Compreender as diferentes formas de participação da sociedade civil na construção de uma sociedade democrática.

CHSO3MOA005 Identificar as diferentes formas de organização do poder no Estado e as relações entre as esferas públicas e privadas no Estado Moderno.

CHSO3MOA006 Refletir sobre a noção de ideologia como instrumento de poder e construção social.

CHSO3MOA007 Compreender o princípio da divisão dos poderes e a organização dos sistemas partidário e eleitoral do Estado brasileiro.

CHSO3MOA008 Compreender a divisão social do trabalho e a coexistência de diferentes relações sociais de produção.

CHSO3MOA009 Problematizar a divisão de classes no modo de produção capitalista, a divisão de trabalho segundo o sexo e as implicações para as relações de gênero e a divisão de trabalho segundo cor, raça ou etnia.

CHSO3MOA010 Entender as relações entre trabalho, consumo e cidadania.
CHSO3MOA011 Problematizar a indústria cultural, as disputas entre ideologias, visões de mundo, utopias e interesses variados na produção de artefatos da cultura de massa. (Brasil, 2015a, p. 300-301)

Por meio da plataforma *on-line*, algumas sugestões de alteração de organização dos conteúdos foram enviadas por muitos profissionais – inclusive, pelo autor deste livro. Como dito anteriormente, essa participação de diversos profissionais de várias disciplinas em todos os Estados do país em 2015 não teve uma devolutiva pública – em forma de relatório ou parecer público, por exemplo –, o que nos permite formular a hipótese de que o mais importante talvez fosse, do ponto de vista do MEC, publicizar a existência de uma participação coletiva do que, de fato, acolher as sugestões.

Uma base nacional comum é desejável? Nesta seção e na anterior, destacamos as possíveis intencionalidades e usos diversos de uma BNCC. Uma base nacional comum é parte de uma política educacional que envolve outros aspectos, como financiamento, formação de professores e avaliação de políticas públicas. Mas, conforme alertado por Freitas (2012) e Ravitch (2011), na ótica de certas reformas empresariais na educação, diversas ações ficam subordinadas ao foco na avaliação, na responsabilização dos agentes escolares, em correspondentes pressões sobre escolas e professores, bem como na vinculação de salários e bonificações ao desempenho nos testes e na defesa da privatização da gestão escolar. Os desempenhos nos testes tornaram-se, então, uma das justificativas para a reforma no ensino médio.

As adoções de uma BNCC e de uma reforma do ensino médio, formuladas no Governo Dilma (2011-2016) e no Governo Temer (2016-2017), estavam e estão vinculadas a essa política de testes. Segundo Freitas

(2015b), integrantes do movimento empresarial "Compromisso Todos pela Educação" pediram urgência e celeridade na aprovação da BNCC. As críticas de possíveis intencionalidades na formulação de uma BNCC foram elencadas por Freitas (2015d) da seguinte forma:

> O que se prevê em seguida a esta base nacional informada pela política educacional dos reformadores empresariais? Acertada a base nacional, virá o ajuste das avaliações nacionais (ANA, Prova Brasil e ENEM). Em seguida, a implementação da Prova Nacional Docente e por ela, a avaliação e engessamento das instituições formadoras de professores – com provável credenciamento de professores (o de diretores já foi anunciado pelo Mec). Pressão sobre escolas, professores e alunos. Apostilamento da base nacional por sistemas de ensino de grandes corporações em escala nacional.
>
> É por isso que cada um dos objetivos de aprendizagem constantes do "Catálogo Nacional de Objetivos" ou base nacional comum, já nasce com uma sigla (por exemplo: LILP1FOA002) Esta é a sigla de um objetivo que "perseguirá" cada escola brasileira para "ver" como ela está se saindo. Cada uma destas siglas será convertida em outras amarrando a ela descritores de aprendizagem, em seguida a itens que comporão o banco nacional de itens das avaliações nacionais. Bases de dados (big data) serão construídas para registrar e acompanhar cada sala de aula em cada escola. Uma política educacional baseada em "controle" vai emergir para atormentar a vida de pais, alunos, professores e diretores. Pressão de escolarização antecipada sobre a educação infantil.
>
> Sob a batuta de uma avaliação nacional censitária que atinge todas as salas de aula, a implementação de pagamento por desempenho fica a um passo. Aqui o problema não é se vamos ou não ter avaliação: nada contra a avaliação e nada contra uma avaliação amostral que permita elaborar política pública. Tudo contra avaliações censitárias destinadas a pressionar escolas e seus profissionais. Por que? Simplesmente porque não funciona.

Por outro lado, não possuir um currículo nacional, como é o caso dos Estados Unidos, não impede que a política dos testes padronizados – ou avaliações em larga escala – paute os rumos da educação naquele país. Conforme diagnóstico de Ravitch (2011, p. 264):

> Não ter currículo, como geralmente é o caso das escolas americanas, deixa as escolas à mercê daqueles que demandam um regime de habilidades básicas e nenhum conteúdo. Não ter currículo é deixar as decisões sobre o que importa para os livros didáticos, que funcionam na prática como nosso currículo nacional. Não ter currículo no qual basear uma avaliação é apertar ainda mais o estrangulamento da responsabilização baseada em testes, testando apenas habilidades genéricas, não o conhecimento ou a compreensão.

Ou seja, o problema não está na existência ou não de um currículo nacional, o que, inclusive, consideramos desejável. A grande questão é: Qual é a intencionalidade? Nesse quesito, Ravitch (2011), Freitas (2015d), Alavarse (2014), Hypolito (2014), Schmidt, Divardim e Sobanski (2016) chegam ao mesmo diagnóstico: a política de testes culpabiliza o professor pelos fracassos educacionais, ao mesmo tempo em que se trata de um poderoso instrumento de controle, benéfico a setores empresariais que lucram com a educação e que buscam ditar seus interesses no currículo.

Síntese

Neste capítulo, buscamos analisar o sentido das reformas educacionais contemporâneas intensificadas principalmente nos anos de 1990. Partimos da constatação da desdisciplinarização que foi finalmente colocada em prática com a Lei n. 13.415/2017, para analisarmos as bases teóricas e as intencionalidades político-pedagógicas das reformas educacionais e que também impactaram a situação da Sociologia. Destacamos o discurso da chamada *pedagogia das competências*, oriundo da Unesco, e sua vinculação com perspectivas transdisciplinares e transversais. As perspectivas que orientaram a diluição da Sociologia, na verdade, foram transversais e transdisciplinares.

Consideramos que numa perspectiva transversal e transdisciplinar a epistemologia de cada ciência de referência é anulada e, mais do que isso, a própria noção de ciência esvazia-se, ao dar forma a uma pedagogia de projetos (transversalidade) ou a áreas do conhecimento (transdisciplinar) desvinculadas de uma reflexão sistematizada. Alertamos que esse movimento pedagógico que visa adotar conteúdos alternativos, baseados nas chamadas *vivências*, busca estigmatizar a ciência, generalizando-a como positivista. Sob essa ótica, recuperamos a contribuição do filósofo e educador Dermeval Saviani sobre as novas pedagogias. Identificamos no PL n. 6.840/2013 e na Lei n. 13.415/2017 pontos em comum relativos às perspectivas da pedagogia das competências por meio do discurso de um ensino médio mais atraente, voltado às vivências, com formação aligeirada e *flexibilidade*, palavra-chave em consonância com as reformas trabalhistas contemporâneas.

Localizamos no tempo a Conferência Mundial Educação Para Todos, da Unesco, em 1990, identificando-a como a grande diretriz inicial dos sentidos das reformas educacionais, envolvendo prevalência do mercado sobre o Estado e foco nos resultados. Na sequência, reconhecemos um discurso comum baseado no foco nas avaliações em larga escala e na responsabilização dos agentes escolares. Citamos, também, como esse movimento tem similaridades em outros países, além do Brasil.

Por fim, identificamos a proposta de formulação de uma Base Nacional Curricular Comum (BNCC) de Sociologia feita pelo Ministério da Educação (MEC) entre 2014 e 2015. Consideramos que o problema não está na existência ou não de um currículo nacional; a grande questão é entender quais são as verdadeiras intencionalidades.

Indicações culturais

Documentário

ESPERANDO pelo Super-Homem. Direção: Davis Guggenheim. EUA, 2010. 111 min.

Ao entrelaçar trajetórias de estudantes, educadores e famílias, esse documentário trata de uma série de deficiências do sistema de educação pública estadunidense. O longa-metragem intercala animações com a ilustração de diversos dados educacionais e permite refletirmos se a melhora da educação resume-se apenas a bons professores. O documentário apresenta as intenções de certos reformadores da educação que enxergam nos contratos coletivos de trabalho e nos sindicatos uma certa ameaça à política de premiação dos supostos bons professores e a existência de uma política de responsabilização, transferência e demissão de professores, diretores e até fechamento de escolas, realizada por burocratas educacionais do Estado. O filme também retrata os sorteios públicos de estudantes premiados para estudar em colégios-modelo (as *charter scholl*) e apresenta imagens da frustração de pais e filhos que não são premiados.

Atividades de autoavaliação

1. Sobre os pressupostos da pedagogia histórico-crítica de Dermeval Saviani, é correto afirmar:
   a) O aprendizado é autogestionário, espontâneo e voltado para uma necessidade prática, em um processo de produção que destitui o projeto educativo da burguesia.
   b) Um dos objetivos teóricos da pedagogia histórico-crítica é formar indivíduos que se adaptem às necessidades da sociedade industrial e tecnológica, visando à formação técnica especializada.
   c) Na pedagogia histórico-crítica, a escola deve deixar de ter um caráter intelectualista e buscar uma metodologia na qual os estudantes pensem por si e sejam estimulados a resolver os próprios problemas.
   d) As transformações do método tradicional para os métodos novos representam uma evolução nas concepções de educação na sociedade burguesa.
   e) A pedagogia histórico-crítica afirma que os chamados *métodos tradicionais*, ainda que criticados pela memorização e hierarquia rígidas, estavam inseridos em um contexto de transformação de súditos em cidadãos.

2. Com base nos conteúdos deste capítulo, avalie as assertivas a seguir:
   I) Durante a ditadura civil-militar, na orientação advinda da LDB n. 5.692/1971, os currículos tecnicistas defendiam um ensino baseado no desenvolvimento de habilidades básicas e profissionais, em instrução programada, testes e exercícios de completar.
   II) De acordo com Newton Duarte (2008), epistemologias relativistas fundamentaram a construção de currículos baseados no conhecimento tácito, pragmático.

III) Segundo Ocimar Alavarse (2014), o conceito de qualidade na educação deve estar focado nos resultados, expresso na mensuração de rendimentos em avaliações institucionais.

IV) Uma perspectiva interdisciplinar pressupõe a existência de disciplinas que estejam em processo de intercâmbio, visando à articulação da categoria da totalidade.

V) Conforme Saviani (2003), pedagogias crítico-reprodutivistas seriam aquelas que consideram que as escolas, nas sociedades capitalistas, têm um caráter dual: espaço de alienação e de criticidade.

Agora, marque a alternativa que apresenta as assertivas corretas:

a) III, IV e V.
b) I, II e IV.
c) I, III, IV e V.
d) II, III e V.
e) I, III e V.

3. Com base nos conteúdos deste capítulo, avalie as assertivas que seguem:

I) Críticas de muitos pesquisadores em educação ao PL n. 6.840/2013 e à Lei n. 13.415/2017 se referem ao fato de que ambos foram baseados na intenção de uma formação aligeirada, adequada a um cenário de flexibilidade de condições de trabalho exigidas pelo capitalismo.

II) O estreitamento curricular e a noção de um conhecimento básico focado em disciplinas cobradas em avaliações em larga escala são alguns diagnósticos identificados nas reformas educacionais contemporâneas.

III) As pedagogias críticas, segundo Saviani, seriam aquelas que concebem a educação como autônoma dos condicionantes sociais.

IV) Conteúdos transversais são perspectivas curriculares nas quais a totalidade e a historicidade são deslocadas, privilegiando-se o trabalho com temas.

V) Uma perspectiva transversal pode ser identificada nos macrocampos ou nas áreas que apareceram nos documentos do MEC a partir dos anos de 1990 e tomaram forma com a Lei n. 13.415/2017.

Agora, marque a alternativa que apresenta as assertivas corretas:
a) II e V.
b) I, III e IV.
c) I, II, IV e V.
d) III e V.
e) I, II e III.

4. De acordo com o conteúdo debatido neste capítulo, avalie as assertivas a seguir:

I) A diluição da Sociologia e da Filosofia em mero domínio dos conhecimentos das disciplinas ou como fonte de estudos e práticas diz respeito a perspectivas transversais e transdisciplinares.

II) Os positivistas, que eram revolucionários no século XVIII, tornaram-se defensores da ordem burguesa, de uma sociedade dirigida, governada, com base em esclarecidos, em notáveis.

III) O filósofo e pedagogo John Dewey acreditava que o conhecimento só tinha valor quando era orientado para uma ação, o que ficou conhecido como *pragmatismo* ou *concepção utilitária do saber*. Dewey defendia que a escola deixasse de ter um caráter intelectualista e buscasse uma metodologia voltada à resolução de problemas práticos.

IV) A chamada *escola nova* se estruturou pelo método expositivo, centrado na figura do professor e na aplicação de passos seguidos por professor e aluno.

v) A Conferência Mundial Educação Para Todos, da Unesco, passou a defender a ampliação do papel do Estado no financiamento da educação, com uma perspectiva focada nos requisitos de aprendizagem de conteúdos, e não mais apenas nos resultados.

Agora, marque a alternativa que apresenta as assertivas corretas:

a) I, II e V.
b) III, IV e V.
c) II, III e IV.
d) I, II e III.
e) I, IV e V.

5. Avalie as assertivas a seguir:
   I) O Pisa é um programa criado pela OCDE que visa enquadrar diversos governos ao poderoso instrumento das avaliações em larga escala e aos ranqueamentos internacionais
   II) A pesquisadora estadunidense Diane Ravitch (2011) identificou, em seu país, uma política de responsabilização e punição aos profissionais voltada ao cumprimento de metas.
   III) Por mais críticas que possam ser feitas, não há notícias de países que tenham abolido os compromissos com a Unesco e a OCDE com relação à aplicação de testes padronizados nacionais.
   IV) A proposta de criação de uma BNCC estava prevista na LDB de 1996. Porém, antes dessa data, governos estaduais e municipais, nos anos de 1980 e 1990, já tinham elaborado diretrizes curriculares em contraponto ao currículo mínimo do período da ditadura civil-militar.
   V) A Constituição Federal de 1988 instituiu um regime centralizado, representando um grande foco de tensões entre os entes federativos que reivindicavam autonomia.

Agora, assinale a alternativa que apresenta as assertivas corretas:

a) I, II e IV.
b) I, IV e V.
c) II, III e V.
d) III, e V.
e) I, II, III e V.

Atividades de aprendizagem

Questão para reflexão

1. Como mensurar a qualidade na educação? Pelos resultados ou pelos processos? Quais indicadores de qualidade na educação podemos destacar? Reflita sobre por que o foco nos resultados (os chamados *testes padronizados* ou *avaliações em larga escala*) tem sido objeto de crítica de diversos pesquisadores na educação.

Atividade aplicada: prática

1. Realize entrevistas com estudantes de pelo menos duas escolas diferentes acerca das impressões que eles têm da escola, dos conteúdos, dos professores e dos hábitos de estudos. Elabore perguntas sobre o que eles mais gostam na escola, o que não gostam, que metodologias de trabalho dos professores mais contribuem com seu aprendizado e quais são as que mais dificultam. Pergunte também sobre qual é a disciplina desses alunos em relação a horários, se eles têm hábitos de estudo e leitura fora da escola etc. Na sequência, transcreva as respostas e produza um esboço de reflexão que pode fundamentar um artigo ou até um projeto de pesquisa.

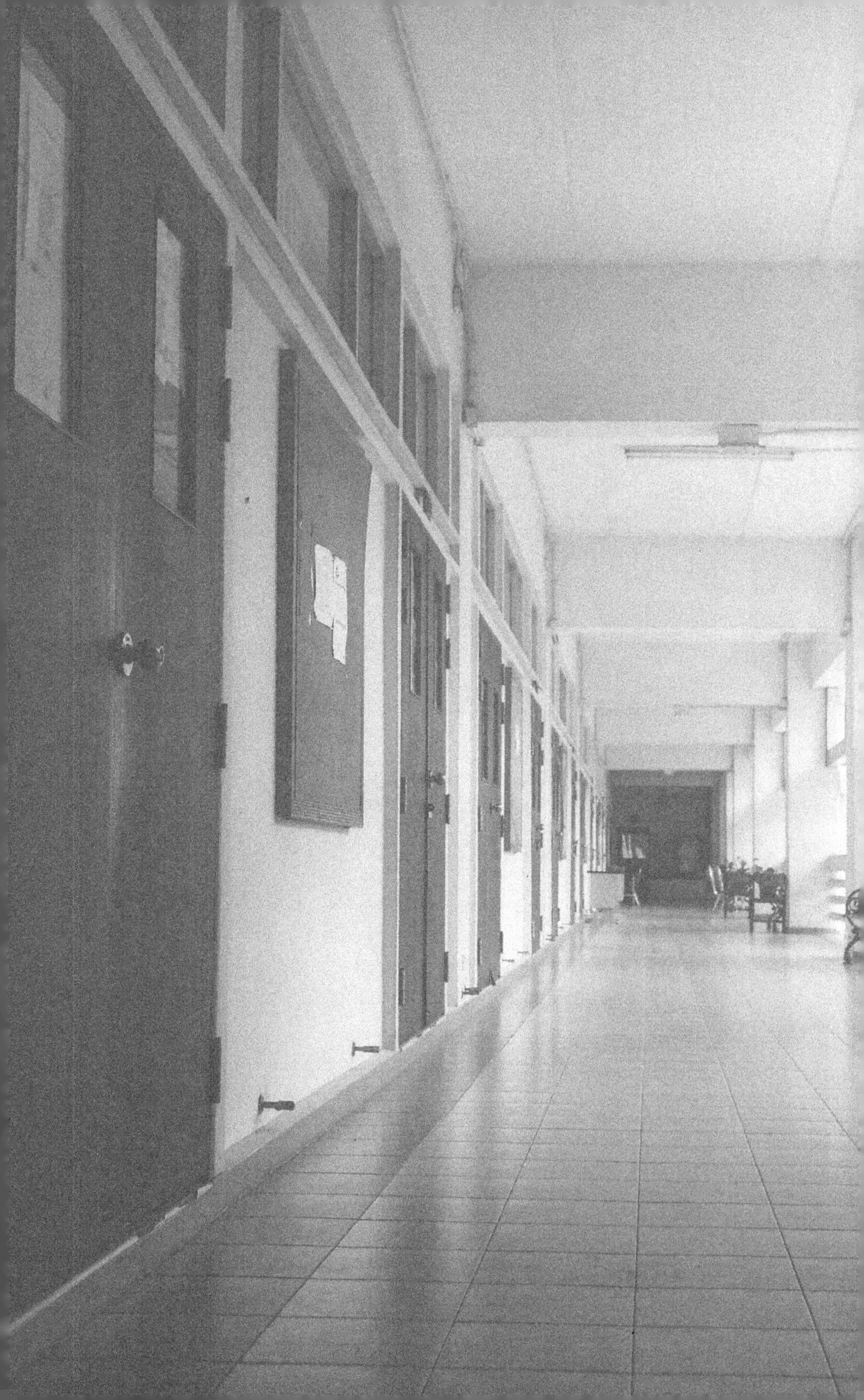

5

*Documentos
norteadores
e prática
profissional*

Neste capítulo, retomaremos alguns aspectos do debate pedagógico abordado no capítulo anterior. Faremos referência à diferentes modelos de currículo, analisaremos alguns elementos da prática profissional, como os documentos norteadores da Sociologia produzidos pelo Ministério da Educação (MEC) – Diretrizes Curriculares Nacionais (DCN), Parâmetros Curriculares Nacionais (PCN), Orientações Curriculares Nacionais (OCN) e Base Nacional Comum Curricular (BNCC) –, bem como os demais aspectos da prática profissional, como o exame Nacional do Ensino Médio (Enem), o Programa Nacional do Livro Didático (PNLD) e a articulação de conceitos, temas e teorias.

5.1
Pedagogias diretivas, não diretivas e o lugar da Sociologia

A escola não deve ser vista apenas como reprodutora de ideias ou ideologias dominantes. Ela pode ser o espaço adequado para se promover as aptidões, a criatividade e a criticidade.

A prática pedagógica implica um posicionamento político, pautado no **por que, para que** e **para quem** ensinamos. Zorzi e Kieling (2013) destacaram acertadamente que os professores devem definir, em seus planejamentos, se querem uma escola apenas para os poucos alunos que se ajustam – que têm mais facilidades em seguir adiante – ou uma escola que auxilie a todos os jovens em seus processos de desenvolvimento. Tal observação é pertinente, pois, por vezes, em sala de aula, são recorrentes posturas que sigam o raciocínio de ensinar somente para quem está a fim de aprender, pois é mais confortável estar em um ambiente em que os estudantes estão motivados. Nesse sentido, o grande desafio é buscar envolver os alunos, despertar neles a curiosidade, o interesse, o estranhamento, a desnaturalização. Isso, evidentemente, não é tarefa exclusiva do professor de Sociologia, pois deve envolver uma articulação entre os diversos agentes no interior da escola, da equipe diretiva, da equipe pedagógica, do coletivo de professores e funcionários. Tais motivações/desmotivações não devem ser pensadas de forma isolada dos condicionantes sociais objetivos presentes na realidade socioeconômica, tampouco das condições de trabalho docente.

> Zorzi e Kieling (2013) destacaram acertadamente que os professores devem definir, em seus planejamentos, se querem uma escola apenas para os poucos alunos que se ajustam – que têm mais facilidades em seguir adiante – ou uma escola que auxilie a todos os jovens em seus processos de desenvolvimento.

Destacamos, inicialmente, duas classificações utilizadas nos estudos pedagógicos: as chamadas *pedagogias diretivas* e as denominadas *pedagogias não diretivas* (Saviani, 2003; Snyders, 2001; Zorzi; Kieling, 2013).

Pedagogias diretivas, também chamadas de *tradicionais*, são aquelas pautadas pela autoridade centrada no professor, em aulas expositivas baseadas na cópia mecânica e na memorização, na espera de que as respostas dos estudantes às questões formuladas coincidam exatamente com os termos do professor ou do texto didático.

Nessa perspectiva, as avaliações são de caráter classificatório e/ou punitivo. Ou seja, o estudante demonstra – ou não – se aprendeu o conteúdo expresso por meio da mensuração da nota aferida pelo professor. O estudante é visto como uma tábula rasa à espera de conhecimentos a serem depositados. Essa concepção pedagógica foi chamada por Paulo Freire, na obra *Pedagogia do oprimido*, de *educação bancária* – em que o estudante é visto como um mero receptáculo passivo de informações. Nas palavras de Freire (1987, p. 34), na educação bancária:

a. *o educador é o que educa; os educandos, os que são educados;*

b. *o educador é que sabe; os educandos, os que nada sabem;*

c. *o educador é o que pensa; os educandos, os pensados;*

d. *o educador é o que diz a palavra; os educandos, os que a escutam docilmente;*

e. *o educador é o que disciplina; os educandos, os disciplinados;*

f. *o educador é o que opta e prescreve sua opção; os educandos, os que seguem a prescrição;*

g. *o educador é o que atua; os educandos, os que têm a ilusão de que atuam, na atuação do educador;*

h. *o educador escolhe o conteúdo programático; os educandos, jamais ouvidos nessa escolha, se acomodam a ele;*

i. o educador identifica a autoridade do saber com sua autoridade funcional, que opõe antagonicamente à liberdade dos educandos; estes devem adaptar-se às determinações daquele;

j. o educador, finalmente, é o sujeito do processo; os educandos, meros objetos.

Tal concepção é caracterizada por um adestramento e pela formação de corpos dóceis, para retomarmos a caracterização de Foucault (2009a) sobre os processos disciplinares em diversas instituições, como discutimos também no Capítulo 2.

Paulo Freire (1979, 1987) foi um dos principais teóricos na pedagogia que criticou tal perspectiva, que desconsidera os conhecimentos prévios trazidos por cada estudante e suas respectivas visões de mundo. O autor destacou que a leitura de mundo de cada um antecede uma leitura crítica, conceitual e científica. Para Freire (1987, p. 36-37), a educação bancária poderia ser identificada em "aulas verbalistas, nos métodos de avaliação dos 'conhecimentos', no chamado 'controle de leitura', na distância entre o educador e os educandos, nos critérios de promoção, na indicação bibliográfica, em tudo, há, sempre a conotação 'digestiva' e a proibição ao pensar verdadeiro".

> Paulo Freire (1921-1997), pernambucano de Recife, entrou na Universidade do Recife em 1943 para cursar Direito, mas nunca exerceu a profissão. Preferiu lecionar Língua Portuguesa numa escola de segundo grau. Exerceu cargos na Administração Pública em Pernambuco e na Universidade do Recife. Nos anos de 1960, empenhou-se em construir um método inovador de alfabetização de adultos em um curto espaço de tempo. Sob essa ótica, o então Presidente João Goulart criou um Plano Nacional de Alfabetização incentivando a multiplicação de 20 mil círculos de cultura baseados no método de Paulo Freire. Após o golpe de 1964, foi preso como

traidor por 70 dias e exilado na Bolívia e no Chile, onde trabalhou para a Organização das Nações Unidas para a Alimentação e a Agricultura (FAO). Passou por Suíça, Guiné-Bissau e Moçambique assessorando reformas educacionais e como consultor do Conselho Mundial de Igrejas. Também foi convidado a lecionar nos Estados Unidos, em Harvard e Cambridge. Retornou ao Brasil em 1980 e integrou-se ao PT. Foi Secretário Municipal da Educação, em São Paulo, na gestão de Luiza Erundina (1989-1991). Paulo Freire propunha uma prática de sala de aula que pudesse desenvolver a criticidade dos estudantes. O pedagogo condenava o ensino oferecido pela ampla maioria das escolas, que ele qualificou de *educação bancária*. Nesse modelo, segundo Freire, o professor age como quem deposita conhecimento num estudante que se comporta apenas de maneira receptiva, dócil. Freire defendia uma escola que despertasse a consciência dos oprimidos, que produzisse inquietações aos estudantes. Para ele, não havia hierarquização no saber, portanto, a cultura do estudante deveria ser valorizada pelo professor, e este não deveria ter um papel somente de transmissor. Paulo Freire escreveu mais de 20 livros como único autor e outros 13 em coautoria. Entre os mais importantes, estão: *Educação como prática da liberdade* (1967); *Pedagogia do oprimido* (1970); *Os cristãos e a libertação dos oprimidos* (1978); *Educação e mudança* (1979); *Ideologia e educação: reflexões sobre a não neutralidade da educação* (1981); e *Pedagogia da autonomia: saberes necessários à prática educativa* (1996). Para Freire, uma educação requer de forma permanente: o cultivo da curiosidade; práticas horizontais entre professor-estudante mediadas pelo diálogo (que ele chamou de *método dialógico*); a leitura do mundo e a problematização desse mundo; a ampliação do conhecimento que cada um detém sobre o mundo problematizado;

> a interligação dos conteúdos apreendidos; o compartilhamento do mundo conhecido pelo processo de construção e reconstrução do conhecimento.

As pedagogias não diretivas são aquelas pautadas por uma visão segundo a qual o estudante aprende por si mesmo, em que o papel do professor é visto como o de um facilitador, mediador, e as aulas expositivas são deslocadas. Nessa perspectiva, a avaliação torna-se autoavaliação, e a pesquisa, individual ou em grupo, passa a ser incentivada como método de ensino. Tal perspectiva, porém, parte de uma visão individual, em que cabe exclusivamente ao estudante a responsabilidade do aprendizado. Tal perspectiva pedagógica não diretiva considera que os estudantes, *a priori*, possuem capacidades inatas de desenvolvimento.

Dermeval Saviani (2003), no livro *Escola e democracia*, destacou as diferenças entre as pedagogias chamadas de *tradicionais*, dos séculos XVIII e XIX, e as novas pedagogias (escolanovistas, construtivistas), do século XX, bem como entre as pedagogias não críticas e as pedagogias críticas.

O primeiro grupo, de **pedagogias não críticas**, que abrange as liberais tradicionais (Herbart), as pragmáticas-tecnicistas (John Dewey) e as liberais progressistas (construtivistas), seria caracterizado por conceber a educação como autônoma dos condicionantes sociais objetivos – por isso, não críticas. O segundo grupo, de **pedagogias críticas**, seria formado por correntes pedagógicas que identificam a determinação de elementos sociais e composta por correntes libertárias, progressistas e histórico-críticas. As vertentes de Bourdieu-Passeron, Althusser e Baudelot-Establet, por exemplo, seriam

> Tal perspectiva pedagógica não diretiva considera que os estudantes, *a priori*, possuem capacidades inatas de desenvolvimento.

consideradas críticas por identificarem a escola como reprodutora da sociedade capitalista, compreendendo a existência de um modelo escolar dualista, segregador de classes sociais. Como destacado nos capítulos anteriores, uma visão negativa da escola – como se o conhecimento científico sistematizado na escola alienasse a criatividade dos estudantes – é abordada tanto por perspectivas não críticas quanto pelas teorias críticas.

Saviani (2003, p. 67, grifo nosso) abordou as críticas escolanovistas às pedagogias tradicionais/diretivas da seguinte forma:

*A crítica escolanovista atingiu não tanto o método tradicional, mas a forma como esse método se cristalizou na prática pedagógica, tornando-se mecânico, repetitivo, desvinculado das razões e finalidades que o justificavam. [...] as críticas da Escola Nova atingiram o método tradicional não em si mesmo, mas em sua aplicação mecânica cristalizada na rotina burocrática do funcionamento das escolas. [...] Nesse sentido cumpre constatar que as críticas, ainda que procedentes, tiveram [...] o efeito de aprimorar a educação das elites e esvaziar ainda mais a educação das massas. Isso porque, realizando-se em poucas escolas, exatamente naquelas frequentadas pelas elites, a propostas escolanovista contribuiu para o aprimoramento do nível educacional da classe dominante. Entretanto, ao estender sua influência em termos de ideário pedagógico às escolas da rede oficial, [...] a Escola Nova contribuiu, pelo afrouxamento da disciplina e pela **secundarização** da transmissão de conhecimentos, para desorganizar o ensino nas referidas escolas.*

Ainda de acordo com Saviani (2003), a escola chamada de *tradicional* – com autoridade centrada no professor (pedagogia diretiva), transmissão mecânica de conteúdos baseados na memorização excessiva pelos alunos e descontextualizados da prática social dos estudantes – foi duramente criticada por diversas pedagogias no século XX, as quais o autor nomeou de *escolanovistas*.

Uma escola de caráter não diretivo, que buscasse métodos pedagógicos alternativos, deslocando a autoridade do professor, pode obter bons resultados quando é aplicada em colégios com maior jornada escolar (escolas de tempo integral), com currículos diversificados, equipados com diversos materiais pedagógicos e um número menor de estudantes por classe.

Na maioria das escolas públicas do Brasil, tais condições são quase inexistentes, diante da precarização do trabalho docente (salas de aula com muitos alunos, grande quantidade de turmas por professor, inexistência de dedicação exclusiva, pouco tempo para planejamento e correções – conhecida como *hora-atividade* –, além de baixos salários), dos escassos recursos destinados às escolas e da violência escolar.

Entretanto, a narrativa de afrouxamento dos conteúdos em nome de uma escola supostamente mais atraente pode produzir um modelo de educação dual: nas escolas que não têm estrutura e condições de trabalho adequadas, corre-se o risco de se produzir uma escola de formação rebaixada ou aligeirada; por outro lado, em escolas com estrutura, diversificação curricular e condições de trabalho docentes mais adequadas, métodos pedagógicos alternativos ao tradicional têm mais chances de obterem êxito.

A precisa observação de Saviani (2003), referente à secundarização da transmissão de conhecimentos em nome de um ensino mais voltado às vivências práticas, teve impacto em diversas reformas educacionais no Brasil – da LDB n. 5.692/1971, de viés tecnicista, ao Projeto de Lei (PL) n. 6.840, de 27 de novembro de 2013 (Brasil, 2013), e à Lei n. 13.415, de 16 de fevereiro de 2017 (Brasil, 2017). Os métodos escolanovistas tiveram o mérito de criticar as insuficiências dos métodos tradicionais. Mas, diante do que Saviani (2003) chamou de *elitização dos métodos novos*, surgiram variantes da Escola Nova, mas com um viés mais popular, como as correntes de Paulo Freire, no Brasil, ou Célestin Freinet (1896-1966), na França.

Paulo Freire, que identificava a educação hegemônica como uma educação bancária, adotou um método chamado de *dialógico*. Ou seja, numa educação libertadora, em que não haveria hierarquia entre professor e estudante, baseada na colocação de problemas a partir de temas geradores, buscar-se-ia interligar a leitura de mundo e as vivências de cada indivíduo com o conhecimento mais amplo.

Esses temas geradores, segundo Freire (1987), surgiriam do diálogo do professor com as pessoas (as quais o autor identifica por meio de operários e camponeses), mediante uma metodologia de investigação temática a partir da realidade do educando. Assim, os alunos veriam objetivamente o mundo, visando à consciência crítica de seu entorno. Esse processo seria possível ao se estimular os educandos a buscarem métodos de investigação dos problemas, com base nos temas.

> Freire buscava partir do contexto do trabalhador do campo ou da cidade, trazendo-o para um debate conceitual e político, visando uma educação que ele chamou de *libertadora*, contra a opressão, em defesa dos oprimidos e da superação da referida condição.

É importante destacar que Freire iniciou a elaboração de sua teoria em um contexto, nos anos de 1950, em que a maioria da população brasileira era analfabeta. Seu método de alfabetização de adultos produziu grandes resultados em pouco tempo, despertando a atenção de diversos governos, como o de João Goulart (1961-1964), que criou um Plano Nacional de Alfabetização.

Freire buscava partir do contexto do trabalhador do campo ou da cidade, trazendo-o para um debate conceitual e político, visando uma educação que ele chamou de *libertadora*, contra a opressão, em defesa dos oprimidos e da superação da referida condição. O pedagogo pernambucano não teorizou sua concepção de educação voltada para a educação formal, mas sim para uma educação informal, que ele chamou de *popular*, dos movimentos sociais, fora da escola. Segundo Bauer (2008), Freire postulava um humanismo engajado, isto é, o ser humano teria uma vocação ontológica para humanizar o mundo, reconhecendo a educação como ato político voltado para a práxis transformadora, em que o diálogo (dialógica) seria o elemento metodológico visando à problematização e à libertação.

Entre Paulo Freire (escola nova popular) e Dermeval Saviani (pedagogia histórico-crítica), dois dos grandes pedagogos brasileiros e formuladores de importantes tradições teóricas na educação, há similaridades no que diz respeito ao papel dos condicionantes sociais objetivos na sociedade, à identificação de conteúdos desligados de uma prática reflexiva e crítico-social e à necessidade de uma educação voltada à transformação social.

O maior distanciamento entre as duas teorias é o fato de que uma ressalta que há diferença entre os níveis de compreensão de estudantes e professores (Saviani), enquanto a outra reputa que essa suposta diferenciação transforma os educandos em objetos pacientes, ouvintes (Freire).

Uma importante crítica à visão não diretiva é que, conforme essa perspectiva, uma – suposta – passividade das camadas populares, portadoras de uma bagagem cultural (ou capital cultural) que tornaria a escola ininteligível a tais grupos, reforça uma visão ou tradição de uma escola vista de forma negativa, unilateral e que negaria o próprio papel de transmitir o conhecimento histórico-científico-filosófico sistematizado, em uma negação do ensino abstrato, teórico (Saviani, 2003; Bezerra, 2015; Duarte, 2005; 2008).

Uma terceira perspectiva, além dos métodos tradicional e escolanovista-construtivista, envolve pensarmos uma pedagogia voltada para a autonomia e a criticidade.

Com base em realidades individualizadas e fragmentadas trazidas pelos estudantes para a sala de aula, nós, professores, devemos fazer as conexões com a totalidade. Ou seja, como já comentamos, os alunos entram na escola com uma visão sincrética para adquirirem, com o passar dos anos, uma visão sintética. Logo, o ponto de partida é o concreto, a realidade sensível, e o ponto de chegada é o conhecimento, a reconstrução do concreto. Como produto da história, a educação tem o papel de permitir que as novas gerações se apropriem da riqueza cultural acumulada pela humanidade ao longo do tempo e sistematizada na escola.

> De acordo com Snyders (2001), a educação sempre será uma escolha: escolhemos orientar os alunos, bem como quais serão os conteúdos e valores propostos. Logo, não existe uma concepção neutra na educação, pois toda ação pedagógica tem uma intencionalidade e, portanto, uma concepção de ser humano, de educação e de sociedade.

A análise da transmissão do conhecimento deve levar em conta não somente o **como**, mas também **o que** e **o quanto** se ensina. Não basta ao professor ter o saber. É necessário que ele seja capaz de reconhecer o contexto no qual e a partir do qual uma mensagem está sendo transmitida. De acordo com Caporalini (2004), procurar despertar o interesse dos alunos para um tema – seja falando sobre o autor, discutindo e questionando sobre a importância e a atualidade do assunto ou, ainda, comparando-o com as experiências pessoais dos estudantes – é uma maneira de fazê-los se conscientizarem de que o exercício/a atividade sobre um material escrito não objetiva o guardar ou o memorizar, mas sim o compreender e o criticar.

A relação professor-estudante deve ser uma relação estimulante, em que o professor deve assumir uma posição de orientador de sua evolução. De acordo com Snyders (2001), a educação sempre será uma escolha: escolhemos orientar os alunos, bem como quais serão os conteúdos e valores propostos. Logo, não existe uma concepção neutra na educação, pois toda ação pedagógica tem uma intencionalidade e, portanto, uma concepção de ser humano, de educação e de sociedade. O **ensinar a ensinar** não pode significar apenas o aspecto técnico da metodologia do ensino; está ligado à **dimensão política da educação**, como destacado por Saviani (2003).

Conforme destacado por Silva (2010, p. 33): "o professor deve ser um intelectual e produtor de saberes sobre sua prática, sua escola, seus alunos e sua disciplina". Todo ato educativo envolve uma relação em que o educador está a serviço do educando, e o trabalho desenvolvido nas escolas pode – e deve – propiciar a reflexão sobre a democratização da sociedade em seus diferentes níveis e espaços de poder.

Diversamente de uma perspectiva das pedagogias não diretivas, que deslocam o papel do professor em nome da absoluta individualização do processo de aprendizagem dos estudantes, uma perspectiva autônoma e crítica deve frisar que o ato educativo implica a passagem da desigualdade à igualdade no acesso ao conhecimento historicamente produzido pela humanidade. Ou seja, trata-se de considerar os diferentes pontos de partida dos estudantes em diferentes realidades socioeconômicas e culturais, mas cujo fim último deve ser o mesmo. Segundo Saviani (2013, p. 69), essa atividade docente deve se basear em métodos que

> *estimularão a atividade e iniciativa dos alunos sem abrir mão, porém, da iniciativa do professor; favorecerão o diálogo dos alunos entre si e com o professor, mas sem deixar de valorizar o diálogo com a cultura acumulada historicamente; levarão em conta os interesses dos alunos, os ritmos de aprendizagem e o desenvolvimento*

psicológico, mas sem perder de vista a sistematização lógica dos conhecimentos, sua ordenação e gradação para efeitos do processo de transmissão dos conteúdos cognitivos.

É aí que a Sociologia na educação básica cumpre um papel importante. Ela deve partir da superação do senso comum, mas pressupondo, como ponto de partida, um estranhamento de situações já consagradas como óbvias, familiares e naturais.

Segundo Moraes (2010, p. 48):

> É contribuição das Ciências Sociais, como a disciplina de Sociologia para o nível médio, propiciar aos jovens o exame de situações que fazem parte de seu dia a dia, imbuídos de uma postura crítica e investigativa. É sua tarefa desnaturalizar os fenômenos sociais, mediante o compromisso de examinar a realidade para além de sua aparência imediata, informada pelas regras inconscientes da cultura e do senso comum. Despertar no aluno a sensibilidade de perceber o mundo à sua volta como resultado da atividade humana e, por isso mesmo, passível de ser modificado, deve ser a tarefa de todo professor.

A importância da Sociologia na educação básica pode ser entendida então como a necessidade de se partir de um estranhamento da realidade social, visando o que podemos chamar de *desnaturalização dos fenômenos sociais*. Retomamos aqui a conceituação de imaginação sociológica, de Charles Wright Mills, visto no Capítulo 2, a respeito da abordagem metodológica que o ensino-aprendizagem de Sociologia pode propiciar. A problematização feita pelo citado sociólogo estadunidense sobre a necessidade de se considerar a experiência, fruto dos processos de socialização realizados pelo indivíduo, torna-se o ponto de partida metodológico para problematizar com os estudantes as conexões mais amplas (a totalidade) entre os aspectos biográficos de cada um e os processos sociais a serem apreendidos pelo acúmulo do conhecimento histórico, científico e filosófico sistematizado.

Com relação à perspectiva de se partir dos conhecimentos prévios dos estudantes e da experiência imediata ao estranhamento, visando a desnaturalização de certas relações e representações sociais, destacamos que tal procedimento ocorre no âmbito metodológico, e não no epistemológico. Esse destaque é necessário pois, conforme mencionado nos capítulos anteriores, em nome de um ensino mais atraente, voltado para aspectos práticos, imediatos e socioemocionais, certas políticas educacionais inspiradas por epistemologias relativistas passaram a advogar pela desdisciplinarização, por um esvaziamento das ciências de referência, vistas como ininteligíveis aos estudantes de bagagens culturais de menor acesso (Duarte, 2008).

De acordo com Silva (2007), podemos identificar quatro modelos de currículos que vêm se sucedendo nas reformas educacionais no Brasil, os quais estão reproduzidos no Quadro 5.1, a seguir.

Quadro 5.1 – *Modelos curriculares nas reformas educacionais no Brasil*

Modelos/ Ensino	Currículo Clássico-Científico	Currículo Regionalizado Tecnicista	Currículo Regionalizado Competências	Currículo Científico
	Conteúdos científicos Pesquisa de campo, experiências práticas	Ideologização Afastamento dos conteúdos científicos Memorização	Regionalização dos conteúdos, tecnologias de motivação e criação de autoestima	Conteúdos fundamentais na ciência e no trabalho. Para desenvolvimento social, econômico e político

(continua)

(Quadro 5.1 - conclusão)

Modelos/Ensino	Currículo Clássico-Científico	Currículo Regionalizado Tecnicista	Currículo Regionalizado Competências	Currículo Científico
	Manuais traduzidos ou escritos por pensadores brasileiros Consagrados	Livros didáticos de estudos sociais e de educação moral e cívica/ escritos por pessoas sem formação na área	Livros didáticos e paradidáticos modernos, escritos por *experts* de cada assunto	Livros didáticos de ciências sociais Precisam ser elaborados
	Construção da modernidade e da nação	Desenvolvimento econômico, da nação e do civismo	Modernização na globalização Inserção do país na economia mundial	Construção de um socialismo democrático, baseado nas classes populares Ou democracia republicana
	Formação da elite capaz de liderar o país	Formação do capital humano, treinamento de mão de obra	Formação do empreendedor	Formação do ser humano omnilateral ou cidadão Transcende o imediato

Fonte: Silva, 2007, p. 410.

O currículo clássico-científico esteve vinculado a um modelo de escola dual, a uma concepção de educação elitista, a um modelo educacional com raízes no período colonial-imperial, passando pela Reforma Capanema de 1942, que estabeleceu a divisão clássico-científico como preparatório para o vestibular (propedêutico) para escolas de elite e um ensino voltado ao trabalho para os filhos da classe trabalhadora – o que vigorou até 1971.

O currículo tecnicista com a profissionalização obrigatória e a redução de cargas horárias de caráter humanista podem ser localizados na LDB n. 5.692/1971, elaborada durante o regime militar. Segundo Silva (2007, p. 412-413, grifo do original), os currículos do 1º e 2º graus eram agrupados de acordo com áreas de aplicabilidade tecnológica imediata:

> Assim, o aluno não precisaria mais aprender literatura, mas, sim Comunicação e Expressão, a partir do ensino das regras da gramática. Os alunos não precisariam aprender os fundamentos da Física, a dinâmica, a quântica, mas, somente algumas fórmulas que seriam utilizadas na elaboração de alguma tarefa básica da contabilidade, da construção civil etc. O mesmo valendo para todas as outras disciplinas e áreas de conhecimento. Os livros didáticos demonstram o esvaziamento científico que se oficializou nas escolas. Os estudos por **instrução programada**, os **testes** e os **exercícios de completar**.

O modelo de currículo organizado por competências veio ganhando força nas décadas de 1990 e 2000, no contexto das reformas educacionais pautadas por interesses empresariais, conforme expresso na recente reforma do ensino médio (Lei n. 13.415/2017).

O currículo científico (disciplinar) pode ser identificado em tradições pedagógicas republicanas e socialistas, expressas em certos movimentos, a exemplo dos princípios do *Manifesto dos pioneiros da educação nova*, de 1932, e das pedagogias críticas – nos termos definidos por Saviani –, e que podemos localizar nos debates educacionais que ganharam força a partir dos anos de 1980 em oposição ao ensino tecnicista do regime militar.

A seguir, apresentamos o Quadro 5.2, a respeito da inserção da Sociologia nos diferentes modelos de currículo.

Quadro 5.2 – A Sociologia em diferentes modelos de currículo

Modelos/ Tipos	Currículo Clássico-científico	Currículo regionalizado Tecnicista	Currículo regionalizado Competências	Currículo Científico
Escola	Liberal Republicana e Dual	Liberal Autoritária Profissionalização obrigatória	Neoliberal Pluralista flexível Fragmentada e Diversificada	Liberal republicana ou Escola unitária (socialista)
Ensino médio	Livresco Elitista Dual	Tecnicista Desvaloriza as disciplinas tradicionais Formação para o imediato	Generalista Desvaloriza as disciplinas tradicionais Formação para o imediato Empregabilidade Adaptabilidade	Formação Integrada Valoriza as disciplinas, as ciências, Transcende o imediato
Sociologia	Curso normal; Aspirantes ao ensino superior	Não há espaço É transformada em estudos sociais, moral e cívica OSPB	Temas transversais Conteúdos variados Em outras disciplinas ou módulos	Disciplina científica

Fonte: Silva, 2007, p. 409.

No modelo de currículo clássico-científico, a Sociologia estava vinculada a um ideal de civismo-redentorismo quando da produção dos primeiros manuais de Sociologia, entre os anos de 1930 e 1950.

Após a Reforma Capanema, passando pela LDB n. 4.024/1961, a Sociologia passou a existir apenas em currículos optativos, e durante o regime militar as disciplinas que ocupavam um lugar que poderia ser o da Sociologia eram voltadas ao civismo, como Educação Moral e Cívica e Organização Social e Política Brasileira (OSPB).

Nesse sentido, o currículo organizado por competências, conforme analisado nos capítulos 3 e 4, baseado na diluição das ciências de referência, pode ser localizado em movimentações dos anos 1990 em diante. O chamado *currículo científico* seria voltado à formação para o trabalho, a cidadania e a criticidade. Um modelo de currículo com essa intenção pode ser identificado nos debates e engajamentos de intelectuais a favor da Sociologia na educação básica nos anos de 1940 e 1950 – a exemplo de Florestan Fernandes e Luiz Costa Pinto –, bem como nos debates pedagógicos realizados na década de 1980 em oposição ao tecnicismo da ditadura militar, nas movimentações que resultaram na aprovação das OCN de Sociologia, de 2006, e na Lei n. 11.684, de 2 de junho de 2008 (Brasil, 2008), em favor da sociologia disciplinar como ciência de referência.

5.2
Diretrizes, Parâmetros e Orientações Curriculares Nacionais de Sociologia

Os *Parâmetros Curriculares* Nacionais (PCN) foram criados em 1997, no governo de Fernando Henrique Cardoso, por meio do Parecer do CNE/CEB n. 3/1997, inicialmente apenas para o ensino fundamental. Os PCN de 1997 eram voltados ao ensino fundamental e organizavam-se em blocos de conteúdos disciplinares (Língua Portuguesa, Matemática, Ciências Naturais, Geografia, História, Arte, Educação Física e Língua Estrangeira Moderna) e temas transversais (pluralidade, meio ambiente, saúde, orientação sexual, trabalho e consumo, temas locais).

Em 2006, o governo federal, na gestão de Lula, deu forma às OCN, sobre as quais falaremos adiante.

Os PCN e depois as OCN foram apresentados como não obrigatórios, mas passaram a servir de fundamentação para o Sistema de Avaliação da Educação Básica (Saeb), bem como para a elaboração do Enem, dos materiais didáticos do PNLD e de demais programas de formação de professores.

Conforme destacado por Silva, Alves Neto e Vicente (2015), os documentos (PCN e DCN), de 1997 em diante, focavam em direitos de aprendizagem em detrimento de objetivos de ensino. Em 2014, no contexto da formulação da proposta de uma BNCC, o MEC passou a incorporar direitos e objetivos de aprendizagem.

Segundo Fank (2007), a noção de objetivos de aprendizagem está vinculada à priorização de metas, dissociando ensino de aprendizagem, na qual os conteúdos são deslocados para a formação de competências. Porém, os PCN mantinham uma organização em blocos de conteúdos de forma disciplinar, simultânea à orientação baseada nas competências e à aparição de temas transversais. Os conteúdos disciplinares passavam a conviver com perspectivas focadas não em conteúdos, mas em metas.

Em 1º de junho de 1998, foi publicado o Parecer CEB n. 15 (Brasil, 1998), que definiu as Diretrizes Curriculares Nacionais (DCN) do ensino médio e criou os PCNEM (os PCN voltados ao ensino médio, antes restritos ao ensino fundamental). Os referenciais epistemológicos do referido Parecer estavam pautados em deslocar um ensino baseado na apreensão de conteúdos sistematizados, de caráter teórico, para um ensino voltado às vivências de cada um:

> *a formação básica a ser buscada no ensino médio se realizará mais pela constituição de competências, habilidades e disposições de condutas do que pela quantidade de informação. Aprender a aprender e a pensar, a relacionar o conhecimento com dados da experiência cotidiana, a dar significado ao aprendido e a captar o significado do*

mundo, a fazer a ponte entre teoria e prática, a fundamentar a crítica, a argumentar com base em fatos, a lidar com o sentimento que a aprendizagem desperta.

Uma organização curricular que responda a esses desafios requer:
- *desbastar o currículo enciclopédico, congestionado de informações, priorizando conhecimentos e competências de tipo geral, que são pré requisito tanto para a inserção profissional mais precoce quanto para a continuidade de estudos, entre as quais se destaca a capacidade de continuar aprendendo; [...]* (Brasil, 1998, p. 37)

Segundo Fank (2007, p. 11, grifo do original):

As Diretrizes, neste sentido, se lançam para um ataque contundente contra os conteúdos de ensino, uma vez que, segundo o documento em questão, eles respondem a uma concepção tradicional, mecanicista e reprodutora de ensino que trata o conhecimento de forma fragmentada e descontextualizada. Em nome de uma "concepção crítica" de educação, no lugar de ensinar conteúdos, o documento apresenta a proposta "inovadora" de desenvolver **competências**.

Quando surgiu o PCNEM, houve uma nova formatação baseada em três áreas do conhecimento: linguagens, códigos e suas tecnologias; ciências da natureza, matemática e suas tecnologias; ciências humanas e suas tecnologias.

Os documentos do MEC, apoiando-se em orientações de organismos multilaterais, expressavam concepções diversas, nas quais os conteúdos disciplinares (que permaneciam organizados dessa forma na ampla maioria das escolas do Brasil) passavam a conviver com perspectivas focadas em metas, conforme destacado no Capítulo 4, com a proposta de uma BNCC organizada por códigos para cada conteúdo em cada série. Foi apenas em 2013, com o PL n. 6.840/2013 e, depois, com a nova lei do ensino médio (Lei n. 13.415/2017), que a concepção disciplinar foi secundarizada.

Faremos agora uma referência aos PCN de Sociologia. Os PCN de Ciências Humanas (PCNCH) foram publicados em 2000, quando da ampliação dos parâmetros antes restritos apenas ao ensino fundamental. O PCNCH era dividido em quatro partes e três áreas: Parte I – Bases Legais; Parte II – Linguagens, Códigos e suas Tecnologias; Parte III – Ciências da Natureza, Matemática e suas Tecnologias; Parte IV – Ciências Humanas e suas Tecnologias. A referência à Sociologia aparecia na quarta parte, ao lado de História, Geografia e Filosofia.

Os PCNCH de Sociologia buscavam descrever diversas possibilidades de se trabalhar conteúdos dessa disciplina, apresentados no documento em negrito, mas sem detalhá-los. Os conteúdos destacados em negrito no texto eram os seguintes (Brasil, 2000, p. 36-42):

- influência da ação individual sobre os processos sociais;
- manutenção da ordem ou, por outro lado, a mudança social;
- a família e o Estado;
- a problematização da categoria trabalho;
- senso comum;
- ciência da sociedade;
- socialização total;
- rede de relações sociais;
- interação social;
- sistemas sociais;
- castas, estamentos e classes sociais;
- exclusão;
- concentração;
- estrutura;
- normas e padrões;
- processo de socialização;
- fatos sociais;
- cultura;
- observação participante;

- diversidade;
- cidadania plena;
- sociedades complexas;
- experiências culturais;
- rede de relações;
- papéis sociais;
- identidades sociais;
- ideologia;
- indústria cultural;
- meios de comunicação de massa;
- alienação;
- conscientização;
- vida social;
- linguagem;
- comunicação e interação;
- sentido;
- instituição social;
- fato social;
- política;
- relações de poder;
- Estado;
- sistemas econômicos;
- soberania;
- estrutura de funcionamento;
- sistemas de poder;
- formas de governo;
- regimes políticos;
- público e privado;

- centralização e descentralização do poder;
- democracia;
- legalidade;
- legitimidade;
- direitos do cidadão;
- formas de participação;
- movimentos sociais;
- Poder Público;
- cotidiano;
- objetivação;
- subjetivação.

O documento PCN+ Sociologia buscava detalhar os eixos, temas e subtemas e era dividido em quatro partes:

1. Na primeira parte, havia uma apresentação dos conceitos estruturadores da Sociologia (cidadania, trabalho e cultura).
2. Na segunda parte, apresentou-se o significado das competências específicas da disciplina.
3. Na terceira parte, havia uma breve referência aos conceitos estruturadores dos PCN, com as competências específicas da Sociologia.
4. Na quarta parte, constava uma sugestão em organização de eixos, temas e subtemas.

O mesmo documento indicava os conceitos de cidadania, trabalho e cultura como estruturadores da disciplina e apresentava quatro eixos (indivíduo e sociedade; cultura e sociedade; trabalho e sociedade; política e sociedade), temas e subtemas, conforme representado a seguir, no Quadro 5.3.

Quadro 5.3 – *Eixos do componente curricular Sociologia*

Eixo: Indivíduo e sociedade

Temas	Subtemas
As Ciências Sociais e o cotidiano	Relação indivíduo-sociedade Sociedades, comunidades e grupos
Sociologia como ciência da sociedade	Conhecimento científico *versus* senso comum Ciência e educação
As instituições sociais e o processo de socialização	Família, escola, igreja, justiça Socialização e outros processos sociais
Mudança social e cidadania	Estruturas políticas Democracia participativa

Eixo: Cultura e sociedade

Temas	Subtemas
Culturas e sociedade	Cultura e ideologia Valores culturais brasileiros
Cultura erudita e popular e indústria cultural	Relações entre cultura erudita e cultura popular Indústria cultural no Brasil
Cultura e contracultura	Relações entre educação e cultura Movimentos da contracultura
Consumo, alienação e cidadania	Relações entre consumo e alienação Conscientização e cidadania

Eixo: Trabalho e sociedade

Temas	Subtemas
A organização do trabalho	Os modos de produção ao longo da história O trabalho no Brasil
O trabalho e as desigualdades sociais	Formas de desigualdades Desigualdades sociais no Brasil
O trabalho e o lazer	O trabalho nas sociedades utópicas Trabalho, ócio e lazer na sociedade pós-industrial
Trabalho e mobilidade social	Mercado de trabalho, emprego e subemprego Profissionalização e ascensão social

Eixo: Política e sociedade

Temas	Subtemas
Política e relações de poder	As relações de poder no cotidiano A importância das ações políticas
Política e Estado	Mudanças sociais, reforma e revolução Movimentos sociais no Brasil
Política e cidadania	Legitimidade do poder e democracia Formas de participação e direitos do cidadão

Fonte: Elaborado com base em Brasil, 2007, p. 93-98.

Conforme destacado no Capítulo 3, nesse período houve uma movimentação pela aprovação da disciplina no Congresso, apresentada no PL n. 3.178/1997. No ano de 2000, esse PL já estava tramitando no Senado sob o número 09/2000. Um ano depois, em 18 de setembro de 2001, a inclusão da Sociologia foi aprovada, mas, um mês depois, foi vetada pelo então Presidente Fernando Henrique Cardoso.

Com relação à análise dos PCN de Sociologia, podemos observar que os conteúdos abarcavam as três dimensões das ciências sociais (antropologia, ciência política e sociologia) e expressavam a necessidade de se explicitar os conteúdos programáticos da disciplina no contexto da tramitação do PL que pedia seu retorno à educação básica.

Nos PCNCH de Sociologia e no PCN+ Sociologia, as competências e habilidades da disciplina abordavam três dimensões: representação e comunicação; investigação e compreensão; e contextualização sociocultural. Tais competências e habilidades eram justificadas nos documentos do MEC como eixos norteadores da seguinte forma:

> *as Diretrizes Curriculares Nacionais para o Ensino Médio, aprovadas pela Câmara de Educação Básica do Conselho Nacional de Educação e homologadas pelo Ministério da Educação, asseguram a retomada e a atualização da educação humanista, quando preveem uma organização escolar e curricular baseada em princípios estéticos, políticos e éticos.*
>
> *Ao fazê-lo, o documento reinterpreta os princípios propostos pela Comissão Internacional sobre Educação para o Século XXI, da UNESCO, amparados no aprender a conhecer, no aprender a fazer, no aprender a conviver e no aprender a ser. A* **estética da sensibilidade**, *que supera a padronização e estimula a criatividade e o espírito inventivo, está presente no* **aprender a conhecer** *e no* **aprender a fazer**, *como dois momentos da mesma experiência humana, superando-se a falsa divisão entre teoria e prática. A* **política da igualdade**, *que consagra o Estado de Direito e a democracia, está*

corporificada no **aprender a conviver***, na construção de uma sociedade solidária através da ação cooperativa e não individualista.* A **ética da identidade**, *exigida pelo desafio de uma educação voltada para a constituição de identidades responsáveis e solidárias, compromissadas com a inserção em seu tempo e em seu espaço, pressupõe o* **aprender a ser***, objetivo máximo da ação que educa e não se limita apenas a transmitir conhecimentos prontos.* (Brasil, 2000, p. 8, grifo do original)

As críticas às noções de habilidades e competências foram revisadas neste livro ao longo dos Capítulos 3 e 4. Ao mesmo tempo em que a transmissão de conhecimentos prontos era declarada como secundarizada, os conteúdos programáticos mantinham-se no viés disciplinar. Então, podemos inferir que havia, nos documentos oficiais de Estado, uma simultaneidade de concepções que expressavam disputas político-ideológicas. Essas disputas entre diferentes concepções permanece, como destacado no capítulo anterior, sobre os sentidos das reformas educacionais contemporâneas.

Em 2006, surgiram as OCNEM baseadas agora em áreas: Linguagens, Códigos e suas tecnologias; Ciências da Natureza; Matemática e suas tecnologias; Ciências Humanas e suas tecnologias. As OCN mantinham no seu interior uma organização disciplinar. A Matemática passou a ganhar *status* de área do conhecimento, em uma clara hierarquização e sobrevalorização dessa disciplina em detrimento das demais. Tal divisão em áreas permaneceu nos documentos e projetos de lei e só recebeu o acréscimo de uma quinta área (ou itinerário formativo), voltada à formação profissional, com a nova reforma do ensino médio (Lei n. 13.415/2017).

De acordo com Silva (2007), havia, no Governo Lula (2003-2010) e nos governos estaduais, uma certa esquizofrenia com relação à qual direção sociopolítica-pedagógica seguir. Apenas nos três primeiros anos do Governo Lula, o MEC contou com formuladores de currículo críticos às noções de competências, bem como com as DCN, os PCN e a defesa do rompimento da dualidade formação geral *versus* formação para o trabalho. Segundo Silva (2007), as OCN produziram um rompimento com as DCN e os PCN, ao enfatizar um modelo curricular que destacasse as ciências de referência (disciplinar).

No caso das OCN de Sociologia, publicadas no caderno de "Ciências Humanas e suas Tecnologias" (Brasil, 2006), o documento não fazia um rol de sugestão de conteúdos – ao contrário dos PCN –, mas estava dividido em duas partes:

1. Um breve histórico do ensino da Sociologia na educação básica e considerações sobre os pressupostos teóricos-metodológicos da sociologia clássica.

2. Uma parte metodológica explicitando a diferenciação de conceitos, teorias, temas, possibilidades de pesquisa no ensino médio em Sociologia e a apresentação de práticas de ensino e recursos didáticos.

O documento das OCN destaca que não havia em Sociologia uma lista de conteúdos mínimos, além de que inexistia um consenso entre os profissionais da área com relação às propostas programáticas ligadas ao caráter intermitente da história da disciplina na educação básica. Sob esse aspecto, as OCN de Sociologia (Brasil, 2006, p. 116, grifo do original) trazem uma reflexão importante:

> *Essa aparente desvantagem da Sociologia em relação a outras disciplinas escolares – não ter um corpus consensualmente definido e consagrado – pode-se revelar uma vantagem, no entanto. [...] Questiona-se, por exemplo, a ideia de* **pré-requisito**, *isto é, que um tópico dependa de outros anteriores para ser desenvolvido, negando-se, portanto, a ideia de* **sequência** *estabelecida entre os tópicos. Nesse sentido, a Sociologia fica à vontade. Por um lado, a não existência de conteúdos consagrados favoreceria uma liberdade do professor que não é permitida em outras disciplinas, mas também importa numa certa arbitrariedade ou angústia das escolhas.*

É importante registrar que as OCN de Sociologia foram publicadas no ano da aprovação do Parecer do CNE/CEB de 2006, que recomendava a adoção da disciplina na educação básica e que foi regulamentado por lei em 2008. Desde a publicação das OCN até o tempo presente, transcorreram-se 12 anos, o que se refletiu em acúmulos teóricos e práticos, publicações sobre metodologia do ensino de Sociologia, concursos públicos para profissionais da área em muitas regiões do Brasil, programas de formação de professores diversos, além da incorporação da Sociologia ao PNLD, ao Enem e a alguns vestibulares.

5.3
A BNCC de Ciências Humanas e Sociais Aplicadas de 2018

A nova proposta de BNCC apresentada pelo MEC em 3 de abril de 2018, ainda pendente de homologação no Conselho Nacional de Educação – CNE (no momento em que essas linhas estão sendo escritas), terá uma legalidade superior aos PCN, DCN e OCN.

A BNCC não necessariamente revogará as DCN ou as OCN, pois é formalmente apresentada como organizadora do currículo, ao passo que as DCN compõem um orientador epistemológico geral, e as OCN, uma orientação teórico-metodológica para a Sociologia.

Os PCN, estes sim, serão eclipsados pela BNCC. As concepções transversal e transdisciplinar expressas na Lei n. 13.415/2017, suprimindo a organização disciplinar (com exceção de Língua Portuguesa e Matemática), traduziram-se para a Sociologia na formulação de estudos e práticas.

Faremos, a partir de agora, algumas considerações acerca da Sociologia na nova BNCC de 2018 apresentada pelo MEC.

Nesse novo documento, tal como foi citado anteriormente, são indicadas as noções de "objetivos de aprendizagem" (Brasil, 2018, p. 12), vinculada a objetivos anuais para o ensino médio, de competência e de habilidades. É importante destacar que na proposta da BNCC de 2015, no Governo Dilma, já estavam descritos códigos vinculados a certos conteúdos – conforme descrito no item 4.5 do capítulo anterior – e que estavam atrelados à política dos testes padronizados nacionais e internacionais, com foco na responsabilização dos agentes escolares, a despeito das respectivas retóricas discursivas dos governos de Dilma e de Temer (pelo menos nesse quesito, as orientações e intencionalidades eram muito similares).

No documento da BNCC do Governo Temer, a palavra *sociologia* foi citada apenas três vezes em 576 páginas de documento – o mesmo ocorreu com a palavra *filosofia*.

O texto da BNCC cita que, no ensino médio, o estudante deve, entre outras habilidades, "aprender a indagar", a ter "protagonismo juvenil" (Brasil, 2018, p. 549). O documento ainda cita:

> *Na BNCC de Ciências Humanas e Sociais Aplicadas do Ensino Médio, a definição de competências e habilidades, ao considerar essas categorias, pretende possibilitar o acesso a conceitos, dados e informações que permitam aos estudantes atribuir sentidos aos conhecimentos da área e utilizá-los intencionalmente para a compreensão, a crítica e o enfrentamento ético dos desafios do dia a dia, de determinados grupos e de toda a sociedade.* (Brasil, 2018, p. 550)

Percebemos aqui a retomada das noções de competências e habilidades e do aprender a aprender dos anos de 1990. O documento enumera as categorias que devem ser abordadas pela área de Ciências Humanas e Sociais Aplicadas (Brasil, 2018):

- Tempo e Espaço.
- Território e Fronteira.
- Indivíduo, Natureza, Sociedade, Cultura e Ética.
- Política e Trabalho.

Na sequência, conforme exposto na Figura 5.1, o documento elenca as competências específicas de Ciências Humanas e Sociais Aplicadas:

Figura 5.1 – Competências específicas de Ciências Humanas e Sociais Aplicadas para o ensino médio

COMPETÊNCIAS ESPECÍFICAS DE CIÊNCIAS HUMANAS E SOCIAIS APLICADAS PARA O ENSINO MÉDIO

1. Analisar processos políticos, econômicos, sociais, ambientais e culturais nos âmbitos local, regional, nacional e mundial em diferentes tempos, a partir de procedimentos epistemológicos e científicos, de modo a compreender e posicionar-se criticamente com relação a esses processos e às possíveis relações entre eles.

2. Analisar a formação de territórios e fronteiras em diferentes tempos e espaços, mediante a compreensão dos processos sociais, políticos, econômicos e culturais geradores de conflito e negociação, desigualdade e igualdade, exclusão e inclusão e de situações que envolvam o exercício arbitrário do poder.

3. Contextualizar, analisar e avaliar criticamente as relações das sociedades com a natureza e seus impactos econômicos e socioambientais, com vistas à proposição de soluções que respeitem e promovam a consciência e a ética socioambiental e o consumo responsável em âmbito local, regional, nacional e global.

4. Analisar as relações de produção, capital e trabalho em diferentes territórios, contextos e culturas, discutindo o papel dessas relações na construção, consolidação e transformação das sociedades.

5. Reconhecer e combater as diversas formas de desigualdade e violência, adotando princípios éticos, democráticos, inclusivos e solidários, e respeitando os Direitos Humanos.

6. Participar, pessoal e coletivamente, do debate público de forma consciente e qualificada, respeitando diferentes posições, com vistas a possibilitar escolhas alinhadas ao exercício da cidadania e ao seu projeto de vida, com liberdade, autonomia, consciência crítica e responsabilidade.

Fonte: Brasil, 2018, p. 558.

Na sequência, o documento apresenta quadros que contêm a descrição das habilidades relativas a cada competência e os códigos referentes a cada habilidade. Tais quadros estão reproduzidos a seguir (da Figura 5.2 à Figura 5.7) como aparecem no documento da BNCC de 2018 (Brasil, 2018, p. 559-565).

Figura 5.2 — *Competência específica 1**

HABILIDADES
(EM13CHS101) Analisar e comparar diferentes fontes e narrativas expressas em diversas linguagens, com vistas à compreensão e à crítica de ideias filosóficas e processos e eventos históricos, geográficos, políticos, econômicos, sociais, ambientais e culturais.
(EM13CHS102) Identificar, analisar e discutir as circunstâncias históricas, geográficas, políticas, econômicas, sociais, ambientais e culturais da emergência de matrizes conceituais hegemônicas (etnocentrismo, evolução, modernidade etc.), comparando-as a narrativas que contemplem outros agentes e discursos.
(EM13CHS103) Elaborar hipóteses, selecionar evidências e compor argumentos relativos a processos políticos, econômicos, sociais, ambientais, culturais e epistemológicos, com base na sistematização de dados e informações de natureza qualitativa e quantitativa (expressões artísticas, textos filosóficos e sociológicos, documentos históricos, gráficos, mapas, tabelas etc.).
(EM13CHS104) Analisar objetos da cultura material e imaterial como suporte de conhecimentos, valores, crenças e práticas que singularizam diferentes sociedades inseridas no tempo e no espaço.
(EM13CHS105) Identificar, contextualizar e criticar as tipologias evolutivas (como populações nômades e sedentárias, entre outras) e as oposições dicotômicas (cidade/campo, cultura/natureza, civilizados/bárbaros, razão/sensibilidade, material/virtual etc.), explicitando as ambiguidades e a complexidade dos conceitos e dos sujeitos envolvidos em diferentes circunstâncias e processos.
(EM13CHS106) Utilizar as linguagens cartográfica, gráfica e iconográfica e de diferentes gêneros textuais e as tecnologias digitais de informação e comunicação de forma crítica, significativa, reflexiva e ética nas diversas práticas sociais (incluindo as escolares) para se comunicar, acessar e disseminar informações, produzir conhecimentos, resolver problemas e exercer protagonismo e autoria na vida pessoal e coletiva.

Fonte: Brasil, 2018, p. 560.

---

* "Analisar processos políticos, econômicos, sociais, ambientais e culturais nos âmbitos local, regional, nacional e mundial em diferentes tempos, a partir de procedimentos epistemológicos e científicos, de modo a compreender e posicionar-se criticamente com relação a esses processos e às possíveis relações entre eles" (Brasil, 2018, p. 559, grifo do original).

Figura 5.3 – Competência específica 2*

HABILIDADES
(EM13CHS201) Analisar e caracterizar as dinâmicas das populações, das mercadorias e do capital nos diversos continentes, com destaque para a mobilidade e a fixação de pessoas, grupos humanos e povos, em função de eventos naturais, políticos, econômicos, sociais e culturais.
(EM13CHS202) Analisar e avaliar os impactos das tecnologias na estruturação e nas dinâmicas das sociedades contemporâneas (fluxos populacionais, financeiros, de mercadorias, de informações, de valores éticos e culturais etc.), bem como suas interferências nas decisões políticas, sociais, ambientais, econômicas e culturais.
(EM13CHS203) Contrapor os diversos significados de território, fronteiras e vazio (espacial, temporal e cultural) em diferentes sociedades, contextualizando e relativizando visões dualistas como civilização/barbárie, nomadismo/sedentarismo e cidade/campo, entre outras.
(EM13CHS204) Comparar e avaliar os processos de ocupação do espaço e a formação de territórios, territorialidades e fronteiras, identificando o papel de diferentes agentes (como grupos sociais e culturais, impérios, Estados Nacionais e organismos internacionais) e considerando os conflitos populacionais (internos e externos), a diversidade étnico-cultural e as características socioeconômicas, políticas e tecnológicas.
(EM13CHS205) Analisar a produção de diferentes territorialidades em suas dimensões culturais, econômicas, ambientais, políticas e sociais, no Brasil e no mundo contemporâneo, com destaque para as culturas juvenis.
(EM13CHS206) Compreender e aplicar os princípios de localização, distribuição, ordem, extensão, conexão, entre outros, relacionados com o raciocínio geográfico, na análise da ocupação humana e da produção do espaço em diferentes tempos.

Fonte: Brasil, 2018, p. 561.

---

* "Analisar a formação de territórios e fronteiras em diferentes tempos e espaços, mediante a compreensão dos processos sociais, políticos, econômicos e culturais geradores de conflito e negociação, desigualdade e igualdade, exclusão e inclusão e de situações que envolvam o exercício arbitrário do poder" (Brasil, 2018, p. 561, grifo do original).

Figura 5.4 – *Competência específica 3**

HABILIDADES

(EM13CHS301) Problematizar hábitos e práticas individuais e coletivos de produção e descarte (reuso e reciclagem) de resíduos na contemporaneidade e elaborar e/ou selecionar propostas de ação que promovam a sustentabilidade socioambiental e o consumo responsável.

(EM13CHS302) Analisar e avaliar os impactos econômicos e socioambientais de cadeias produtivas ligadas à exploração de recursos naturais e às atividades agropecuárias em diferentes ambientes e escalas de análise, considerando o modo de vida das populações locais e o compromisso com a sustentabilidade.

(EM13CHS303) Debater e avaliar o papel da indústria cultural e das culturas de massa no estímulo ao consumismo, seus impactos econômicos e socioambientais, com vistas a uma percepção crítica das necessidades criadas pelo consumo.

(EM13CHS304) Analisar os impactos socioambientais decorrentes de práticas de instituições governamentais, de empresas e de indivíduos, discutindo as origens dessas práticas, e selecionar aquelas que respeitem e promovam a consciência e a ética socioambiental e o consumo responsável.

(EM13CHS305) Analisar e discutir o papel dos organismos nacionais de regulação, controle e fiscalização ambiental e dos acordos internacionais para a promoção e a garantia de práticas ambientais sustentáveis.

(EM13CHS306) Contextualizar, comparar e avaliar os impactos de diferentes modelos econômicos no uso dos recursos naturais e na promoção da sustentabilidade econômica e socioambiental do planeta.

Fonte: Brasil, 2018, p. 562.

---

* "Contextualizar, analisar e avaliar criticamente as relações das sociedades com a natureza e seus impactos econômicos e socioambientais, com vistas à proposição de soluções que respeitem e promovam a consciência e a ética socioambiental e o consumo responsável em âmbito local, regional, nacional e global" (Brasil, 2018, p. 562, grifo do original).

Figura 5.5 – *Competência específica 4**

HABILIDADES

(EM13CHS401) Identificar e analisar as relações entre sujeitos, grupos e classes sociais diante das transformações técnicas, tecnológicas e informacionais e das novas formas de trabalho ao longo do tempo, em diferentes espaços e contextos.

(EM13CHS402) Analisar e comparar indicadores de emprego, trabalho e renda em diferentes espaços, escalas e tempos, associando-os a processos de estratificação e desigualdade socioeconômica.

(EM13CHS403) Caracterizar e analisar processos próprios da contemporaneidade, com ênfase nas transformações tecnológicas e das relações sociais e de trabalho, para propor ações que visem à superação de situações de opressão e violação dos Direitos Humanos.

(EM13CHS404) Identificar e discutir os múltiplos aspectos do trabalho em diferentes circunstâncias e contextos históricos e/ou geográficos e seus efeitos sobre as gerações, em especial, os jovens e as gerações futuras, levando em consideração, na atualidade, as transformações técnicas, tecnológicas e informacionais.

Fonte: Brasil, 2018, p. 563.

Figura 5.6 – *Competência específica 5***

HABILIDADES

(EM13CHS501) Compreender e analisar os fundamentos da ética em diferentes culturas, identificando processos que contribuem para a formação de sujeitos éticos que valorizem a liberdade, a autonomia e o poder de decisão (vontade).

(EM13CHS502) Analisar situações da vida cotidiana (estilos de vida, valores, condutas etc.), desnaturalizando e problematizando formas de desigualdade e preconceito, e propor ações que promovam os Direitos Humanos, a solidariedade e o respeito às diferenças e às escolhas individuais.

(EM13CHS503) Identificar diversas formas de violência (física, simbólica, psicológica etc.), suas causas, significados e usos políticos, sociais e culturais, avaliando e propondo mecanismos para combatê-las, com base em argumentos éticos.

(EM13CHS504) Analisar e avaliar os impasses ético-políticos decorrentes das transformações científicas e tecnológicas no mundo contemporâneo e seus desdobramentos nas atitudes e nos valores de indivíduos, grupos sociais, sociedades e culturas.

Fonte: Brasil, 2018, p. 564.

---

*   "Analisar as relações de produção, capital e trabalho em diferentes territórios, contextos e culturas, discutindo o papel dessas relações na construção, consolidação e transformação das sociedades" (Brasil, 2018, p. 563, grifo do original).
** "Reconhecer e combater as diversas formas de desigualdade e violência, adotando princípios éticos, democráticos, inclusivos e solidários, e respeitando os Direitos Humanos" (Brasil, 2018, p. 564, grifo do original).

Figura 5.7 – Competência específica 6*

HABILIDADES
(EM13CHS601) Relacionar as demandas políticas, sociais e culturais de indígenas e afrodescendentes no Brasil contemporâneo aos processos históricos das Américas e ao contexto de exclusão e inclusão precária desses grupos na ordem social e econômica atual.
(EM13CHS602) Identificar, caracterizar e relacionar a presença do paternalismo, do autoritarismo e do populismo na política, na sociedade e nas culturas brasileira e latino-americana, em períodos ditatoriais e democráticos, com as formas de organização e de articulação das sociedades em defesa da autonomia, da liberdade, do diálogo e da promoção da cidadania.
(EM13CHS603) Compreender e aplicar conceitos políticos básicos (Estado, poder, formas, sistemas e regimes de governo, soberania etc.) na análise da formação de diferentes países, povos e nações e de suas experiências políticas.
(EM13CHS604) Conhecer e discutir o papel dos organismos internacionais no contexto mundial, com vistas à elaboração de uma visão crítica sobre seus limites e suas formas de atuação.
(EM13CHS605) Analisar os princípios da declaração dos Direitos Humanos, recorrendo às noções de justiça, igualdade e fraternidade, para fundamentar a crítica à desigualdade entre indivíduos, grupos e sociedades e propor ações concretas diante da desigualdade e das violações desses direitos em diferentes espaços de vivência dos jovens.

Fonte: Brasil, 2018, p. 565.

É possível verificar que, com a desdisciplinarização do currículo, as categorias "Tempo e Espaço", "Território e Fronteira", "Indivíduo, Natureza, Sociedade, Cultura e Ética" e "Política e Trabalho" perderam as ciências de referência e não passam mais a estar vinculadas a conteúdos específicos, a um evento histórico específico, a uma teoria ou a determinados autores, por exemplo. Os conteúdos, agora, estão vinculados a habilidades genéricas. A título de exemplo, os conceitos de classe social, raça e gênero, categorias analíticas consolidadas na sociologia, não são listados. Da mesma forma, conteúdos atrelados à área, como taylorismo-fordismo, sistemas flexíveis, precarização do

---

* "Participar, pessoal e coletivamente, do debate público de forma consciente e qualificada, respeitando diferentes posições, com vistas a possibilitar escolhas alinhadas ao exercício da cidadania e ao seu projeto de vida, com liberdade, **autonomia, consciência crítica e responsabilidade**" (Brasil, 2018, p. 565, grifo do original).

trabalho, teorias sociológicas clássicas, movimentos sociais, formas de Estado e instituições sociais, por exemplo, também não estão presentes.

Como a proposta da BNCC de 2018 não é disciplinar, podemos perceber que, em comparação com os conteúdos de Sociologia do PCN+Sociologia e da BNCC de 2015, há uma evidente redução de conteúdos da disciplina, como também de Filosofia, Geografia e História.

As competências e habilidades genéricas seguem os diagnósticos feitos por Ravitch (2011) acerca das generalidades presentes nos currículos nos Estados Unidos, sem referência a nenhum evento histórico ou obra literária, tampouco à secundarização de conteúdos e às vinculações com os testes padronizados internacionais e nacionais identificados por Saviani (2003), Duarte (2008), Fank (2007) e Freitas (2012, 2015a, 2015b, 2015c, 2015d), que tomaram forma com a nova BNCC.

Nessa nova BNCC, verificamos claramente uma retomada dos princípios epistemológicos norteadores do Parecer CEB n. 15/1998 que definiu as DCN do ensino médio e que resultaram nos PCN. Porém, na época havia a permanência da organização disciplinar (nos PCN), mas simultânea à orientação baseada na formulação das competências e habilidades (DCN). Esse conflito latente entre conteúdos de caráter disciplinar e competências e habilidades foi resolvido com a nova BNCC e a Lei n. 13.415/2017, ao se optar pela diluição das disciplinas (à exceção de Língua Portuguesa e Matemática).

> A depender das configurações da conjuntura política e eleitoral, qualquer política pública poderá ser modificada, alterada ou, até mesmo, revogada. O importante é compreendermos as intencionalidades das políticas públicas, seus impactos, suas fundamentações teóricas e articulações políticas subjacentes.

Conforme analisado no Capítulo 3, no item 3.5 – "As perspectivas com a nova reforma do ensino médio" –, a redução da BNCC de 2.400 para até 1.800 horas, com aumento progressivo das horas totais do currículo para 4.200 horas, nos três anos, em 2022, fará com que os conteúdos da BNCC correspondam a apenas 42,8% do currículo. Em 07/11/2018, o CNE deliberou que até 20% do ensino médio diurno, 30% do ensino médio noturno e 80% da EJA podem ser ofertados na modalidade EaD.

A alta flexibilidade na oferta dos currículos pelos Estados permitida com a nova reforma do ensino médio resultará em subocupação e desemprego de professores, pois a priorização de concurso para professores ficará restrita às disciplinas de Língua Portuguesa e Matemática. As competências e habilidades da nova BNCC de Ciências Humanas e Sociais Aplicadas permitem que professores de distintas formações (Sociologia, Filosofia, História e Geografia) lecionem diferentes conteúdos (menos conteúdo, menos professores).

Caso um Estado resolva adotar a nomenclatura disciplinar na sua grade curricular, tal medida não impedirá o efeito da redução do número de horas-aula. Os critérios para a parte flexível do currículo (com exceção de Língua Portuguesa e Matemática) poderão variar de maneira *a la carte*, conforme cada Estado/Secretaria de Educação decidir. Além disso, os governos ficam desobrigados a ofertar todos os itinerários formativos em todas as escolas.

A nova configuração curricular apresentada pela nova BNCC, oriunda da Lei n. 13.415/2017 sofreu oposição das entidades de classe (como a Confederação Nacional dos Trabalhadores em Educação – CNTE e seus sindicatos filiados) e da grande maioria dos pesquisadores em educação em universidades. Como a luta social e política está em curso, não é possível afirmar que a última palavra sobre a reforma do ensino médio foi dada. A depender das configurações da conjuntura política e eleitoral, qualquer política pública poderá ser modificada, alterada ou, até mesmo, revogada. O importante é compreendermos as intencionalidades das políticas públicas, seus impactos, suas fundamentações teóricas e articulações políticas subjacentes.

5.4
O Enem e o PNLD como estabilizadores curriculares nacionais em Sociologia

Apesar das questionáveis mudanças oriundas da nova BNCC, é necessário identificarmos mais alguns aspectos referentes ao percurso recente da Sociologia na educação básica.

Ao longo dos últimos anos, a Sociologia foi se afirmando no currículo por meio de diversas políticas públicas, como os documentos norteadores (PCN e OCN), e também em vestibulares, em livros de orientação metodológica ao professor de Sociologia, em programas como o Programa Institucional de Bolsas de Incentivo à Docência (Pibid), bem como nos conteúdos do Enem e no PNLD.

Esse processo de orientação e produção dos conteúdos curriculares esteve centralizado nas regiões Sul e Sudeste, desconsiderando o envolvimento e a colaboração de profissionais de demais regiões do Brasil. Apesar dessa regionalização, Meucci e Bezerra (2014) destacam que ocorreu um processo de estabilização de um currículo nacional para a Sociologia por meio do Enem e do PNLD.

O Enem foi criado em 1998 e, a partir de 2009, tornou-se condição de ingresso na maioria das universidades públicas. O exame passou a servir de instrumento de aferição dos rendimentos escolares nacionais, bem como para o ingresso em programas federais de bolsas, como o Prouni (Programa Universidade para Todos) e o Ciência sem Fronteiras, e como certificação de conclusão a estudantes maiores de 18 anos.

Segundo Meucci e Bezerra (2014), o Enem cumpriu um papel de definição curricular, forçando a abertura de portas para integrações curriculares. Esse papel que lhe é atribuído deve-se ao fato de que cada vez mais o exame é utilizado para a entrada nos cursos superiores:

> Em tese, os dados nos levam a crer que estamos transmitindo conteúdo para alunos que, cada vez mais, querem realizar curso superior. E, ainda que existam diferenças substantivas regionais, possivelmente essa aproximação acaba por condicionar horizontes de uma política nacional para o ensino médio e para o ensino superior. Com efeito, queremos dizer que isso faz com que o ENEM jogue um papel ainda mais importante nesses conteúdos.
>
> [...] o ENEM tem forçado a abertura de portas para a integração das disciplinas curriculares. Ainda que se diga que ele se dedica à avaliação dos currículos, ele é assimilado, sobretudo, como definidor dos currículos, não apenas pela prática escolar dos professores (principalmente de escolas privadas, cujo interesse pela aprovação de alunos no ensino superior e capitalizado para fins de marketing), como também pelo próprio Ministério que reconhece e reforça a centralidade do ENEM para fazer cumprir alguns de seus interesses. (Meucci; Bezerra, 2014, p. 94-95)

De acordo com Meucci e Bezerra (2014), entre os objetivos listados pelo Instituto Nacional de Estudos e Pesquisas Educacionais Anísio Teixeira (Inep), a partir dos quais se elabora o Enem, há o reforço de um papel integrador atribuído à Sociologia, sobretudo articulando conhecimentos de História e Geografia, como os relativos à compreensão das transformações dos processos produtivos e econômicos da sociedade e à importância de se compreender as relações espaciais e as interações homem/ambiente. No entanto, a nova configuração aberta com a reforma do ensino médio e a nova BNCC nos permitem questionar essa integração curricular pela Sociologia, conforme indicam os autores citados, por conta da diluição das ciências de referência.

Ainda conforme Meucci e Bezerra (2014), outro instrumento que contribuiu para um processo de estabilização nacional curricular da Sociologia foi o PNLD, criado em 1985 e ampliado em 2004 para o ensino médio, que também cumpriu um papel de seleção e organização de conteúdos.

Com a nova configuração do ensino médio, podemos supor que haverá alguma modificação na escrita e apresentação dos livros didáticos? Sim, é uma possibilidade. Porém, como, até a escrita desta obra, ainda não foram publicadas as regras do novo edital do PNLD, faremos considerações acerca da produção de livros didáticos em Sociologia.

Conforme citado no Capítulo 3, os primeiros textos de reflexão sobre ensino de sociologia, bem como os primeiros manuais da disciplina, não apenas descreviam as teorias sociológicas que iam se desenhando na Europa e nos EUA, mas tinham em comum o interesse em "nacionalizar" os conhecimentos sociológicos. Os livros didáticos de Sociologia contemporâneos não estão inseridos num contexto de divulgação inicial dos conhecimentos sociológicos, pois já são produzidos em um contexto de larga tradição das ciências sociais no ensino superior e de retorno da disciplina ao currículo.

Segundo Meucci (2014), um dos efeitos do PNLD é a imposição de um modelo de livro didático disseminado para todas as disciplinas e por todo o país, repercutindo também nos livros comercializados no mercado. Sob essa ótica, constitui-se um padrão e, possivelmente, um selo de qualidade para as editoras que têm livros aprovados nesse programa. Nessa perspectiva, os livros aparecem como alvo importante de regulamentação, por intermédio da ação do Poder Público. Os livros didáticos, conforme destacaram Meucci e Bezerra (2014), apesar de terem de seguir regras de editais estabelecidos, têm clara interpenetração entre os currículos estaduais e os conteúdos dos editais do PNLD, que são renovados a cada três anos.

Considerando o universo de livros de Sociologia inscritos no PNLD de 2012, Meucci (2014) destacou que 14 foram escritos por 24 autores diferentes, em contraste com o período de quinze anos entre 1930-1945, no qual foram produzidos 30 livros didáticos de Sociologia por 22 autores. Ou seja, no período contemporâneo, há uma maior amplitude de autores de livros didáticos de Sociologia. Outra diferença importante com relação à produção dos manuais didáticos dessa disciplina no período 1930-1945 é que os autores das obras para o PNLD são, em sua maioria, professores universitários de instituições públicas, formados em Ciências Sociais. Isto é, a vida acadêmica permite aos autores maior facilidade de diálogo com o acervo teórico da disciplina, garantindo uma maior qualidade na produção. No entanto, Meucci (2014) destacou que os livros didáticos de Sociologia contemporâneos são bens escolares ignorados tanto por professores quanto por estudantes, como se sua utilização depusesse contra o ensino de qualidade.

Com a institucionalização da Sociologia a partir de 2008, o PNLD de Sociologia passou a ter um maior número de obras (somente as aprovadas) colocadas à disposição para avaliação dos profissionais do ensino médio. Em 2011, eram dois livros; em 2014, seis; e em 2017, cinco. Ainda assim, o número de obras aprovadas no PNLD e que são, em tese, colocadas à disposição de todos os professores – em muitas escolas, os livros sequer chegam para validação dos professores – é muito menor se comparado com outras disciplinas. A possível explicação para esse fato é a existência de uma maior

> Os livros didáticos de Sociologia contemporâneos não estão inseridos num contexto de divulgação inicial dos conhecimentos sociológicos, pois já são produzidos em um contexto de larga tradição das ciências sociais no ensino superior e de retorno da disciplina ao currículo.

institucionalização de outras disciplinas curriculares e que envolvem em maior quantidade o interesse de editoras.

Segundo Meucci (2014, p. 215-216), os livros didáticos apresentam três grandes características:

1. **Topicalismo**: Segundo a autora, trata-se de uma redação organizada em tópicos, numa estratégia que visa demarcar um conteúdo num lugar específico, como uma correção visual simultânea, articulando textos básicos e complementares, memorizando ou estudando uma situação, dando unidade à organização do livro.
2. **Nominalismo**: Uma técnica de escrita dos livros didáticos de Sociologia que consiste na estratégia de nomear os fenômenos – e também autores – para possibilitar a compreensão de suas características, correlações e implicações.
3. **Contextualismo**: Conforme a autora, refere-se a um fenômeno que ocorre pela da ilustração de esquemas teóricos que buscam exemplificar a abstração científica acerca do desenvolvimento histórico de determinada situação ou circunstância.

Ainda de acordo com Meucci (2014, p. 216):

> *Com efeito, as técnicas até agora identificadas – "topicalizar", "nomear", "contextualizar" – não são especificidades dos livros de sociologia, sequer da área de humanas. Não obstante, é um gênero de escrita bastante enquadrado que tem efeito bastante significativo nas disciplinas de humanidades, na medida em que não permite trazer ao conhecimento as dinâmicas sofisticadas e complexas, tensões e contradições dos processos reais. Rigorosamente, é uma forma de escrita que suprime a radicalidade do ato de conhecer.*

Essa observação da autora sobre a "supressão da radicalidade do ato de conhecer" remete ao fato de que o livro didático não deve ser utilizado de forma mecânica, acrítica, visando à memorização (o famoso decoreba), tampouco com a elaboração de perguntas/questionários que possam convergir literalmente para as explicações dadas pelo professor ou a escrita do livro.

Meucci (2014), que estudou a presença do pensamento social brasileiro nos livros didáticos de Sociologia contemporâneos, abordou as seguintes possibilidades de articular as interpretações sociológicas brasileiras em sala de aula: as referências nos livros didáticos a Florestan Fernandes e Gilberto Freyre, clássicos da sociologia brasileira, podem servir de elementos mobilizadores, por exemplo, para o debate da questão racial, inclusive confrontando as duas visões – temática também presente em Octávio Ianni, sendo as três com origem em estudos realizados por volta dos anos de 1930 a 1950. Segundo a autora, uma preocupação recorrente nos livros didáticos de Sociologia é enfatizar a passagem de uma perspectiva racial para uma perspectiva propriamente sociológica (Meucci, 2014).

Gilberto Freyre e Sérgio Buarque de Holanda também podem ser mobilizados mediante uma perspectiva culturalista presente em muitos livros didáticos. Segundo Meucci (2014), na grande maioria dos livros didáticos, a plasticidade cultural e a mestiçagem biológica apontadas por Freyre são dimensões complementares à cordialidade destacada por Buarque de Holanda, e ambas podem permitir ao professor abordar questões relativas à vida religiosa e à política nacional, onde se destacam o messianismo, o misticismo, o patrimonialismo, o coronelismo, a corrupção e o nepotismo como fenômenos próprios do ser brasileiro. Na visão de Meucci (2014, p. 211-212):

> Os livros didáticos distinguem-se dos convencionais em muitos aspectos, especialmente pelas condições de sua produção. Em particular, nas grandes editoras há uma sofisticada divisão do trabalho que se impõe ao autor de livros didáticos, composta por revisores, pedagogos, ilustradores, diagramadores, diretores de arte, pareceristas etc. Os livros

didáticos são resultado de um trabalho coletivo industrial, ainda que a atividade dos autores se mantenha como um artesanato sofisticado de composição do texto.

Importante destacar que parte da indústria de livros didáticos (a mais significativa em termos de faturamento) pertence a conglomerados de empresas de comunicação e entretenimento. [...]

O livro didático aparece, nesse sentido, como um produto ordinário da indústria cultural. Seu formato, ilustrações, exercícios, recursos, boxes e colunas o aproximam da estética das revistas semanais.

Os livros didáticos – por vezes, o único recurso disponível em diversas escolas para professores e estudantes – podem ser bem utilizados, mas não como única possibilidade didática. Os professores devem se utilizar dessas obras como guias didáticos, isto é, devem explorar diversas possibilidades textuais, iconográficas e dados estatísticos que podem servir como elementos mobilizadores da aula, intercalando-as com outras possibilidades didáticas, como músicas, vídeos, orientações para pesquisas e com a própria aula expositiva. O livro didático não pode ser configurado, portanto, como um manual de instruções.

5.5
Conceitos, temas e teorias

Quando um professor leciona um conteúdo, aspectos como a metodologia utilizada, sua interação/empatia com a turma, bem como a forma como ele domina o conhecimento, fazem parte do chamado *currículo oculto*: um conjunto de elementos que diz respeito às relações sociais presentes na escola. A maneira como se opera a transmissão do conhecimento e se verifica sua sistematização é tão importante quanto o conteúdo.

Ao professor que vai abordar um conteúdo em sala de aula, sugerimos que instigue o estudante a expor seus conhecimentos prévios sobre o assunto a ser trabalhado, bem como que o conduza a fazer perguntas e a dialogar com professor e colegas, visando à necessária autonomia na produção do conhecimento.

Vamos destacar, inicialmente, três possibilidades metodológicas de trabalhar com o ensino-aprendizagem de Sociologia: o trabalho com conceitos, teorias e temas. Tal divisão é realizada mais para fins de explicação didática do que como uma divisão estanque. Conceitos, teorias e temas interpenetram-se.

Os **conceitos** são elementos do discurso científico que se referem à realidade concreta. O discurso sociológico deve ser abordado em sala e, para isso, uma tradução ou alfabetização científica se faz necessária. Os conceitos têm história. É preciso contextualizá-los para que suas histórias e seus sentidos próprios possam ser entendidos pelos estudantes não como palavras que explicam tudo, mas como elementos do conhecimento racional que permitem melhor explicar ou compreender a realidade social.

Uma das vantagens relacionadas ao trabalho com os conceitos é que, já no ensino médio, o estudante pode desenvolver uma capacidade de abstração necessária para o desenvolvimento de sua análise da sociedade. Além disso, abordar os conceitos sociológicos é importante para elevar o conhecimento dos alunos a um patamar além do senso comum ou das aparências. Um conceito sociológico é um elemento do discurso científico que consegue sintetizar certas relações sociais para poder explicá-las na sua concretude e historicidade, imersas em múltiplas determinações (sua totalidade).

São exemplos de conceitos a serem abordados em sala: trabalho precário; alienação; cultura; etnocentrismo; indústria cultural; ideologia;

patriarcado; família; estereótipo; estigma; raça; classe social; gênero; poder; Estado; dominação; política. Por exemplo, para trabalhar com determinado conceito, o professor pode se referir a ele como uma palavra-chave e, a partir disso, utilizar-se de diversos recursos didáticos, como textos selecionados, vídeos, imagens, orientações para pesquisa de campo ou bibliográfica, oficinas etc.

Conforme destacado por Bridi, Araújo e Motim (2009), a autonomia e o desenvolvimento intelectual do estudante envolvem a apropriação da linguagem própria da ciência, o que implica a aprendizagem de conceitos e a capacidade de comparação, análise, síntese e generalização.

> Um conceito sociológico é um elemento do discurso científico que consegue sintetizar certas relações sociais para poder explicá-las na sua concretude e historicidade, imersas em múltiplas determinações (sua totalidade).

Por sua vez, os **temas** também podem ser abordados em sala, porém, não de maneira superficial, aligeirada ou imediatista. Uma forma a se evitar é abordá-los como mera questão de opinião, gerando um debate que pode cair no senso comum, desprovido de conceitualização, contextualização e relação com as teorias sociológicas possíveis. Conforme destacado por Moraes e Guimarães (2010, p. 51):

> *A escolha dos temas está associada a essa familiaridade que professores e estudantes apresentam em relação a certas questões emergentes ou que se impõe por si mesmas e que acabam estimulando a discussão, a busca de respostas e entendimento. No entanto, o calor das discussões não deve dissolver o caráter sociológico e acadêmico da análise, embora se deva adequá-lo a essa fase de formação dos alunos; isto é, ao mesmo tempo em que se deve manter o interesse, o entusiasmo, e mesmo a paixão pela discussão, um mínimo de rigor precisa ser buscado a fim de demonstrar aos alunos as preocupações científicas que as Ciências Sociais mantêm. O impacto causado pela* **novidade** *do conhecimento sociológico é relativizado, uma vez que a abordagem temática pode se*

*iniciar a partir de questões presentes no dia a dia, que não são estranhas, que guardam proximidade com a vida, os interesses ou preocupações dos estudantes; no entanto, a partir de informações e um processo de estranhamento que se vai operando durante os debates e a leitura de textos que tratam do tema, a aparente **familiaridade** e o **já sabido** vão dando lugar ao conhecimento sistematizado e crítico.*

Uma vantagem de se trabalhar com temas é que eles podem servir de introdução, ou como temas geradores (no sentido dado por Freire) que chamem a atenção dos estudantes e que permitam ao professor partir dos conhecimentos prévios deles sobre determinado assunto para, na sequência, relacionar esses temas com o conhecimento sociológico acumulado sobre o referido assunto. É importante que o professor busque incentivar os estudantes a refletirem sobre as abordagens científicas e os dados de pesquisas, incitando-os a pesquisarem a partir de indicações e referenciais nas ciências sociais.

Por exemplo: o professor pode tratar de diversos subtemas de violência – doméstica, de torcidas organizadas, de roubos e furtos, religiosa, de Estado etc. –, trazendo, como elementos mobilizadores da aula, dados estatísticos e informações históricas ou até reportagens e vídeos.

Por fim, a apresentação de **teorias** está relacionada aos conceitos utilizados pelo autor. Uma teoria deve ser apresentada como um modelo explicativo, buscando identificar aspectos da biografia do autor quanto ao seu contexto histórico. A pertinência de se trabalhar com teorias clássicas ou contemporâneas está em fazer um recorte na teoria, buscando uma linguagem acessível, mas com rigorosidade. A confrontação teórica é outra possibilidade interessante e permite ao estudante entender que um mesmo fenômeno social possui distintas abordagens.

Porém, uma desvantagem está no ato de fazer uma reprodução de como se aprendeu determinada teoria sociológica na universidade/faculdade. O professor não pode utilizar a mesma didática na educação básica. Trabalhar com teorias, nesse nível de ensino, envolve sempre apresentar uma seleção e recorte das teorias e a contextualização histórica de sua formulação, enquanto no nível superior isso é mais aprofundado.

Ainda quanto às teorias, é sugestivo que o estudante possa tratar dos recortes teóricos em relação com os temas e com o planejamento do professor. Por exemplo, se o professor estiver debatendo com os alunos o conteúdo *trabalho*, poderá mobilizar conceitos de Marx, Weber e Durkheim – e da sociologia contemporânea – sem precisar trabalhar toda a teoria dos autores. Quando ele estiver tratando do conteúdo de política na abordagem sobre *o que é Estado?*, novamente poderá fazer referência a conceitos e recortes teóricos de Marx e Weber, por exemplo.

Síntese

Neste capítulo, fizemos referência às abordagens pedagógicas diretivas e não diretivas focadas no papel do professor e à relação ensino-aprendizagem. Também abordamos as chamadas *pedagogias críticas* de Paulo Freire e Dermeval Saviani. Destacamos a perspectiva de se partir dos conhecimentos prévios dos estudantes, da experiência imediata, ao estranhamento, visando à desnaturalização de certas relações e representações sociais como elementos de uma abordagem sociológica em sala de aula. Analisamos os documentos norteadores produzidos pelo MEC para a disciplina de Sociologia, como os PCN e as OCN, e comentamos a nova BNCC de Ciências Humanas e Sociais Aplicadas, oriunda da nova reforma do ensino médio. Na sequência, discutimos os papéis do Enem e do PNLD na estabilização de um currículo nacional de Sociologia, bem como as possibilidades de utilização do livro didático. Por fim, apresentamos a diferenciação entre conceitos, teorias e temas e sua aplicação nas aulas de Sociologia.

Indicação cultural

Filme

> PRECIOSA: uma história de esperança. Direção: Lee Daniels. EUA: PlayArte, 2009. 110 min.
> Esse filme conta a história de uma jovem cuja vida é marcada por sofrimentos. Violentada pelo pai, abusada pela mãe, estigmatizada por ser pobre e negra, a protagonista tem um filho com síndrome de down que também sofre preconceitos. Diante de uma vida difícil, a jovem encontra em uma professora alguém que se importa com ela.

Atividades de autoavaliação

1. Sobre as pedagogias diretivas e não diretivas, é correto afirmar:
    a) Na primeira, não existe nenhum tipo de intervenção do professor.
    b) Na segunda, o papel da escola está centrado no professor.
    c) Em ambas, o conteúdo é transmitido aos estudantes a partir de suas realidades sociais.
    d) Cópias mecânicas, baseadas na memorização, são associadas ao modelo diretivo.
    e) Em ambas, o papel da escola está centrado no indivíduo.

2. Entre os teóricos brasileiros que buscaram fazer uma orientação pedagógica superadora do reprodutivismo, destacam-se Dermeval Saviani e Paulo Freire. Para ambos:
    a) o conhecimento é um instrumento estático e a comprovação do desempenho do estudante deve estar baseada na memorização e na repetição de conceitos.
    b) a leitura de mundo antecede a leitura de conceitos; logo, os estudantes adentram a escola com uma visão sincrética, sendo que o ponto de chegada é a visão sintética, ou seja, a reconstrução do conhecimento.
    c) os temas geradores são o mecanismo por excelência para fazer os estudantes pensarem, fazerem e agirem.
    d) é preciso reforçar a centralização político-administrativa do sistema escolar, visando à unidade do sistema educacional.
    e) a prática pedagógica deve se pautar pela neutralidade axiológica dos valores de cada professor.

3. No que diz respeito à relação professor-estudante e aos conceitos, temas e teorias nas aulas de Sociologia, assinale V para verdadeiro e F para falso nas assertivas a seguir:

( ) Temas geradores podem ser abordados geralmente a partir de questões de interesse público, sem necessariamente relacioná-los com teorias e conceitos sociológicos.

( ) A apresentação de teorias deve se basear na apresentação metódica, rigorosa e na sua totalidade, evitando-se recortes de autores.

( ) Conceitos sociológicos devem ser contextualizados e apresentados não como palavras autoexplicativas, mas como recursos do discurso científico que visam sintetizar certas relações sociais para explicá-las na sua concretude, historicidade e totalidade.

( ) Temas geradores são uma proposição inspirada na pedagogia de Paulo Freire.

( ) Os saberes e experiências trazidos pelos estudantes são considerados, na visão dialógica de Paulo Freire, como uma consciência ingênua a ser abandonada pela autoridade do conhecimento do professor.

Agora, assinale a alternativa que apresenta a sequência correta:

a) F, F, F, V, V.
b) V, F, F, V, F.
c) F, F, V, V, F.
d) V, V, F, F, V.
e) F, V, V, F, V.

4. Com relação à utilização de livros didáticos, a pesquisadora Simone Meucci (2014) destaca:

a) Os primeiros manuais de ensino de Sociologia não se preocupavam em oferecer uma explicação propriamente sociológica, mas sim focada em aspectos literários e do direito, típicos da visão positivista reinante da época.

b) Os livros didáticos de Sociologia contemporâneos são utilizados de maneira excessiva e supervalorizada. A autora recomenda que os professores busquem fontes alternativas de pesquisa.

c) A função do PNLD é burocrática e tem o objetivo de adquirir e distribuir livros para as escolas públicas.

d) Existe pouca experiência dos autores de livros didáticos contemporâneos com a prática docente no ensino médio, pois a maioria deles não tem licenciatura em Ciências Sociais.

e) A autora destaca que há certa estigmatização do livro didático, como se sua utilização depusesse contra um ensino de qualidade.

5. Com relação à classificação dos modelos de currículos de Sociologia feita pela pesquisadora Ileizi Silva, assinale V para verdadeiro e F para falso nas assertivas a seguir:

( ) O currículo clássico, baseado em manuais traduzidos ou escritos por pensadores brasileiros consagrados, está vinculado a um modelo educacional republicano firmado pela Constituição de 1988.

( ) São características do currículo organizado por competências e habilidades a formação de empreendedores e os aspectos socioemocionais e motivacionais.

( ) Os ideais de modernidade e construção da nação, de caráter enciclopédico, visando à preparação de uma elite capaz de dirigir o país, estão ligados a um modelo de escola clássico.

( ) Flexibilidade, inserção do Brasil na economia mundial, formação para o imediato, temas transversais e transdisciplinares são elementos do léxico dos currículos baseados em competências e habilidades.

( ) Profissionalização obrigatória, testes e exercícios de completar, manuais e ênfase em conhecimentos aplicados às atividades profissionais são características de um currículo tecnicista.

Agora, assinale a alternativa que apresenta a sequência correta:
a) F, V, V, V, V.
b) V, V, F, F, V.
c) F, F, V, F, V.
d) F, F, V, F, F.
e) V, F, V, V, F.

Atividades de aprendizagem

Questões para reflexão

1. Como identificar a origem e os pressupostos de currículos baseados em competências e habilidades? Quais críticas a essas formulações podem ser feitas?

2. De que forma é possível valorizar a iniciativa dos estudantes e suas experiências, sem abrir mão da sistematização lógica dos conhecimentos? Em que momento e como o estranhamento e a desnaturalização nas aulas de Sociologia podem ocorrer?

Atividade aplicada: prática

1. Um plano de aula diz respeito à especificação de certos conteúdos previstos no plano de trabalho docente em determinado tempo. Os planos de aula podem ser elaborados previamente ao início da etapa prevista (bimestre, trimestre, semestre) e, por não serem rígidos, podem sofrer modificações ao longo do percurso. Conhecer recursos disponíveis e a realidade sociocultural da escola, ser

capaz de articular teoria e prática, ter delimitação clara dos objetivos e noção dos conhecimentos prévios dos alunos são elementos que condicionam a elaboração de um plano de aula.

Com base nas considerações expostas, escolha um dos temas trabalhados neste capítulo e elabore um plano de aula identificando os conteúdos, os objetivos gerais e específicos, a metodologia, a identificação de conceitos, temas e/ou teorias a serem abordadas, os recursos necessários e os referenciais teóricos.

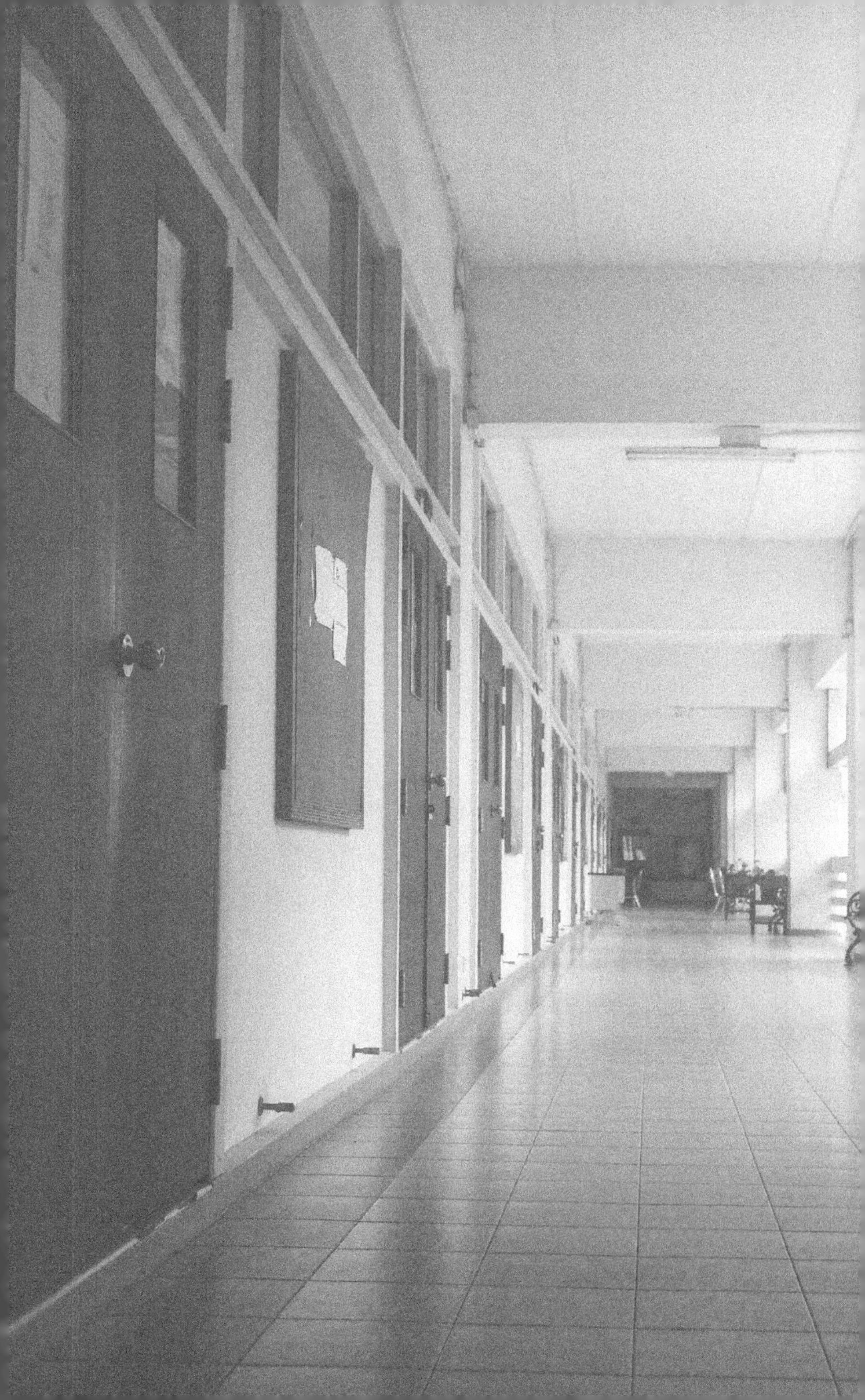

6

Recursos didático-metodológicos e prática profissional

Neste capítulo, faremos referência a diferentes possibilidades didáticas do ensino-aprendizagem de Sociologia com relação a aulas expositivas, leitura e produção de texto, uso de tecnologias (como filmes e vídeos), pesquisa, uso de fotografias, seminários e debates, além de considerações sobre avaliação.

6.1
Aulas expositivas, leitura e produção de texto

A *pedagogia tradicional* era baseada no aprendizado de regras e valores incontestáveis, na memorização. É o que – como já mencionado nesta obra – Paulo Freire chamava de *educação bancária*: o estudante se torna um receptáculo passivo. Já apresentamos essa concepção quando tratamos do debate entre pedagogias diretivas *versus* não diretivas, no Capítulo 5. Na década de 1950, na defesa do ensino de Sociologia, Florestan Fernandes advogava pelo caráter formativo do currículo, em oposição a um ensino meramente transmissor, de caráter ilustrado, acrítico, elitista. Neste capítulo, não temos a intenção de propor um manual de ensinar, pois o processo de ensino-aprendizagem envolve uma reflexão permanente sobre a prática profissional e que cada professor realiza em um ritmo e forma diferente. Destacaremos, apenas, algumas possibilidades didáticas.

O **desenvolvimento** de uma aula pode ocorrer por meio de uma provocação: o uso de uma imagem, notícia, música, poesia, de um fragmento de texto ou outro recurso qualquer que provoque a reflexão dos estudantes sobre o conteúdo proposto para a aula. Assim, a **problematização** se refere ao momento de levantar questões sobre o conteúdo a ser estudado, sem se preocupar em encontrar respostas, à moda da maiêutica socrática. Por sua vez, a **investigação** é o momento de recorrer à tradição sociológica – textos sociológicos clássicos ou contemporâneos – para refletir sobre o conteúdo estudado. A ideia não é encontrar respostas nos textos, mas, com base neles, aprofundar a reflexão sobre o conteúdo. A **apropriação de conceitos** é o momento de verificar se os estudantes aprenderam os conceitos sociológicos desenvolvidos durante a aula. Isso poderá ser feito por meio de momentos de diálogo e/ou de exercícios objetivos e/ou dissertativos. A **ressignificação** diz respeito a um momento importantíssimo da aprendizagem sociológica: saber se os estudantes conseguem trabalhar com os conceitos aprendidos e apropriados durante a aula, utilizando-os para verificar/refletir sobre algum problema e/ou situação atual ou, mesmo, para voltar à provocação inicial. A última etapa é a da **avaliação**, que já pode ter sido realizada nas diversas atividades desenvolvidas ao longo da aula.

Um dos grandes desafios é levar os estudantes a romperem com uma forma de aprender baseada na memorização excessiva, na cópia mecânica de trechos de livros ou de textos desprovidos de capacidade de abstração conceitual.

Começaremos pelas **aulas expositivas**. Em sua opinião, elas teriam lugar na escola? Defendemos que sim. A necessidade de aulas expositivas deve-se ao fato de que o professor tem experiência e conhecimento para encaminhar o processo de ensino-aprendizagem. Mas a exposição, como destacado por Sarandy (2012), não pode ser no modelo monólogo, em que o professor fala e o estudante escuta passivamente. Interrupções são necessárias e, por vezes, cabe ao professor instigar permanentemente sua turma por meio de perguntas a respeito do assunto que esteja tratando em sua exposição, visando trazer os alunos para o envolvimento da aula.

A diversificação de métodos de ensino é necessária, pois a relação professor-estudante deve ser estimulante. Nesse sentido, o professor precisa assumir uma posição de orientador da evolução dos alunos. Esse diálogo deve estar articulado com a transmissão dos saberes científicos, filosóficos, literários e artísticos sistematizados historicamente. Como abordamos no Capítulo 5, é necessário considerar

> Um dos grandes desafios é levar os estudantes a romperem com uma forma de aprender baseada na memorização excessiva, na cópia mecânica de trechos de livros ou de textos desprovidos de capacidade de abstração conceitual.

os pontos de partida, os ritmos de aprendizagem e os conhecimentos prévios de cada aluno. Utilizar-se do método de perguntas de caráter exploratório, visando captar o que os estudantes têm de conhecimento do assunto, pode ser um elemento mobilizador inicial da aula.

A utilização de metodologias de trabalho em grupo, proporcionando que os estudantes discutam a respeito de textos ou de questões formuladas pelo professor e que podem ser apresentadas oralmente em formato de debate, é uma possibilidade que objetiva alternar as dinâmicas da aula, para que não fiquem centradas exclusivamente nas explanações orais do professor.

Outra metodologia é a chamada *aula-oficina*. Esse modelo é defendido por concepções pedagógicas não diretivas, que visam deslocar a centralidade do papel do professor. Esse formato é organizado em grupo, em que o professor assume um papel de mediador e, geralmente, parte de temas geradores. Nesse método, os estudantes debatem sobre as possíveis soluções para determinados problemas ou questões. Tal método é similar ao encontrado em alguns momentos alternativos ao tradicional formato de hora-aula de 50 minutos e replicado, por exemplo, na organização de exposições de trabalhos em semanas culturais em muitas escolas. Esse formato é defendido por alguns educadores como sendo o método por excelência.

A leitura em Sociologia é evidentemente fundamental. A utilização de fragmentos de textos clássicos e contemporâneos de autores das ciências sociais permite ao estudante não apenas tomar contato com a produção e a linguagem científica, mas trata-se, sobretudo, de uma alfabetização científica. A extensa disponibilidade de livros e textos sociopolítico-antropológicos na internet pode facilitar a seleção – a ser realizada pelo professor – de excertos de textos clássicos e contemporâneos nas ciências sociais, devidamente referenciados para os estudantes, para que eles entrem em contato com a produção científica textual da disciplina.

As leituras de trechos de textos de Sociologia, do livro didático, de dados estatísticos e até mesmo de reportagens devem permitir ao estudante refletir, interpretar, comparar, sintetizar e relacionar com os conceitos, os temas e as teorias da disciplina. Segundo Schevisbiski (2008), o trabalho com textos e a linguagem dos autores das ciências sociais deve servir como possibilidade de caminhar "na companhia do autor", de "pensar com ele", de interrogar "a partir dele e contra ele"

> A leitura em Sociologia é evidentemente fundamental. A utilização de fragmentos de textos clássicos e contemporâneos de autores das ciências sociais permite ao estudante não apenas tomar contato com a produção e a linguagem científica, mas trata-se, sobretudo, de uma alfabetização científica.

(Chaui, citada por Schevisbiski, 2008, p. 7). Sarandy (2012) destacou a possibilidade de utilização de círculos de leitura: os estudantes se dividem em grupos para ler previamente trechos de textos sociológicos ou não; em momento posterior, o professor organiza um círculo com os alunos, e eles leem, analisam e comentam as passagens do texto, com o objetivo de refletir em conjunto sobre o tema abordado.

A produção de texto pelos estudantes é outro aspecto relevante. De acordo com Kulessa (2016), um discurso primário pode ser considerado aquele que surge de forma espontânea na interação verbal, fazendo apenas referência ao contexto imediato que o suscita. Por sua vez, um discurso secundário é aquele que visa à reinterpretação de uma experiência imediata. A linguagem escrita é um meio para exercitar esse discurso secundário, pois tenciona não apenas registrar e expressar, mas também organizar o pensamento, argumentar, comparar e analisar – ou seja, produzir conhecimento.

Como destacou Souza (2013), é necessária a busca pela catarse, isto é, o aluno conseguir demonstrar que se apropriou do conteúdo, saindo do senso comum em direção à consciência filosófica. Conforme destacado por Kulessa (2016), por conta da precarização do trabalho docente, da grande quantidade de turmas – o que obriga o professor a ter de lecionar em muitas turmas para fechar sua carga horária – e do pouco tempo de hora-atividade, a produção textual acaba sendo secundarizada ou subaproveitada.

A atividade escrita não deve ser uma atividade que vise à convergência com a literalidade do que está escrito no livro ou do que foi dito pelo professor. Essa produção deve estar ligada a uma pergunta feita pelo educador. Não é aconselhável solicitar aos alunos uma produção de texto com base em perguntas genéricas para eles responderem, ou seja, que flertem com o senso comum, a exemplo de *O que você acha?* Perguntas claras e objetivas, que solicitem aos estudantes a relação de ideias, fatos, conceitos e teorias, são mais recomendadas. A produção de textos sobre os temas, os conceitos e as categorias trabalhadas pode ser solicitada em formato de resenha, resumo, relatório, redação ou, até mesmo, a elaboração de jornal ou revista. É necessário, de acordo com Bridi, Araújo e Motim (2009), que na escrita o estudante compreenda o assunto estudado pelos seguintes passos: *O quê?* (o fenômeno social); *Onde?* (em que contexto); *Como?* (de que maneira se apresenta na realidade); *O que dizem os autores?* (as interpretações); *Por quê?* (as razões); *Quais as relações?* (o que conecta o tema a outros fenômenos).

6.2
Uso das tecnologias em sala de aula

As tecnologias de informação e comunicação (TICs) são instrumentos que podem auxiliar a atividade docente. Um olhar sociológico nos permite perceber que as gerações que surgiram após o advento e a disseminação da internet são filhas de uma nova cultura digital (Guimarães; Alves, 2014; Zorzi; Kieling, 2013), a qual revela novos códigos e expressões culturais, redefinindo noções de tempo e espaço e criando diferentes maneiras de socialização. Porém, a utilização de tecnologias informacionais-digitais durante as aulas esbarra na condição material da maioria das escolas pelo país, muitas delas desprovidas de infraestrutura suficiente.

O uso das TICs pode e deve ser feito por docentes e estudantes. Um exemplo é incentivar os alunos a produzir materiais didáticos para fins de apresentação oral. Ou seja, utilizar a tecnologia para fins educativos pode explorar a iniciativa e criatividade dos estudantes e se revela como uma possibilidade que as tecnologias informacionais-digitais nos oferecem.

Ao tratarem das TICs, Guimarães e Alves (2014) destacaram que elas são instrumentos opcionais inovadores para auxiliar a atividade docente. As autoras mencionaram que a utilização dessas

> É fundamental conhecer as múltiplas implicações das TICs (sociais, éticas e econômicas), bem como considerá-las como instrumentos para o trabalho pessoal e a prática profissional: no sentido de compreender operações e conceitos relacionados às TICs, aprender a utilizá-las e integrá-las a diversas atividades.

tecnologias envolve alguns passos. O primeiro deles é desenvolver uma nova postura profissional em relação a elas, no sentido de ser receptivo às mudanças e estar disposto a incorporar novos conhecimentos. É fundamental conhecer as múltiplas implicações das TICs (sociais, éticas e econômicas), bem como considerá-las como instrumentos para o trabalho pessoal e a prática profissional: no sentido de compreender operações e conceitos relacionados às TICs, aprender a utilizá-las e integrá-las a diversas atividades. Por fim, no processo de ensino-aprendizagem, elas devem ser encaradas como uma estimulante possibilidade de acesso ao conhecimento, atentando para as suas implicações na esfera educacional.

Guimarães e Alves (2014) reforçaram a importância da utilização de portais educacionais, criados pelas Secretarias de Educação, como espaços usados preferencialmente por professores que procuram um ambiente para troca de experiências e obtenção de informações sobre cursos e novidades na área de educação. As autoras destacaram o ambiente colaborativo que um portal educacional permite ao subsidiar uma prática educativa. Ao tratar das diferenças entre *sites* e portais educacionais, elas comentam:

> *O site (ou website) é um espaço básico da informação a qual é estruturada uma hierarquia para que todo o conteúdo seja concentrado, entendido e acessado com facilidade por um público generalizado. [...] trata-se de um "grande arquivo". [...]*
>
> *A diferença basilar entre site (Website) e portal está na forma de difusão e acesso à informação. No site, as informações estão dispersas pela rede; no portal, elas são disponibilizadas mediante recursos estruturados e organizados conforme a área de abordagem desse espaço virtual.* (Guimarães; Alves, 2014, p. 243-244)

Além de ser um grande recurso disponível ao professor, a internet também oferece aos estudantes extensas possibilidades de pesquisa. No entanto, tal ferramenta pode se tornar um mecanismo para a cópia de textos prontos por parte dos alunos. Uma maneira de se reduzir tal prática é o professor elaborar um roteiro do que deve ser pesquisado, sugerindo bibliografias com a exigência da identificação de fontes e a elaboração de citações ao longo do texto.

Além da internet, a utilização de músicas, de imagens em televisão ou de projetor em sala (infelizmente, essa realidade está distante de muitas escolas brasileiras) também pode ilustrar fenômenos estudados ou integrar um objeto de estudo.

Vamos exemplificar um possível trabalho com música. Em uma aula sobre o tema *sociologia do trabalho*, o professor pode utilizar como elemento de sensibilização as músicas "Capitão de indústria", dos Paralamas do Sucesso, e/ou "Construção", de Chico Buarque (esta apresentada a seguir).

Construção

Amou daquela vez como se fosse a última
Beijou sua mulher como se fosse a última
E cada filho seu como se fosse o único
E atravessou a rua com seu passo tímido
Subiu a construção como se fosse máquina
Ergueu no patamar quatro paredes sólidas
Tijolo com tijolo num desenho mágico
Seus olhos embotados de cimento e lágrima
Sentou pra descansar como se fosse sábado
Comeu feijão com arroz como se fosse um príncipe
Subiu a construção como se fosse sólido
Ergueu no patamar quatro paredes mágicas
Tijolo com tijolo num desenho lógico
Seus olhos embotados de cimento e tráfego
Sentou pra descansar como se fosse um príncipe
Comeu feijão com arroz como se fosse o máximo
Bebeu e soluçou como se fosse máquina
Dançou e gargalhou como se fosse o próximo
E tropeçou no céu como se ouvisse música
E flutuou no ar como se fosse sábado
Bebeu e soluçou como se fosse um náufrago
Dançou e gargalhou como se ouvisse música
E tropeçou no céu como se fosse um bêbado

E flutuou no ar como se fosse um pássaro
E se acabou no chão feito um pacote flácido
Agonizou no meio do passeio público
Morreu na contramão atrapalhando o tráfego
Amou daquela vez como se fosse o último
Beijou sua mulher como se fosse a única
E cada filho seu como se fosse o pródigo
E atravessou a rua com seu passo bêbado
E se acabou no chão feito um pacote tímido
Agonizou no meio do passeio náufrago
Morreu na contramão atrapalhando o público
Amou daquela vez como se fosse máquina
Beijou sua mulher como se fosse lógico
Ergueu no patamar quatro paredes flácidas
Sentou pra descansar como se fosse um pássaro
E flutuou no ar como se fosse um príncipe
E se acabou no chão feito um pacote bêbado
Morreu na contramão atrapalhando o sábado. (Buarque, 1971)

As letras dessas canções podem ser excelentes recursos de sensibilização inicial a respeito do tema *trabalho* e do subtema *especificidade do trabalho na sociedade capitalista*. A utilização de um equipamento de áudio, bem como a distribuição de cópias das respectivas letras, podem se tornar um excelente elemento mobilizador inicial da aula, visando extrair dos estudantes o entendimento da letra e as conexões possíveis de se fazer quanto aos aspectos das relações de trabalho na sociedade contemporânea. Entre esses aspectos, podemos destacar a noção de tempo – e a falta dele –, buscando identificar, com os alunos, situações familiares nas quais o convívio familiar é reduzido por conta das extensas jornadas diárias de trabalho, enfatizando as situações relativas ao *stress* ocasionado por essas jornadas.

Além dessa mobilização inicial, conexões mais amplas podem ser feitas com o auxílio dos textos clássicos de Marx, presentes na obra *O capital*, sobre o fato de a jornada de trabalho durar, na prática, 24 horas, no sentido do esgotamento físico e mental.

A letra da canção de Chico Buarque, além de representar uma belíssima construção poética, permite instigar os estudantes sobre quem é o personagem e a respeito da indiferença com relação ao seu fim trágico ("Morreu na contramão atrapalhando o sábado"), buscando relacionar os acidentes de trabalho com as dimensões do chamado *trabalho precário*.

É importante que a utilização de recursos audiovisuais esteja relacionada com os conteúdos e temas trabalhados. Nesse sentido, é possível trabalhar com filmes na íntegra ou somente trechos de vídeos. Roteiros de observação e questões sobre certo filme podem exemplificar determinado tema trabalhado em sala. A utilização de filmes pode anteceder uma discussão conceitual ou ocorrer após uma apresentação prévia de elementos históricos e conceituais que ajuem a direcionar o olhar dos estudantes para o enredo mediante um olhar sociológico.

Angrewski (2015) destaca que a percepção humana está centrada naquilo que pode ser captado pelo olhar. Sob essa ótica, o cinema expande o mundo dos objetos dos quais tomamos conhecimento, tanto no campo visual como no sensorial, aprofundando a percepção humana. Nesse sentido, a filmografia pode, ao articular meios de comunicação convencionais e novas tecnologias, ocupar um lugar de destaque no processo de ensino-aprendizagem. Conforme destacado pelas Orientações Curriculares Nacionais (OCN) de Sociologia (Brasil, 2006, p. 129, grifo do original):

*Trazer a TV ou o cinema para a sala de aula não é apenas buscar um novo recurso metodológico ou tecnologia de ensino adequados aos nossos dias, mais palatáveis para os alunos – e o público –, que são condicionados mais a ver do que a ouvir, que têm a imagem como fonte do conhecimento de quase tudo. Trazer a TV e o cinema para a sala de aula é submeter esses recursos a procedimentos escolares – **estranhamento** e **desnaturalização**.*

Ou seja, a utilização da TV e do cinema em sala de aula não pode estar apenas vinculada à noção de inovação e atratividade, mas deve estar integrada ao plano de trabalho docente do professor, ao projeto pedagógico curricular da disciplina na escola e, principalmente, ser um meio de conexão entre os conceitos, as teorias, os temas e os aspectos veiculados pela filmografia, buscando exercitar, por meio do elemento visual, diversas problematizações sociológicas. Os momentos anterior e posterior ao filme também devem ser bem planejados pelo professor.

Após o filme, realizar debate com os alunos a fim de relacionar o conteúdo assistido com conceitos, temas e teorias; desenvolver atividades avaliativas – da descrição do enredo à identificação de conceitos e problemas sociológicos –; problematizar o filme com os estudantes e averiguar o que mais chamou a atenção de cada um; e, até mesmo, convidá-los a produzir sinopses ou roteiros prévios ao filme também são alternativas que podem ser exploradas pelo professor.

6.3
A pesquisa como recurso pedagógico

As OCN de Sociologia (Brasil, 2006) destacam que uma pesquisa pode ser proposta após apresentações teóricas, conceituais ou temáticas, como elemento de verificação do que foi discutido anteriormente em sala, mas também pode ser desenvolvida antes das apresentações, visando à problematização dos resultados de pesquisas exploratórias. Orientações quanto ao tema, ao problema, aos objetivos, à delimitação do tema, à identificação de questões sociológicas e à conclusão devem ser fornecidas pelo professor:

*é necessário fazer ao menos um **esboço de projeto** de pesquisa exploratória, ou seja, não se pretende aqui desenvolver uma pesquisa para que no final se tenha uma monografia, mas apenas alertar o aluno para a necessidade, antes de tudo, de ele se conscientizar daquilo que quer pesquisar. E isso serve também para as pesquisas bibliográficas: não adianta dizer para os alunos: vão até a biblioteca e pesquisem sobre o desemprego; ou então: para a semana que vem, quero que vocês me tragam tudo o que acharem nas revistas e nos jornais sobre desemprego.*

Para se fazer uma pesquisa em materiais impressos, é necessário antes saber pesquisar em livros, revistas e jornais. O professor deve explicar, por exemplo, a diferença entre livros de referência, de literatura, manuais e livros específicos sobre o tema; como ensinar a pesquisar num jornal e mostrar a diferença entre um editorial, uma reportagem, um artigo ou uma entrevista. Ou seja, uma pesquisa em materiais impressos requer um mínimo de orientação e conhecimento sobre a natureza dessas fontes. Cabe também uma orientação sobre o modo de escrever a notação bibliográfica dentro das normas padrão. (Brasil, 2006, p. 126)

Pesquisas de campo são recursos utilizados pelos cientistas sociais e que envolvem entrevistas, questionários e uma observação participante. O professor pode orientar os estudantes a irem a campo com um roteiro preestabelecido, por exemplo, mas é importante que eles sejam sempre teoricamente orientados – se possível, após o trabalho com os conceitos, as teorias e/ou os temas sobre os quais se pretende pesquisar.

As pesquisas etnográficas (a palavra *etnografia* significa, literalmente, a grafia/descrição de um povo), provenientes da antropologia, podem ser incentivadas pelo professor, explicitando seus pressupostos. De acordo com Oliveira (2012), o exercício etnográfico, baseado nos atos de olhar, ouvir e escrever, está vinculado à aprendizagem dos sentidos. Em campo, olhar e ouvir de forma particular e teoricamente orientada são ações que se traduzem também em uma forma singular de escrever sobre algo.

As críticas modernas à etnografia – para além de *eu estive lá* –, em oposição à chamada *antropologia de gabinete* do século XIX, destacam abordagens mais colaborativas, para além da descrição, que visam dar voz aos interlocutores, citando os informantes. Nesse sentido, incentivar os estudantes a fazer entrevistas, com o uso de gravador, e convidá-los a interpretá-las mediante a mobilização prévia de conceitos sociológicos, pode render bons resultados na aprendizagem de uma prática científica.

Se não é possível, como destacado por Oliveira (2012, p. 91), "viver com o nativo", no sentido de uma etnografia clássica, isso não significa que certos aspectos dessa prática científica não devam ser incentivados. Independentemente de onde os alunos moram, para realizar uma pesquisa, é possível explorar os arredores e, dentro de certas condições materiais ofertadas, organizar excursões a algumas localidades, como aldeias indígenas e/ou áreas rurais ou urbanas.

O professor também pode incentivar a sistematização do que foi vivenciado pelos alunos durante a pesquisa, seja por meio de relatório, seja mediante anotações em um caderno/diário de campo, exposição fotográfica, exibição de vídeos etnográficos etc. A utilização e a análise crítica de fotografias, destacando as intencionalidades de quem as tirou e os usos diversos que elas podem assumir, também é uma estratégia que pode ser explorada pelo professor.

Ainda com relação a pesquisas de campo com elaboração de entrevistas, cabe ao professor explicar aos estudantes a diferença entre uma fonte primária e uma fonte secundária. Por ser uma pesquisa de entrevista, podemos dizer que a fonte primária dos dados é justamente o resultado da entrevista, isto é, as respostas obtidas por meio dela. Para a elaboração de um relatório escrito, por exemplo, é possível pesquisar dados em outras fontes, como revistas, livros, *sites* e, até mesmo, no livro didático de Sociologia – essas são as fontes secundárias. Então, além da pesquisa de campo, o professor pode solicitar um relatório escrito e uma apresentação oral dos resultados da pesquisa, simultaneamente.

Citaremos, a seguir, aqui alguns exemplos de possibilidades de pesquisa de campo. A primeira delas é relativa à temática da sociologia urbana. Um professor pode, por exemplo, dividir os estudantes em grupos e orientá-los a pesquisar, em dois bairros da cidade onde moram, aspectos referentes a: violência urbana; transporte coletivo; equipamentos públicos de esporte e lazer; postos de saúde; e limpeza urbana.

É interessante que o professor recomende que essa pesquisa seja feita considerando dois bairros desiguais entre si em termos de educação, renda e longevidade (IDH), a partir de dados fornecidos pelo próprio professor e coletados de *sites* governamentais. Moradores do bairro e transeuntes podem ser entrevistados. Além disso, fotografias e descrições do ambiente de campo podem ser registradas para a posterior produção do relatório escrito. O objetivo é exercitar a prática da pesquisa de campo enquanto recurso pedagógico, como um dos elementos de uma alfabetização científica, explorando também aspectos referentes às desigualdades sociais produzidas no espaço urbano.

Tal prática de pesquisa deve estar associada à análise dos aspectos históricos sobre a origem do processo de favelização, bem como aos conceitos de segregação socioespacial, gentrificação urbana (valorização e especulação imobiliária), cidadania e crise ambiental – desigualdades produzidas pela sociedade capitalista e que podem ser lidas em Davis (2006) e Pescarolo (2017).

Outra possibilidade pode ser a elaboração de uma pesquisa vinculada ao conteúdo de instituições sociais. Por exemplo, o professor pode orientar a pesquisa de campo em diversas instituições religiosas, por meio de uma lista fornecida previamente. Esse trabalho permitirá aos estudantes desenvolver um olhar sociológico/antropológico sobre o fenômeno social religioso. Assim, o professor pode solicitar aos alunos que levem um caderno de campo para anotações, além de um instrumento para a gravação de áudio e vídeo. Tal experiência poderá esbarrar em preconceitos religiosos de estudantes ou pais, que porventura não queiram visitar uma instituição religiosa que pertença à outra crença. Nesse caso, o professor deverá explicar que os estudantes estarão fazendo um trabalho de caráter científico.

O professor poderá elaborar um roteiro com questões relativas a: como são as paredes, o chão, os bancos, as luzes, a arquitetura, os símbolos e as vestimentas encontradas na instituição religiosa? O que significam os símbolos ou as imagens dispostas por todo o local (caso existam, obviamente)? É interessante que o professor convide os alunos a pesquisar a origem da religião analisada.

Essa pesquisa de campo pode fornecer elementos para um debate em sala de aula sobre: diversidade e pluralidade religiosa; intolerância religiosa; reflexão sobre a distinção entre religião *versus* bruxaria/

magia – concepção criada pelo cristianismo medieval (Montero, 2010); a problemática da laicidade e da secularização e os tensionamentos com certas expressões religiosas; a relação entre capitalismo e espetacularização da fé; o enfraquecimento relativo do catolicismo tradicional no Brasil; e o crescimento de novas simbologias religiosas.

Um terceiro exemplo diz respeito ao conteúdo de sociologia do trabalho. O professor pode orientar os estudantes a pesquisar trabalhadores de distintas modalidades de contrato de trabalho, como um celetista, um funcionário público, um autônomo e um terceirizado. É importante a elaboração de um roteiro prévio, com questões abertas ou fechadas que envolvam dados biográficos do entrevistado, como: nome; idade; extensão da jornada de trabalho; descrições da ocupação e do ambiente de trabalho; existência ou não de direitos trabalhistas e proteção social; se o entrevistado já vivenciou preconceitos no ambiente de trabalho; remuneração; idade em que começou a trabalhar; grau de escolaridade, entre outras.

Nessa pesquisa, o professor poderá solicitar aos estudantes que identifiquem as semelhanças e diferenças em relação às entrevistas relativas às distintas formas de contratação de trabalho e à descrição das condições de trabalho. Além disso, uma estratégia interessante poderá ser questionar os alunos sobre se foi possível identificar alguma característica de flexibilização/precarização nas relações de trabalho dos entrevistados.

Sobre esse importante conceito de precarização do trabalho, e que pode ser abordado com os estudantes, citamos os recentes estudos de Ruy Braga (2017),

A pesquisa de campo pode fornecer aos estudantes elementos conceituais que exemplifiquem aquilo que foi abordado em sala de aula, relacionando os conceitos trabalhados com a verificação empírica, além de familiarizar os alunos com a prática de pesquisa científica.

segundo o qual, em 2013, pela primeira vez foi superado no Brasil o pico histórico de mais de 50% de brasileiros empregados cobertos pela legislação trabalhista. Porém, como destacado por Braga (2017), a qualidade desses empregos pode ser objeto de reflexão do professor com os estudantes, com relação às tendências recentes no mercado de trabalho nacional: entre 2003 e 2013, foram criados em média 2,1 milhões de empregos formais por ano, mas com as seguintes tendências: formalização associada com baixos salários; terceirização; feminização do trabalho; incorporação de jovens não brancos; ampliação de empregos no setor de serviços; elevação da taxa de rotatividade no trabalho. Em 2017, já em outro contexto sociopolítico, novamente as taxas de emprego informal voltaram a se tornar dominantes, segundo dados do Ipea (2017).

Nos exemplos citados – e, obviamente, em muitos outros possíveis –, a pesquisa de campo pode fornecer aos estudantes elementos conceituais que exemplifiquem aquilo que foi abordado em sala de aula, relacionando os conceitos trabalhados com a verificação empírica, além de familiarizar os alunos com a prática de pesquisa científica.

6.4
Demais possibilidades didático-metodológicas

A *docência implica* a dimensão da pesquisa, por exemplo, na preparação de um plano de trabalho docente semestral, trimestral ou bimestral e no plano de aula – a depender das condições oferecidas ao professor na escola e de uma jornada não estafante. A elaboração de resumos e de mapas conceituais, a edição de trechos de textos de cientistas sociais e o uso de imagens e de dados de relatórios permitem que o professor não fique circunscrito apenas ao livro didático.

Charges, cartuns e tirinhas são recursos que podem, em um primeiro momento, servir como elementos mobilizadores na aula, para, na sequência, o professor proceder a uma análise mais profunda do significado de tais recursos – além de ser possível utilizá-los em atividades avaliativas.

Entre as demais possibilidades didáticas de trabalho em sala de aula, podemos destacar os debates, os júris simulados e os seminários. Debates e seminários são momentos de sistematizações do pensamento. Tais ferramentas proporcionam interação, capacidade argumentativa e exposição de dados. Porém, sempre devem partir de temas, conceitos, teorias e bibliografias previamente apresentadas; do contrário, corre-se o risco de se realizar uma abordagem superficial de conteúdos. Os temas geradores para a realização de debates devem ser bem planejados pelo professor e envolver não só a capacidade de síntese e argumentação dos estudantes, mas também a alteridade, o respeito a uma análise divergente de determinado fenômeno.

Por sua vez, o júri simulado como recurso didático se refere a uma reprodução de um julgamento, combinando reflexão e capacidade de argumentação, em que promotores, defesa, testemunhas e júri – previamente divididos – abordarão certos temas sociológicos, sempre com a orientação do professor com relação a um mínimo de rigorosidade analítica. O professor deve fornecer previamente aos estudantes indicações de fontes de pesquisa.

Em um seminário, é importante o professor não ficar apenas observando e anotando. Antes da realização do seminário, ele deve orientar a realização da pesquisa (de campo e/ou bibliográfica) e explicitar aos estudantes que, no momento da apresentação, serão eles os "professores"; por isso, precisarão ser didáticos e utilizar a criatividade, recorrendo, inclusive, a aspectos iconográficos ou audiovisuais.

Muitas vezes, por vergonha ou insegurança, mas também por hábito, alguns estudantes, nas apresentações, fazem uma mera leitura decorada de um texto, tornando-a maçante e cansativa para quem está ouvindo. Na preparação de um seminário, é comum que os alunos dividam – de forma taylorista – o que cada um vai apresentar, para memorizarem apenas as partes que lhes cabem, perdendo-se, assim, a dimensão da totalidade.

Por isso, nas aulas preparatórias à apresentação de um seminário, o professor deverá chamar a atenção para a superação desse método taylorista, explicando que não há problema no fato de um estudante ir à frente da classe com anotações (a popular "cola") de seu roteiro de fala – o importante é fazê-los entender que não há necessidade de memorizar os conteúdos. Uma boa dica a ser fornecida aos alunos é que eles organizem a apresentação em tópicos, *slides* ou cartazes que sirvam de guia para o seminário. Perguntas, questionamentos ou comentários durante ou após as apresentações poderão ser selecionadas pelo professor, para esclarecer determinados aspectos que forem abordados pelos estudantes.

6.5
A avaliação

É importante destacar que o ato de avaliar é um julgamento de valor, o qual deve explicitar, a quem será avaliado, quais são as finalidades, os objetivos e os critérios da avaliação.

Avaliar não se resume a constatar o nível do estudante ou a distribuir conceitos. A avaliação se trata de um instrumento para orientar a ação pedagógica e detectar como melhorar o ensino. Para avaliar de forma contínua e diagnóstica, é necessário conhecer claramente os objetivos pedagógicos.

A avaliação não deve somente procurar atender às dimensões conceituais da disciplina, mas também acompanhar o desenvolvimento dos procedimentos adotados pelos estudantes. A aplicação do processo avaliativo não deve ser realizada de maneira única, haja vista que o processo de aprendizagem precisa ser contínuo, assim como a avaliação. Logo, a avaliação não precisa necessariamente ser realizada por meio do instrumento conhecido como *prova*, sendo recomendável que diferentes instrumentos avaliativos sejam utilizados. Mas é interessante que o professor, ao fazer a devolutiva das atividades avaliativas, discuta com os alunos sobre possíveis equívocos e erros de interpretação cometidos por eles e captados na avaliação; em contrapartida, é importante que ele elogie a qualidade das respostas obtidas, mas de forma genérica, sem exposições desnecessárias. Tal metodologia permite que o estudante possa identificar o porquê de o professor ter avaliado a qualidade do seu trabalho como suficiente ou insuficiente.

As avaliações constituem um dos momentos de sistematização do que o estudante aprendeu. Podem ser formuladas com questões objetivas e/ou dissertativas, a critério do professor. Elas possibilitam aos estudantes compreender, relacionar, sintetizar e refletir.

Quanto aos critérios de avaliação do professor, ele deve observar se os estudantes são capazes de demonstrar uma compreensão geral de textos, bem como de argumentação escrita e/ou oral. Também, é importante identificar se eles têm capacidade de interpretar e relacionar conceitos, temas e teorias.

Nas **avaliações escritas/dissertativas**, Bridi, Araújo e Motim (2009) destacaram alguns elementos que devem permear a avaliação do professor: a clareza nas informações; a relação das informações com os conteúdos solicitados; se há generalizações imprecisas; se os alunos elaboram conhecimentos com suas próprias palavras; se existem informações contraditórias; se eles demonstram terem aprendido a identificar os processos e as transformações; se há uma lógica sequencial em seus textos; e se eles tecem conclusões sobre o objeto de estudo.

Nas **avaliações objetivas**, os aspectos que devem permear a avaliação do professor são: a interpretação de texto nas questões e nos enunciados;

o domínio de informações e conceitos trabalhados em aula; a leitura atenta do texto da questão formulada, visando distinguir as informações verdadeiras das falsas; e a identificação de relações de causalidade, efeitos e consequências.

Segundo Zorzi e Kieling (2013, p. 83), uma avaliação diversa da perspectiva diretiva ou tradicional, de caráter classificatório e punitivo, teria as seguintes características para os estudantes:

> *Em vez de deixá-los na insegurança de uma nota 7,5 com a variedade de "certos" e "errados", riscados em vermelho, como se essa simples indicação revelasse o caminho correto até a construção do saber desejado, a avaliação processual refaz continuamente o percurso até a construção do saber. Desse modo, ela deixa de ser mecanismo de exclusão e passa a ser mecanismo de controle do processo de ensino-aprendizagem.*

Nos limites deste livro, não conseguiremos aprofundar a reflexão de como deve ocorrer uma avaliação baseada em uma revisão constante da produção do estudante. Destacamos, apenas, que tal perspectiva necessariamente precisa, da parte do professor, de uma atenção individualizada ao estudante.

> A avaliação se trata de um instrumento para orientar a ação pedagógica e detectar como melhorar o ensino.

A efetivação dos pressupostos de uma pedagogia individualizada necessita de uma condição pedagógica que prescreva turmas com menor quantidade de estudantes, bem como de professores com jornada de dedicação exclusiva – com pelo menos 50% de sua jornada voltada a atividades de planejamento, preparação e correção de atividades.

Será que é necessário haver reprovação? Não nos deteremos à discussão que envolve a resposta a esse questionamento. Porém, destacamos que o foco deve ser a qualidade do processo de ensino-aprendizagem – que é efetivamente mais importante do que o debate sobre aprovação automática *versus* reprovação.

Síntese

Neste capítulo, abordamos diversas possibilidades metodológicas do ensino-aprendizagem de Sociologia, como leitura e produção de texto, pesquisa como recurso pedagógico, utilização de debates, seminários e oficinas, recorrência a diferentes recursos audiovisuais, além de tecer considerações sobre avaliação.

Discutimos que a diversificação de metodologias e instrumentos pedagógicos, combinada com o incentivo à aprendizagem de aspectos da teoria e prática científica, bem como com a capacidade de articular conceitos e teorias e de problematizar os fenômenos sociais exercitando a capacidade de comparação, análise, generalização e síntese, é um objetivo a ser atingido pelos estudantes, o que pode ser conquistado por meio do trabalho docente.

Indicações culturais

Filme

>SOCIEDADE dos poetas mortos. Direção: Peter Weir. EUA: Touchstone Pictures. 1989. 128 min.

O enredo desse filme acontece no entorno do professor John Keating, que busca se contrapor a certos métodos baseados na hierarquia rígida, na memorização e no aprendizado de forma mecânica. Keating procura romper com o tradicional, apresentando a possibilidade de uma relação professor-estudante democrática, interativa e espontânea.

Série

MERLÍ. Direção: Héctor Lozano. Catalunha, 2015-2016. Série de televisão.

Essa série, produzida pela televisão catalã, é baseada em um excêntrico professor de Filosofia que se depara com estudantes que vivenciam situações diversas, como *bullying*, ansiedades e inseguranças. Merlí, o professor, tem certas condutas morais questionáveis, por meio das quais podemos refletir acerca dos conceitos de certo e o errado.

Atividades de autoavaliação

1. Com relação à pesquisa de campo na educação básica, assinale V (verdadeiro) ou F (falso) nas assertivas a seguir:
   - ( ) Pesquisas quantitativas são mais indicadas que as qualitativas, pois facilitam a mensuração/tabulação dos dados pelos estudantes.
   - ( ) Pesquisas de caráter etnográfico devem ser evitadas, pois os estudantes necessitam se apropriar de conhecimentos antropológicos que só podem ser conquistados por meio de um aprofundamento teórico.
   - ( ) A pesquisa de campo deve estar pautada pelos atos de olhar e ouvir de forma teoricamente orientada, além de uma descrição, visando à interlocução com os informantes.
   - ( ) As entrevistas permitem uma maior flexibilidade e tendem a obter mais êxito na criação de uma atmosfera que permita à pessoa exprimir sentimentos ou descrever comportamentos.
   - ( ) As pesquisas de campo permitem uma alfabetização científica aos estudantes e a verificação empírica de aspectos conceituais abordados em sala.

Agora, assinale a alternativa que apresenta a sequência correta:
a) F, F, V, V, V.
b) F, V, V, F, V.
c) V, V, F, F, V.
d) F, V, F, F, V.
e) V, V, F, V, F.

2. Sobre a utilização de filmes em sala de aula, é correto afirmar:
   a) A utilização do elemento imagem está condicionada ao ato de ver mais do que ao de ouvir, presente em diversas sociedades ao longo da história.
   b) O filme permite trabalhar centralmente com o lúdico e deve, por isso, ser encarado como um momento de descontração em sala de aula.
   c) A estética, o lazer e a ideologia são dimensões presentes nos filmes e que podem ser redirecionados ao debate sociológico, independente da obra utilizada.
   d) A utilização de filmes pode possibilitar uma discussão conceitual para ajudar a direcionar o olhar dos estudantes para o enredo a partir de um olhar sociológico.
   e) A inovação e a atratividade são os motivos que fundamentam a utilização de filmes em sala de aula.

3. Com relação à aula expositiva e às atividades de leitura e produção de texto, assinale V (verdadeiro) ou F (falso) nas assertivas a seguir:
   (   ) A utilização em sala de leitura de trechos de textos acadêmicos escritos por cientistas sociais deve ser evitada, pois se trata de um ensino de caráter enciclopédico, distante da realidade dos estudantes.

( ) Pensar com o autor, a partir do autor e contra o autor são possibilidades abertas em virtude da utilização de textos acadêmicos de cientistas sociais.

( ) A produção de texto está diretamente ligada à pergunta selecionada para orientar a elaboração textual. Nesse sentido, o professor deve evitar perguntas de caráter genérico que flertem com o senso comum.

( ) A educação bancária, criticada por Paulo Freire, está identificada com a aula que torna o estudante um receptáculo passivo.

Agora, assinale a alternativa que apresenta a sequência correta:
a) V, V, F, V.
b) F, F, V, F.
c) V, F, V, V.
d) F, V, F, F.
e) F, V, V, V.

4. Com base nos conteúdos deste capítulo, assinale V (verdadeiro) ou F (falso) nas assertivas a seguir:

( ) Pesquisas de cunho etnográfico são aquelas que visam exercitar a aprendizagem por meio dos sentidos do olhar, do ouvir e do escrever.

( ) A diferença entre um *website* e um portal educacional é que, no primeiro, as informações estão estruturadas conforme a abordagem desse espaço virtual, e no segundo, as informações estão dispersas pela rede.

( ) A linguagem escrita visa não apenas registrar e expressar, mas também organizar o pensamento, argumentar, comparar e analisar – ou seja, produzir conhecimento.

( ) A memorização excessiva e a cópia mecânica de trechos de livros ou textos desprovida de capacidade de abstração conceitual podem ser consideradas uma realidade superada pelos alunos diante das novas pedagogias.

Agora, indique a alternativa que apresenta a sequência correta:
a) V, F, V, F.
b) V, V, F, F.
c) V, V, V, F.
d) F, F, V, V.
e) V, F, F, V.

5. Com relação aos passos necessários para o desenvolvimento de uma aula, é correto afirmar:
   a) A problematização significa o momento de consulta à tradição sociológica mediante textos e/ou exposições orais.
   b) A apropriação de conceitos é o momento de verificação do que foi aprendido.
   c) A avaliação pode ocorrer a qualquer momento da aula, preferencialmente no início da apresentação do desenvolvimento da aula.
   d) A problematização se refere ao momento de levantar questões sobre o conteúdo a ser estudado, sem se preocupar em encontrar respostas.
   e) A provocação deve ocorrer no início da aula e se trata do momento de apropriação dos conceitos sociológicos.

Atividades de aprendizagem

Questão para reflexão

1. Se a avaliação é contínua, significa que deve ser diária, e não somente ocorrer em momentos especiais. A avaliação também deve ser diagnóstica e processual. Reflita acerca do significado de uma avaliação contínua, diagnóstica e processual.

Atividade aplicada: prática

1. Com base no que foi abordado neste capítulo, enumere as diversas possibilidades metodológicas em Sociologia e destaque vantagens/aspectos facilitadores *versus* possíveis desvantagens/aspectos que dificultem a aplicabilidade em sala de aula dos referidos métodos.

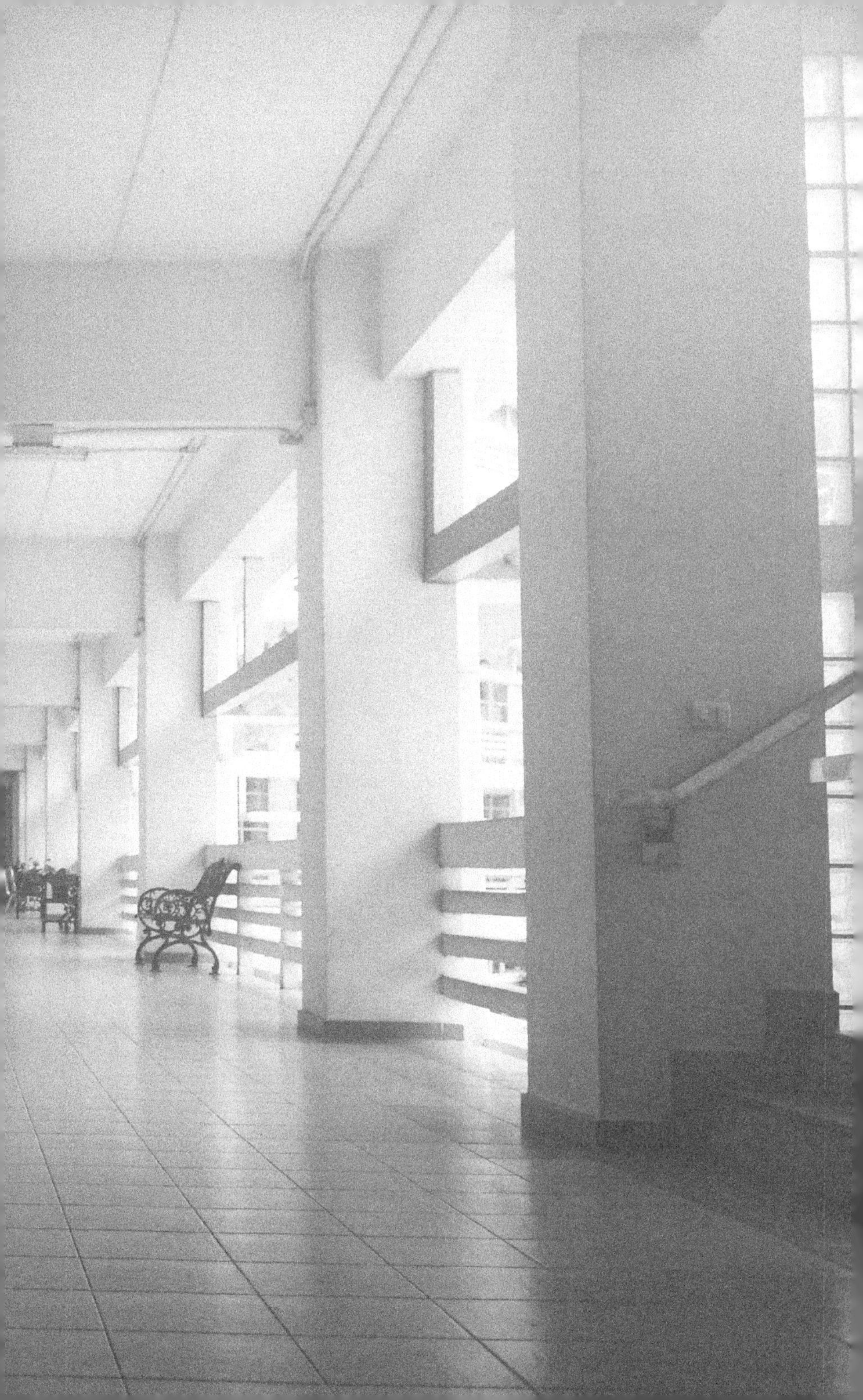

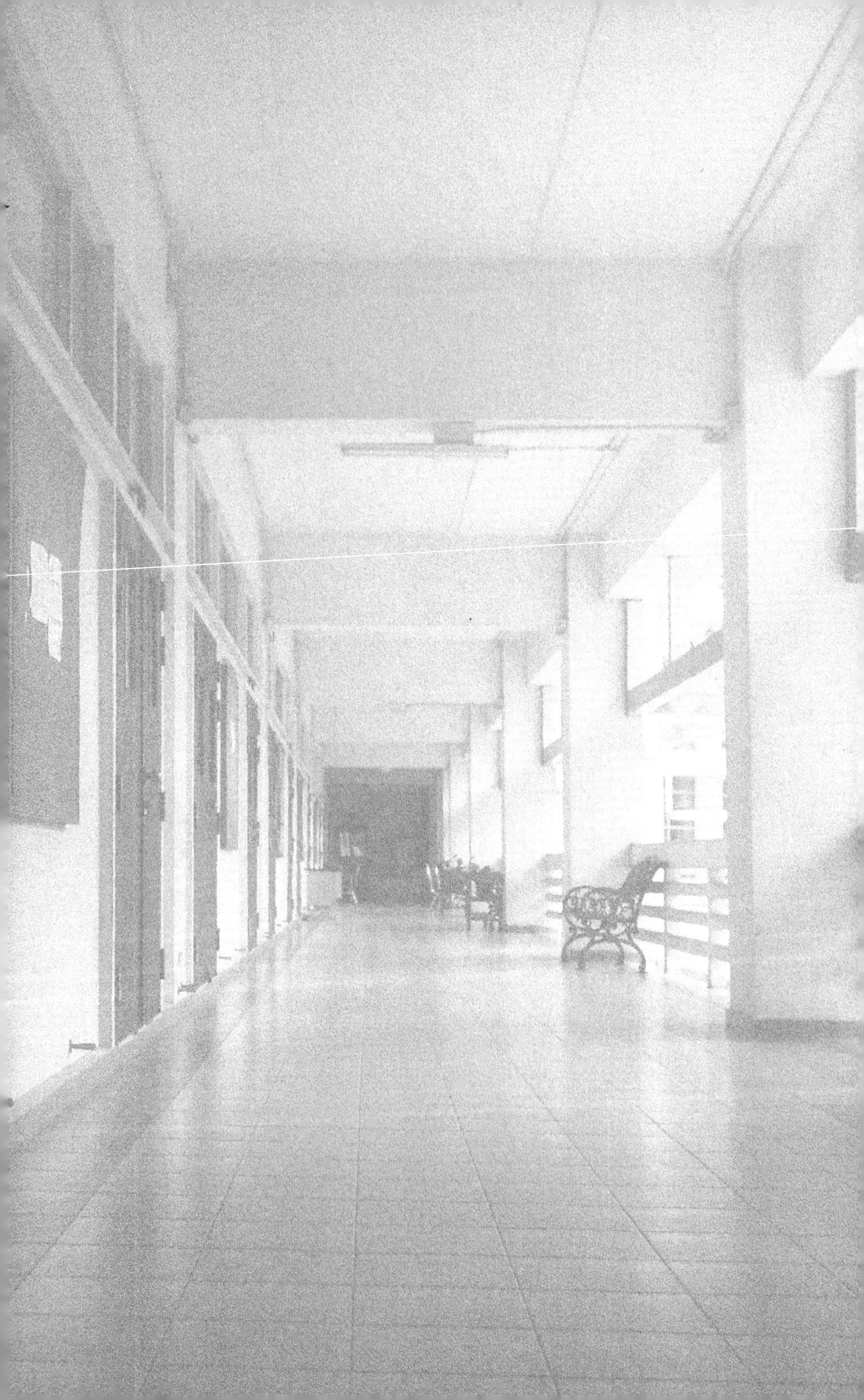

considerações finais

A *escrita deste* livro permitiu a realização de um exercício de pesquisa e a revisão de leituras em diversos referenciais teóricos na área do ensino de sociologia e na educação.

A abordagem proposta teve por objetivo a reflexão sobre a história da escola e do ensino de Sociologia, relacionada aos contextos de tensionamentos sociopolíticos acerca dos rumos das políticas educacionais no Brasil. Esse foi o motivo de se pensar a escola, o ensino da disciplina e as políticas educacionais que deram o título a este livro.

Os anos lecionando Sociologia na rede pública estadual nos permitiram conjugar a experiência docente com a possibilidade de escrever sobre a própria profissão. Pensar a escola pública como um fenômeno dual, como uma conquista civilizatória e, ao mesmo tempo, como um espaço de reprodução de determinadas relações sociais foi um dos objetivos desta obra.

Transitar entre os aspectos históricos da escola, considerando sua gênese no mundo e no Brasil, bem como o lugar da sociologia no contexto escolar, possibilitou compreendermos que a educação nunca deixou de ser um prolongamento de um projeto político.

A defesa da escola pública, gratuita, universal e laica como direito público subjetivo é inseparável da defesa de uma sociedade em que a democracia se estenda para diversas esferas e relações sociais, em que as capacidades criadoras humanas estejam libertas de todas as relações de opressão e de desigualdades sociais.

A história de um ensino de Sociologia só se tornou possível graças ao trabalho acadêmico – e também militante – de pessoas que se dedicaram a pensar a importância dessa disciplina na escola. Entre elas, estão os autores dos primeiros manuais didáticos da área, produzidos nos anos de 1920 e 1930; também, aqueles que defenderam a Sociologia na escola, como Luiz Costa Pinto e Florestan Fernandes, nas décadas de 1940 e 1950; ainda, de autores que retomaram o debate sobre a inclusão da Sociologia, em meados de 1980, 1990 e 2000, como Amaury Moraes e pesquisadores da história do ensino da disciplina, a exemplo de Simone Meucci, Flávio Sarandy e Ileizi Silva, entre outros.

Apoiamo-nos numa rica e fecunda tradição de pesquisa em políticas educacionais e teorias pedagógicas existente no Brasil, de autores como Dermeval Saviani, Paulo Freire, Newton Duarte, Gaudêncio Frigotto e Luiz Carlos de Freitas, bem como nas leituras de autores como o Marquês de Condorcet, Aníbal Ponce, Charles Wright Mills, Karl Marx, Pierre Bourdieu, Michael Löwy, Georges Snyders e Diane Ravitch.

A disciplina de Sociologia na educação básica contribui para a efetivação de uma educação voltada para a criticidade, para a desnaturalização de certas relações sociais, bem como para a formação de indivíduos capazes de pensar a possibilidade de questionar e transformar as estruturas de poder impostas. A sociologia e a escola são capazes de contribuir com o ideal de um mundo mais democrático, mas sem um necessário engajamento político, um projeto de poder coletivo e uma educação crítica, esse ideal jamais será alcançado.

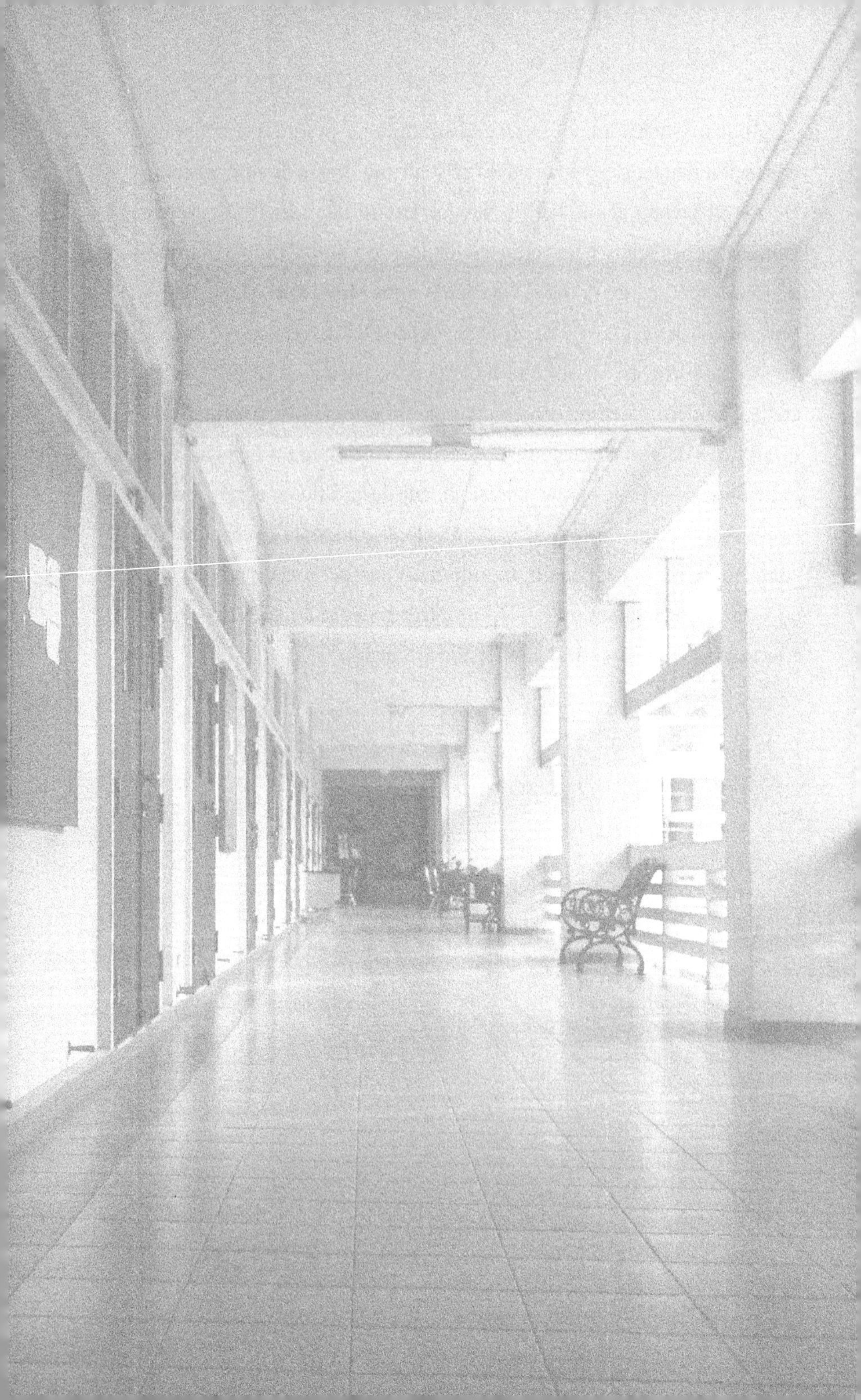

referências

ABL – Academia Brasileira de Letras. **Fernando de Azevedo**: biografia. 2017. Disponível em: <http://www.academia.org.br/academicos/fernando-de-azevedo/biografia>. Acesso em: 3 out. 2018.

ALAVARSE, O. M. A avaliação escolar: características e tensões. **Cadernos de Educação**: Políticas Educacionais em Debate, Brasília, v. 18, n. 26, p. 41-56, jan./jun. 2014.

ALCHETRON. **Luiz de Aguiar Costa Pinto.** Disponível em: <https://alchetron.com/Luiz-de-Aguiar-Costa-Pinto>. Acesso em: 14 set. 2018.

ALMEIDA, A. C. S. **Filosofia política.** Curitiba: InterSaberes, 2015. (Série Estudos de Filosofia).

ALMEIDA, L. C.; DALBEN, A.; FREITAS, L. C. de. O IDEB: limites e ilusões de uma política educacional. **Educação & Sociedade,** Campinas, v. 34, n. 125, p. 1153-1174, out./dez. 2013. Disponível em: <http://www.scielo.br/pdf/es/v34n125/08.pdf>. Acesso em: 10 set. 2018.

ALVES, M. M. **Beabá dos MEC-USAID.** Rio de Janeiro: Gernasa, 1968.

ANGREWSKI, E. Utilização do cinema no ensino de sociologia: o que os professores têm a dizer? In: CONGRESSO NACIONAL DE EDUCAÇÃO, 12., 2015. **Anais...** Curitiba: PUCPR, 2015. Disponível em: <http://educere.bruc.com.br/arquivo/pdf2015/16742_9708.pdf>. Acesso em: 10 set. 2018.

ARISTÓTELES. **A Política.** São Paulo: M. Fontes, 1998.

BARROS, R. **A história da LDB.** 14 dez. 2016. Disponível em: <http://www.revistaeducacao.com.br/historia-da-ldb>. Acesso em: 14 set. 2018.

BAUER, C. **Introdução crítica ao humanismo dialógico de Paulo Freire.** São Paulo: Sundermann, 2008.

BEZERRA, J. E. B. **Direito à educação e progressão continuada:** para além da aparência. São Paulo: Serpente/Nova Palavra, 2015.

BIOGRAPHY. **C. Wright Mills.** 2014. Disponível em: <https://www.biography.com/people/c-wright-mills-37637>. Acesso em: 12 set. 2018.

BOURDIEU, P. **O poder simbólico**. Tradução de Fernando Tomaz. 14. ed. Rio de Janeiro: Bertrand Brasil, 2010.

BOURDIEU, P.; PASSERON, J.-C. **A reprodução**: elementos para uma teoria do sistema de ensino. Tradução de Reynaldo Bairão. 7. ed. Petrópolis: Vozes, 2016. (Coleção Textos Fundantes da Educação).

____. **Os herdeiros**: os estudantes e a cultura. Tradução de Ione Ribeiro Valle e Nilton Valle. 2. ed. Florianópolis: Ed. da UFSC, 2018.

BRAGA, R. **A rebeldia do precariado**: trabalho e neoliberalismo no Sul global. São Paulo: Boitempo, 2017.

BRANDÃO, G. M. Linhagens do pensamento político brasileiro. **Dados – Revista de Ciências Sociais**, Rio de Janeiro, v. 48, n. 2, p. 231-269, 2005. Disponível em: <http://www.scielo.br/pdf/dados/v48n2/a01v48n2.pdf>. Acesso em: 10 set. 2018.

BRASIL. Câmara dos Deputados. **Projeto de Lei n. 6.840, de 27 de novembro de 2013**. Altera a Lei n. 9.394, de 20 de dezembro de 1996, que estabelece as diretrizes e bases da educação nacional, para instituir a jornada em tempo integral no ensino médio, dispor sobre a organização dos currículos do ensino médio em áreas do conhecimento e dá outras providências. <http://www.camara.gov.br/proposicoesWeb/prop_mostrarintegra;jsessionid=BED67A245D9E1524DFB566EB7CBD275B.proposicoesWebExterno2?codteor=1200428&filename=Tramitacao-PL+6840/2013>. Acesso em: 3 out. 2018.

BRASIL. Lei n. 6.888, de 10 de dezembro de 1980. **Diário Oficial da União**, Poder Legislativo, Brasília, DF, 11 dez. 1980. Disponível em: <http://www.planalto.gov.br/ccivil_03/leis/1980-1988/L6888.htm>. Acesso em: 14 set. 2018.

BRASIL. Lei n. 9.394, de 20 de dezembro de 1996. **Diário Oficial da União**, Poder Legislativo, Brasília, DF, 23 dez. 1996. Disponível em: <http://www.planalto.gov.br/ccivil_03/leis/L9394.htm>. Acesso em: 17 set. 2018.

_____. Lei n. 11.684, de 2 de junho de 2008. **Diário Oficial da União**, Poder Legislativo, Brasília, DF, 3 jun. 2008. Disponível em: <http://www.planalto.gov.br/ccivil_03/_ato2007-2010/2008/lei/l11684.htm>. Acesso em: 6 ago. 2018.

_____. Lei n. 13.415, de 16 de fevereiro de 2017. **Diário Oficial da União**, Poder Legislativo, Brasília, DF, 17 fev. 2017. Disponível em: <http://www.planalto.gov.br/ccivil_03/_Ato2015-2018/2017/Lei/L13415.htm>. Acesso em: 6 ago. 2018.

_____. Medida Provisória n. 746, de 22 de setembro de 2016. **Diário Oficial da União**, Poder Executivo, Brasília, 23 set. 2016a. Disponível em: <http://www2.camara.leg.br/legin/fed/medpro/2016/medidaprovisoria-746-22-setembro-2016-783654-norma-pe.html>. Acesso em: 6 ago. 2018.

BRASIL. Ministério da Educação. **BNCC – Base Nacional Comum Curricular**. Brasília, 2015a. Disponível em: <http://historiadabncc.mec.gov.br/documentos/BNCC-APRESENTACAO.pdf>. Acesso em: 3 out. 2018.

BRASIL. Ministério da Educação. Conselho Nacional de Educação. Câmara de Educação Básica. Parecer n. 15, de 1º de junho de 1998. Relatora: Guiomar Namo de Mello. **Diário Oficial da União**, Brasília, DF, 6 mar. 1998. Disponível em: <http://portal.mec.gov.br/cne/arquivos/pdf/PCB15_1998.pdf>. Acesso em: 6 ago. 2018.

BRASIL. Ministério da Educação. INEP – Instituto Nacional de Estudos e Pesquisas Educacionais Anísio Teixeira. **Censo escolar da educação básica 2013**: resumo técnico. Brasília, 2014. Disponível em: <http://download.inep.gov.br/educacao_basica/censo_escolar/resumos_tecnicos/resumo_tecnico_censo_educacao_basica_2013.pdf>. Acesso em: 6 ago. 2018.

_____. **Censo escolar 2013**: perfil da docência no ensino médio regular. Brasília, 2015b. Disponível em: <http://portal.inep.gov.br/documents/186968/484154/Censo+Escolar+2013+-+Perfil+da+Doc%C3%AAncia+no+Ensino+M%C3%A9dio+Regular/da035f31-ce95-4cb5-b43c-a4271ebb1cde?version=1.1>. Acesso em: 6 ago. 2018.

BRASIL. Ministério da Educação. Portaria n. 1.144, de 10 de outubro de 2016. **Diário Oficial da União**, Brasília, DF, 11 out. 2016b. Disponível em: <http://portal.mec.gov.br/docman/outubro-2016-pdf/49121-port-1145-11out-pdf/file>. Acesso em: 6 ago. 2018.

BRASIL. Ministério da Educação. Secretaria de Educação Básica. **Base Nacional Comum Curricular**: ensino médio. 2018. Disponível em: <http://basenacionalcomum.mec.gov.br/wp-content/uploads/2018/04/BNCC_EnsinoMedio_embaixa_site.pdf>. Acesso em: 23 jul. 2018.

_____. **Orientações curriculares para o ensino médio**: ciências humanas e suas tecnologias. Brasília, 2006. v. 3. Disponível em: <http://portal.mec.gov.br/seb/arquivos/pdf/book_volume_03_internet.pdf>. Acesso em: 6 ago. 2018.

BRASIL. **PCN+ Ensino médio**: orientações educacionais complementares aos Parâmetros Curriculares Nacionais – ciências humanas e suas tecnologias. Brasília, 2007. Disponível em: <http://portal.mec.gov.br/seb/arquivos/pdf/CienciasHumanas.pdf>. Acesso em: 6 ago. 2018.

_____. Ministério da Educação. Secretaria de Educação Fundamental. **Parâmetros Curriculares Nacionais**: introdução aos Parâmetros Curriculares Nacionais. Brasília, 1997. Disponível em: <http://portal.mec.gov.br/seb/arquivos/pdf/livro01.pdf>. Acesso em: 6 ago. 2018.

_____. Ministério da Educação. Secretaria de Educação Média e Tecnológica. **Parâmetros Curriculares Nacionais**: ensino médio. Parte IV – Ciências Humanas e suas Tecnologias. Brasília, 2000. Disponível em: <http://portal.mec.gov.br/seb/arquivos/pdf/cienciah.pdf>. Acesso em: 6 ago. 2018.

BRASIL. Senado Federal. **Parecer das Emendas à MP n. 746, de 22 de setembro de 2016**. Relator: Senador Pedro Chaves. 2016c. Disponível em: <legis.senado.leg.br/sdleg-getter/documento?t=203666>. Acesso em: 6 ago. 2018.

BRIDI, M. A.; ARAÚJO, S. M. de; MOTIM, B. L. **Ensinar e aprender sociologia**. São Paulo: Contexto, 2009.

BUARQUE, C. Construção. Intérprete: Chico Buarque. In: _____. **Construção**. Rio de Janeiro: Phillips Records, 1971. 1 LP. Faixa 4.

CABRAL, P. C. **UFPB concede título de doutor honoris causa ao professor Dermeval Saviani**. 3 nov. 2017. Disponível em: <https://ufpb.br/content/ufpb-concede-t%C3%ADtulo-de-doutor-honoris-causa-ao-professor-dermeval-saviani>. Acesso em: 19 set. 2018.

CAPORALINI, M. B. S. C. Na dinâmica interna da sala de aula: o livro didático. In: VEIGA, I. P. A. (Coord.). **Repensando a didática**. 21. ed. Campinas: Papirus, 2004. p. 109-134.

CNTE – Confederação Nacional dos Trabalhadores em Educação. **Ações necessárias para impedir os retrocessos da reforma do ensino médio**. 9 mar. 2018a. Disponível em: <http://www.cnte.org.br/index.php/comunicacao/noticias/19665-acoes-necessarias-para-impedir-os-retrocessos-da-reforma-do-ensino-medio.html>. Acesso em: 6 ago. 2018.

_____. **Avaliação sistemática da BNCC e da reforma do ensino médio**. Disponível em: <http://www.cnte.org.br/images/stories/2018/Avaliacao%20sistematica%20reforma%20ensino%20medio.pdf>. Acesso em: 6 ago. 2018b.

COGGIOLA, O. **Escritos sobre a Comuna de Paris**. São Paulo: Xamã, 2003.

CONDORCET, M.-J.-A. N. C. Rapport et projet de décret sur l' organisation générale de l'instruction publique, présentés à l' Assemblée nationale au nom du Comitê d'Instruction Publique lês 20 et 21 avril 1792. **Educação em Questão**, Natal, v. 21, n. 7, p. 234-245, set./dez. 2004. Disponível em: <https://periodicos.ufrn.br/educacaoemquestao/article/viewFile/8390/6048>. Acesso em: 6 ago. 2018.

CORDIOLLI, M. **Sistemas de ensino e políticas educacionais no Brasil**. Curitiba: Ibpex, 2011.

COSTA, D. V. de A. Florestan Fernandes e o ensino da sociologia na escola média brasileira. **Inter-legere**, n. 9, p. 40-60, jul./dez. 2011. Disponível em: <https://periodicos.ufrn.br/interlegere/article/view/4404/3592>. Acesso em: 10 set. 2018.

CUPANI, A. Objetividade científica: noção e questionamentos. **Revista Manuscrito**, Campinas, v. 13, n. 1, p. 25-54, 1990.

DAVIS, M. **Planeta favela**. São Paulo: Boitempo, 2006.

DELACROIX, E. **La liberté guidant le peuple**. 1830. Óleo sobre tela: 260 cm x 325 cm. Musée du Louvre, Paris.

DELORS, J. et al. **Educação**: um tesouro a descobrir. Brasília: Unesco, 2010. Disponível em: <http://unesdoc.unesco.org/images/0010/001095/109590por.pdf>. Acesso em: 3 out. 2018.

DUARTE, N. **Pela superação do esfacelamento do currículo realizado pelas pedagogias relativistas**. jul. 2008. Disponível em: <http://www.gestaoescolar.diaadia.pr.gov.br/arquivos/File/sem_pedagogica/fev_2010/pela_superacao_esfacelamento_curriculo.pdf>. Acesso em: 6 ago. 2018.

DUARTE, N. (Org.). **Sobre o construtivismo**: contribuições a uma análise crítica. 2. ed. Campinas: Autores Associados, 2005. (Coleção Polêmicas do Nosso Tempo; 77).

DURKHEIM, É. **As regras do método sociológico**. Tradução de Maria Isaura Pereira de Queiroz. 6. ed. São Paulo: Companhia Editora Nacional, 1971.

ENGELS, F. **A origem da família, da propriedade privada e do Estado**. Tradução de Leandro Konder. Rio de Janeiro: Civilização Brasileira, 1974.

_____. **O papel do trabalho na transformação do macaco em homem**. 4. ed. São Paulo: Global, 1990. (Coleção Universidade Popular).

FANK, E. **A construção das Diretrizes Curriculares do Ensino Médio no Estado do Paraná (gestão 2003-2006)**: avanços e limites da política educacional nas contradições do Estado contemporâneo. 201 f. Dissertação (Mestrado em Educação) – Universidade Federal do Paraná, Curitiba, 2007. Disponível em: <http://www.ppge.ufpr.br/teses/M07_fank.pdf>. Acesso em: 10 set. 2018.

FEILER, C. **Paulo Freire e a educação da consciência**. 18 set. 2015. Disponível em: <http://nossacausa.com/cultura-paulo-freire-e-educacao-da-consciencia>. Acesso em: 20 set. 2018.

FERNANDES, F. **Ensaios de sociologia geral e aplicada**. 2. ed. São Paulo: Pioneira, 1971. (Coleção Biblioteca Pioneira de Ciências Sociais).

_____. **Fundamentos empíricos da explicação sociológica**. São Paulo: Companhia Editora Nacional, 1967.

FOUCAULT, M. Os corpos dóceis. In: _____. **Vigiar e punir**: nascimento da prisão. Tradução de Raquel Ramalhete. 36. ed. Petrópolis: Vozes, 2009a. p. 131-163

_____. Recursos para um bom adestramento. In: _____. **Vigiar e punir**: nascimento da prisão. Tradução de Raquel Ramalhete. 36. ed. Petrópolis: Vozes, 2009b. p. 164-185.

FREIRE, P. **Educação e mudança**. 12. ed. São Paulo: Paz e Terra, 1979.

_____. **Pedagogia do oprimido**. 17. ed. Rio de Janeiro: Paz e Terra, 1987. (Coleção O Mundo Hoje; v. 21).

FREITAS, L. C. de. **Base nacional e autonomia do professor**. 9 out. 2015a. Disponível em: <https://avaliacaoeducacional.com/2015/10/09/base-nacional-e-autonomia-do-professor>. Acesso em: 10 set. 2018.

FREITAS, L. C. de. Os reformadores empresariais da educação: da desmoralização do magistério à destruição do sistema público de educação. **Educação & Sociedade**, Campinas, v. 33, n. 119, p. 379-404, abr./jun. 2012. Disponível em: <http://www.scielo.br/pdf/es/v33n119/a04v33n119.pdf>. Acesso em: 10 set. 2018.

_____. **Política educacional e base nacional I**. 17 set. 2015b. Disponível em: <https://avaliacaoeducacional.com/2015/09/17/politica-educacional-e-base-nacional-i-2/>. Acesso em: 10 set. 2018.

_____. **Política educacional e base nacional II**. 18 set. 2015c. Disponível em: <https://avaliacaoeducacional.com/2015/09/18/politica-educacional-e-base-nacional-ii-2>. Acesso em: 10 set. 2018.

_____. **Política educacional e base nacional**: final. 18 set. 2015d. Disponível em: <https://avaliacaoeducacional.com/2015/09/18/politica-educacional-e-base-nacional-final-2>. Acesso em: 10 set. 2018.

FRIGOTTO, G. A interdisciplinaridade como necessidade e como problema nas ciências sociais. **Ideação**, v. 10, n. 1, p. 41-62, 2008. Disponível em: <http://www.gestaoescolar.diaadia.pr.gov.br/arquivos/File/sem_pedagogica/fev_2014/NRE/2interdisciplinaridade_necessidade.pdf>. Acesso em: 10 set. 2018.

GADOTTI, M. **Pedagogia da práxis**. 5. ed. São Paulo: Cortez, 2010.

GONÇALVES, N. G. Apresentação. In: BOURDIEU, P.; PASSERON, J.-C. **A reprodução**: elementos de uma teoria do sistema de ensino. Tradução de Reynaldo Bairão. 7. ed. Petrópolis: Vozes, 2016. p. 11-14. (Coleção Textos Fundantes da Educação).

GUIMARÃES, E. da F.; ALVES, E. G. Centro de Referência Virtual do Professor-CRV: portal de apoio didático pedagógico para o professor de Sociologia. **Revista Brasileira de Sociologia**, v. 2, n. 3, p. 233-258, jan./jun. 2014. Disponível em: <https://dialnet. unirioja.es/descarga/articulo/5896045.pdf>. Acesso em: 10 set. 2018.

HOLMES, D. Charter School: uma escola pública que caminha e fala como escola privada. **Carta Capital**, 31 maio 2016. Entrevista concedida a Nora Krawczyk. Disponível em: <http://www. cartaeducacao.com.br/entrevistas/charter-school-uma-escola-publica-que-caminha-e-fala-como-escola-privada/>. Acesso em: 6 ago. 2018.

HYPOLITO, Á. M. Currículo e Projeto-Político-Pedagógico: implicações na gestão e no trabalho docente. **Cadernos de Educação**, Brasília, ano 18, n. 26, p. 11-26, jan./jun. 2014.

IANNI, O. **Pensamento social no Brasil**. Bauru: Edusc/Anpocs, 2004.

IPEA – Instituto de Pesquisa Econômica Aplicada. **Carta de Conjuntura**, n. 35, 31 maio 2017. Disponível em: <http://www. ipea.gov.br/portal/index.php?option=com_content&view=article&id=30212>. Acesso em: 6 ago. 2018.

KRUPSKAYA, N. K. **A construção da pedagogia socialista**. São Paulo: Expressão Popular, 2017.

KULESSA, E. Práticas de escrita nas aulas de Sociologia: implicações para o processo de apropriação da linguagem sociológica. **Revista Em Debate On-line**, Florianópolis, n. 14, p. 82-100, 2016. Disponível em: <https://periodicos.ufsc.br/index.php/emdebate/article/view/1980-3532.2015n14p82/32246>. Acesso em: 20 nov. 2018.

LÖWY, M. **As aventuras de Karl Marx contra o Barão de Münchhausen**: marxismo e positivismo na sociologia do conhecimento. Tradução de Juarez Guimarães e Suzanne Felicie Léwy. 9. ed. São Paulo: Cortez, 2009.

MAGUIRE, M.; BALL, S. J. Discursos da reforma educacional no Reino Unido e nos Estados Unidos e o trabalho dos professores. In: BALL, S. J.; MAINARDES, J. (ORG.). **Políticas educacionais**: questões e dilemas. São Paulo: Cortez, 2011. p. 175-192.

MANDEL, E. Dos manuscritos de 1844 aos Grundrisse: de uma concepção antropológica a uma concepção histórica da alienação. In: ____. **A formação do pensamento econômico de Karl Marx**: de 1843 até a redação de O Capital. Tradução de Carlos Henrique de Escobar. Rio de Janeiro: J. Zahar, 1968. p. 158-187.

MARTINS, C. B. **O que é sociologia**. São Paulo: Brasiliense, 1989. (Coleção Primeiros Passos; 57).

MARX, K. **Manuscritos econômico-filosóficos**. Lisboa: Edições 70, 1993.

____. Maquinaria e grande indústria. In: ____. **O Capital**. Livro I: O processo de produção do capital. Tradução de Rubens Enderle. 2. ed. São Paulo: Boitempo, 2013. p. 548-703. e-book.

____. O método na economia política. In: ____. **Contribuição à crítica da economia política**. Tradução de Florestan Fernandes. 2. ed. São Paulo: Expressão Popular, 2008a. p. 257-272.

____. Prefácio. In: ____. **Contribuição à crítica da economia política**. Tradução de Florestan Fernandes. 2. ed. São Paulo: Expressão Popular, 2008b. p. 45-50.

MARX, K.; ENGELS, F. **Manifesto comunista**. Tradução de Álvaro Pina. São Paulo: Boitempo, 2005.

MARX, K.; ENGELS, F. **Textos sobre educação e ensino**. Tradução de Rubens Eduardo Frias. São Paulo: Centauro, 2004.

MELO, A. de. **Fundamentos socioculturais da educação**. Curitiba: InterSaberes, 2012. (Série Fundamentos da Educação).

MEUCCI, S. **A institucionalização da sociologia no Brasil**: os primeiros manuais e cursos. 158 f. Dissertação (Mestrado em Sociologia) – Universidade Estadual de Campinas, Campinas, 2000. Disponível em: <http://repositorio.unicamp.br/jspui/bitstream/REPOSIP/279132/1/Meucci_Simone_M.pdf>. Acesso em: 10 set. 2018.

_____. Notas sobre o pensamento social brasileiro nos livros didáticos de Sociologia. **Revista Brasileira de Sociologia**, v. 2, n. 3, p. 209-232, jan./jun. 2014. Disponível em: <https://dialnet.unirioja.es/descarga/articulo/5896044.pdf>. Acesso em: 10 set. 2018.

_____. Sobre a rotinização da sociologia no Brasil: os primeiros manuais didáticos, seus autores, suas expectativas. **Mediações**, Londrina, v. 12, n. 1, p. 31-66, jan./jun. 2007. Disponível em: <http://www.uel.br/revistas/uel/index.php/mediacoes/article/download/3386/2758>. Acesso em: 10 set. 2018.

MEUCCI, S.; BEZERRA, R. G. Sociologia e educação básica: hipóteses sobre a dinâmica de produção de currículo. **Revista de Ciências Sociais**, Fortaleza, v. 45, n. 1, p. 87-101, 2014. Disponível em: <http://www.rcs.ufc.br/edicoes/v45n1/rcs_v45n1a4.pdf>. Acesso em: 10 set. 2018.

MILLS, C. W. **A imaginação sociológica**. Tradução de Waltensir Dutra. 4. ed. Rio de Janeiro: J. Zahar, 1975.

MONTERO, P. Religião: sistema de crenças, feitiçaria e magia. In: MORAES, A. C. (Coord.). **Sociologia**: ensino médio. Brasília: MEC/SEB, 2010. p. 123-138. (Coleção Explorando o Ensino; v. 15).

MORAES, A. C. (Coord.). **Sociologia**: ensino médio. Brasília: MEC/SEB, 2010. (Coleção Explorando o Ensino; v. 15). Disponível em: <http://portal.mec.gov.br/index.php?option=com_docman&view=download&alias=7843-2011-sociologia-capa-pdf&category_slug=abril-2011-pdf&Itemid=30192>. Acesso em: 17 nov. 2018.

MORAES, A. C. Ensino de sociologia: periodização e campanha pela obrigatoriedade. **Cadernos Cedes**, Campinas, v. 31, n. 85, p. 359-382, set./dez. 2011. Disponível em: <http://www.scielo.br/pdf/ccedes/v31n85/04v31n85>. Acesso em: 10 set. 2018.

_____. Licenciatura em ciências sociais e ensino de sociologia: entre o balanço e o relato. **Tempo Social**, São Paulo, v. 15, n. 1, p. 5-20, abr. 2003. Disponível em: <http://www.scielo.br/pdf/ts/v15n1/v15n1a01.pdf>. Acesso em: 10 set. 2018.

_____. Parecer sobre o ensino de Filosofia e de Sociologia. **Mediações**, Londrina, v. 12, n. 1, p. 239-248, jan./jun. 2007. Disponível em: <http://www.uel.br/revistas/uel/index.php/mediacoes/article/download/3404/2768>. Acesso em: 10 set. 2018.

MORAES, A. C.; GUIMARÃES, E. da F. Metodologia do ensino de Ciências Sociais: relendo as OCEM-Sociologia. In: MORAES, A. C. (Coord.). **Sociologia**: ensino médio. Brasília: MEC/SEB, 2010. p. 45-64. (Coleção Explorando o Ensino; v. 15).

OLIVEIRA, A. Etnografia na escola? Cultura e pesquisa. In: CARNIEL, F.; FEITOSA, S. (Org.). **A sociologia em sala de aula**: diálogos sobre o ensino e suas práticas. Curitiba: Base, 2012. p. 86-99.

OLIVEIRA, L. A. de; MACHADO, M. C. G. Escritos sobre a instrução pública: Condorcet. **Revista HISTEDBR**, Campinas, n. 38, p. 268-274, jun. 2010. Resenha. Disponível em: <https://periodicos.sbu.unicamp.br/ojs/index.php/histedbr/article/download/8639705/7272>. Acesso em: 10 set. 2018.

O MANIFESTO dos pioneiros da educação nova (1932). **Revista HISTEDBR**, Campinas, n. especial, p. 188-204, ago. 2006. Disponível em: <http://www.histedbr.fe.unicamp.br/revista/edicoes/22e/doc1_22e.pdf>. Acesso em: 10 set. 2018.

PAPÉIS de Gilberto Freyre são descobertos na França. **Diário do Nordeste**, Caderno 3, 1 jul. 2017. Disponível em: <http://diariodonordeste.verdesmares.com.br/cadernos/caderno-3/online/papeis-de-gilberto-freyre-sao-descobertos-na-franca-1.1780935>. Acesso em: 14 set. 2018.

PERONI, V. **O público e o privado na gestão e financiamento de sistemas educacionais públicos**: um estudo dos programas da Rede Vencer, coordenado pelo Instituto Ayrton Senna. 2007. Disponível em: <https://lume.ufrgs.br/handle/10183/30309>. Acesso em: 20 nov. 2018.

PERONI, V.; OLIVEIRA, R. T. C. de; FERNANDES, M. D. E. Estado e terceiro setor: as novas regulações entre o público e o privado na gestão da educação básica brasileira. **Educação & Sociedade**, Campinas, v. 30, n. 108, p. 761-778, out. 2009. Disponível em: <http://www.scielo.br/pdf/es/v30n108/a0730108>. Acesso em: 10 set. 2018.

PESCAROLO, J. K. **Sociologia urbana e da violência**. Curitiba: InterSaberes, 2017.

PINTO, J. M. de R. Financiamento da educação no Brasil: um balanço do governo FHC (1995-2002). **Educação & Sociedade**, Campinas, v. 23, n. 80, p. 108-135, set. 2002. Disponível em: <http://www.scielo.br/pdf/es/v23n80/12927>. Acesso em: 10 set. 2018.

PISTRAK, M. M. **Fundamentos da escola do trabalho**. Tradução de Daniel Aarão Reis Filho. São Paulo: Expressão Popular, 2002.

PLANK, D. N. **Política educacional no Brasil**: caminhos para a salvação pública. Porto Alegre: Artmed, 2001.

PONCE, A. **Educação e luta de classes**. Tradução de José Severo de Camargo Pereira. 23. ed. São Paulo: Cortez, 2010.

QUINTANEIRO, T.; BARBOSA, M. L. de O.; OLIVEIRA, M. G. M. de. **Um toque de clássicos**: Marx, Durkheim e Weber. 2. ed. Belo Horizonte: Ed. da UFMG, 2003.

RAVITCH, D. **Vida e morte do grande sistema escolar americano**: como os testes padronizados e o modelo de mercado ameaçam a educação. Tradução de Marcelo Duarte. Porto Alegre: Sulina, 2011.

RODRIGUES, J. P. **Condorcet, o grande defensor do laicismo no ensino**. 27 set. 2017. Disponível em: <http://pgl.gal/condorcet-grande-defensor-do-laicismo-no-ensino>. Acesso em: 12 set. 2018.

ROSENDO, A. P. **A reprodução**: elementos para uma teoria do sistema de ensino. Covilhã, 2009. Recensão. Disponível em: <http://www.lusosofia.net/textos/rosendo_ana_paula_a_reproducao_elementos_teoria_do_sistema_ensino.pdf>. Acesso em: 6 ago. 2018.

SÃO PAULO. Assembleia Legislativa do Estado de São Paulo. **Ato solene em homenagem a Florestan Fernandes**. 2 ago. 2005. Disponível em: <https://www.al.sp.gov.br/noticia/?id=295268>. Acesso em: 14 set. 2018.

SARANDY, F. M. S. **A sociologia volta à escola**: um estudo dos manuais de sociologia para o ensino médio no Brasil. 142 f. Dissertação (Mestrado em Sociologia) – Universidade Federal do Rio de Janeiro, Rio de Janeiro, 2004. Disponível em: <http://www.educadores.diaadia.pr.gov.br/arquivos/File/maio2012/sociologia_artigos/flaviosarandy_manuais.pdf>. Acesso em: 10 set. 2018.

_____. **Ciência, democracia e modernidade no pensamento educacional brasileiro**: o debate acerca do ensino de sociologia no secundário, entre as décadas de 1930 e 1950. 2002. Disponível em: <http://www.ufrgs.br/laviecs/biblioteca/arquivos/artigo_sociologia_educacao_modernidade.pdf>. Acesso em: 6 ago. 2018.

_____. O trabalho com temas e conteúdos no ensino de sociologia. In: CARNIEL, F.; FEITOSA, S. (Org.). **A sociologia em sala de aula**: diálogos sobre o ensino e suas práticas. Curitiba: Base, 2012. p. 28-71.

SAVIANI, D. **Escola e democracia**. Campinas: Autores Associados, 2003.

SCHEVISBISKI, R. S. **Metodologias de ensino de sociologia**: o projeto "Oficina de Ideias". 2008. Disponível em: <http://www.uel.br/grupo-estudo/gaes/pages/arquivos/GT3%20Artigo%20Renata%20Oficina%20de%20Ideias.pdf>. Acesso em: 10 set. 2018.

SCHMIDT, M. A.; DIVARDIM, T.; SOBANSKI, A. (Org.). **OcupaPR 2016**: memórias de jovens estudantes. Curitiba: W&A Editores, 2016.

SERRANO, M. **Pensamiento de Bourdieu y Passeron**. 30 out. 2015. Disponível em: <http://lasociologiaeducativa.blogspot.com/2015/10/pensamiento-de-bourdieu-y-passeron_30.html>. Acesso em: 3 out. 2018.

SHIROMA, E. O.; GARCIA, R. M. C.; CAMPOS, R. F. Conversão das "almas" pela liturgia da palavra: uma análise do discurso do movimento Todos pela Educação. In: BALL, S. J.; MAINARDES, J. (Org.). **Políticas educacionais**: questões e dilemas. São Paulo: Cortez, 2011. p. 222-248.

SILVA, I. F. A sociologia no ensino médio: os desafios institucionais e epistemológicos para a consolidação da disciplina. **Cronos**, Natal, v. 8, n. 2, p. 403-427, jul./dez. 2007. Disponível em: <https://periodicos.ufrn.br/cronos/article/view/1844/pdf_60>. Acesso em: 10 set. 2018.

_____. O ensino das Ciências Sociais/Sociologia no Brasil: histórico e perspectivas. In: MORAES, A. C. (Coord.). **Sociologia**: ensino médio. Brasília: MEC/SEB, 2010. p. 15-44. (Coleção Explorando o Ensino; v. 15).

SILVA, I. F.; ALVES NETO, H. F.; VICENTE, D. V. A proposta da Base Nacional Comum Curricular e o debate entre 1988 e 2015. **Ciências Sociais Unisinos**, v. 51, n. 3, p. 330-342, set./dez. 2015. Disponível em: <http://revistas.unisinos.br/index.php/ciencias_sociais/article/download/csu.2015.51.3.10/5052>. Acesso em: 10 set. 2018.

SNYDERS, G. **Escola, classe e luta de classes**. São Paulo: Centauro, 2005.

_____. **Para onde vão as pedagogias não diretivas?** São Paulo: Centauro, 2001.

SOUZA, D. C. C. de. O ensino de Sociologia e a pedagogia histórico-crítica: uma análise dos fundamentos teórico-metodológicos das propostas atuais. **Revista HISTEDBR On-line**, Campinas, n. 51, p. 122-138, jun. 2013. Disponível em: <https://periodicos.sbu.unicamp.br/ojs/index.php/histedbr/article/view/8640268/7827>. Acesso em: 20 nov. 2018.

THOMPSON, E. P. Tempo, disciplina de trabalho e capitalismo industrial. In: ____. **Costumes em comum**: estudos sobre a cultura popular tradicional. Tradução de Rosaura Eichemberg. São Paulo: Companhia das Letras, 2011. p. 267-304.

UNESCO. **Declaração mundial sobre educação para todos**. Jomtien, 1990. Disponível em: <http://www.educacao.mppr.mp.br/arquivos/File/dwnld/educacao_basica/educacao%20infantil/legislacao/declaracao_mundial_sobre_educacao_para_todos.pdf>. Acesso em: 19 set. 2018.

VALLE, P. S.; VALLE, M. Capitão de indústria. Intérprete: Os Paralamas do Sucesso. In: Os Paralamas do Sucesso. **Nove luas**. Rio de Janeiro: EMI Music Brasil, 1996. Faixa 5.

WACHOWICZ, R. C. **Universidade do mate**: história da UFPR. 2. ed. Curitiba: Ed. da UFPR, 2006.

WEBER, M. A política como vocação. In: ____. **Ciência e política**: duas vocações. São Paulo: Cultrix, 1968. p. 55-124.

____. **Economia e sociedade**: fundamentos da sociologia compreensiva. Tradução de Regis Barbosa e Karen Elsabe Barbosa. Brasília: Ed. da UnB, 1991. v. 1.

____. ____. Tradução de Regis Barbosa e Karen Elsabe Barbosa. 4. ed. Brasília: Ed. da UnB, 2009. v. 2.

WOOD, E. M. Capitalismo e democracia. In: BORON, A.; AMADEO, J.; GONZÁLEZ, S. (Org.). **A teoria marxista hoje**: problemas e perspectivas. **São Paulo**: Clacso/Expressão Popular, 2007. p. 381-393.

____. O trabalho e a democracia antiga e moderna. In: ____. **Democracia contra capitalismo**: a renovação do materialismo histórico. Tradução de Paulo Castanheira. São Paulo: Boitempo, 2011. p. 157-175.

ZANETTI, M. A. **Política educacional e LDB**: algumas reflexões. 1997. Disponível em: <http://www.ifil.org/Biblioteca/zanetti.htm>. Acesso em: 23 jul. 2018.

ZORZI, A.; KIELING, F. dos S. **Metodologia do ensino em ciências sociais**. Curitiba: InterSaberes, 2013.

bibliografia comentada

ALMEIDA, L. C.; DALBEN, A.; FREITAS, L. C. de. O Ideb: limites e ilusões de uma política educacional. **Educação & Sociedade**, Campinas, v. 34, n. 125, p. 1153-1174, out./dez. 2013. Disponível em: <http://www.scielo.br/pdf/es/v34n125/08.pdf>. Acesso em: 17 nov. 2018.
Artigo dos autores acerca da conceituação do que é o Índice de Desenvolvimento da Educação Básica (Ideb), bem como de seus limites e suas intencionalidades enquanto política pública educacional.

BOURDIEU, P.; PASSERON, J.-C. **A reprodução**: elementos para uma teoria do sistema de ensino. Tradução de Reynaldo Bairão. 7. ed. Petrópolis: Vozes, 2016 (Coleção Textos Fundantes da Educação).

Livro escrito em 1970 pelos dois sociólogos franceses a respeito do sistema escolar da França. Os autores passaram a analisar a desigualdade social no sistema de ensino. Na perspectiva deles, tais desigualdades não resultavam somente da desigualdade dos recursos econômicos das famílias, mas eram explicadas pelo seu pertencimento social, pois as classes sociais eram analisadas como detentoras de experiências e vivências diferenciadas no mundo. Da mesma forma, os estudantes não eram analisados como um grupo social homogêneo. A inexistência da neutralidade nos processos educativos, por sua vez, era mascarada pela ideia de meritocracia, dos "dons" individuais. Logo, para os autores, a escola não seria libertadora, mas sim legitimadora de uma ordem social excludente. Tais análises desembocavam na ligação entre a formação escolar e as posições sociais adquiridas posteriormente no mercado de trabalho.

BRIDI, M. A.; ARAÚJO, S. M. de; MOTIM, B. L. **Ensinar e aprender sociologia**. São Paulo: Contexto, 2009.

Esse livro aborda a construção do conhecimento da Sociologia no ensino médio, considerando suas diferentes metodologias e possibilidades de abordagens. Trata-se de uma excelente obra para quem pretende ter contato com textos de formação teórica do professor.

COGGIOLA, O. **Escritos sobre a Comuna de Paris**. São Paulo: Xamã, 2003.

O historiador Osvaldo Coggiola faz uma seleção de textos de autores que foram contemporâneos à Comuna de Paris (como Marx, Engels, Bakunin) e de alguns de seus principais intérpretes (a exemplo de Lênin, Trotsky, Kautsky, Lissagaray, Guerin). Coggiola ainda descreve a Comuna de Paris e os princípios e documentos que nortearam esse importante movimento político e social.

CONDORCET, M.-J.-A. N. C. Rapport et projet de décret sur l' organisation générale de l'instruction publique, présentés à l' Assemblée nationale au nom du Comitê d'Instruction Publique lês 20 et 21 avril 1792. **Revista Educação em Questão**, Natal, v. 21, n. 7, p. 234-245, set./dez. 2004. Disponível em: <https://periodicos.ufrn.br/educacaoemquestao/article/viewFile/8390/6048>. Acesso em: 6 ago. 2018.

O Relatório e o Projeto de Decreto são documentos essenciais para quem quer estudar a história da educação e da escola. Apresentados por Condorcet em 1792, durante a Revolução Francesa, representaram um marco divisório na educação, com o aparecimento da noção de instrução pública, gratuita, obrigatória, universal e laica.

DAVIS, M. **Planeta favela**. São Paulo: Boitempo, 2006.

O estadunidense Mike Davis, historiador, professor do Departamento de História da Universidade da Califórnia, é uma das principais vozes no estudo na área do urbanismo. O livro *Planeta favela* é dotado de uma enorme quantidade de fontes e documentos, além de uma enorme bibliografia internacional, que compreende sociólogos, geógrafos, historiadores, antropólogos, arquitetos e urbanistas de todos os continentes, sobre os temas da urbanização e da favelização, suas causas, sua expansão no mundo e suas consequências ligadas às políticas do grande capital.

DUARTE, N. (Org.). **Sobre o construtivismo**: contribuições a uma análise crítica. 2. ed. Campinas: Autores Associados, 2005. (Coleção Polêmicas do Nosso Tempo, 77).
Esse livro é uma coletânea de artigos de diferentes pesquisadores acerca dos fundamentos teóricos do construtivismo e suas implicações educacionais. A relação entre psicologia e educação, assumida pelas correntes teóricas construtivistas tributárias de Jean Piaget, é analisada criticamente nesse livro, que a identifica como um discurso hegemônico na educação brasileira e em outros países. Na visão dos autores dos artigos, o construtivismo teria efeitos conservadores e seria um retrocesso político em relação às análises do fenômeno educacional, ao advogar que os professores deveriam ser mediadores e solucionadores de problemas, secundarizando os conteúdos.

FREITAS, L. C. de. Os reformadores empresariais da educação: da desmoralização do magistério à destruição do sistema público de educação. **Educação & Sociedade**, Campinas, v. 33, n. 119, p. 379-404, abr./jun. 2012. Disponível em: <http://www.scielo.br/pdf/es/v33n119/a04v33n119.pdf>. Acesso em: 17 nov. 2018.
Artigo do pesquisador Luiz Carlos de Freitas a respeito dos movimentos hegemônicos na educação contemporânea, identificando os discursos e as práticas das chamadas *reformas empresariais* na educação voltadas à privatização da escola pública e à responsabilização docente.

IANNI, O. **Pensamento social no Brasil**. Bauru: Edusc/Anpocs, 2004.

Essa obra se refere a uma coletânea de textos do sociólogo Octávio Ianni sobre o pensamento social brasileiro, considerando as várias correntes teóricas e as diversas tentativas de interpretação do Brasil. Trata-se de um ótimo livro para iniciantes e que traz um rico apanhado da história do pensamento social em nosso país.

KRUPSKAYA, N. K. **A construção da pedagogia socialista**. São Paulo: Expressão Popular, 2017.

Este livro reúne escritos da pedagoga russa Krupskaya, que participou ativamente do período inicial da Revolução Russa e buscou se debruçar na construção de uma nova escola, com base em novos princípios, para além de uma mera preparação profissional ou controle, visando à construção de uma nova concepção de sociedade. Os conceitos da autora foram marginalizados diante das pressões advindas da rápida industrialização, conduzidas autoritariamente pelo sistema stalinista, que se consolidava entre o final da década de 1920 e o início da de 1930 e que provocou mudanças no currículo das escolas soviéticas.

LÖWY, M. **As aventuras de Karl Marx contra o Barão de Münchhausen**: marxismo e positivismo na sociologia do conhecimento. Tradução de Juarez Guimarães e Suzanne Felicie Léwy. 9. ed. São Paulo: Cortez, 2009.

O livro do sociólogo franco-brasileiro é uma excelente obra que abarca a sociologia do conhecimento numa crítica radical à atividade do intelectual. O autor aborda o positivismo e o historicismo, bem como algumas contribuições da filosofia da ciência e as variantes do marxismo. Löwy discute se existe neutralidade na ciência, a sua relação com a ideologia e a visão idealista de certos intelectuais que passam ao largo de uma análise do ponto de vista das classes sociais. As relações entre conflito social e conhecimento, ponto de vista de classe e objetividade do conhecimento permeiam a questão epistemológica central da obra.

MORAES, A. C. (Coord.). **Sociologia**: ensino médio. Brasília: MEC/ SEB, 2010. (Coleção Explorando o Ensino, v. 15). Disponível em: <http://portal.mec.gov.br/index.php?option=com_docman&view=download&alias=7843-2011-sociologia-capa-pdf&category_slug=abril-2011-pdf&Itemid=30192>. Acesso em: 17 nov. 2018. Esse livro foi uma publicação do Ministério da Educação (MEC) de 2010 e reúne artigos científicos relativos ao histórico da disciplina de Sociologia, bem como questões metodológicas em Sociologia e artigos sobre diferentes temas básicos em ciências sociais, com suas possibilidades de abordagem (juventude, trabalho, violência, religião, diferença e desigualdade, tecnologias de informação e comunicação, cultura e alteridade, família e parentesco, etnia, democracia, cidadania, partidos, governo, sistema político internacional).

PISTRAK, M. M. **Fundamentos da escola do trabalho**. Tradução de Daniel Aarão Reis Filho. São Paulo: Expressão Popular, 2000. O professor Moisey Pistrak (1888-1940) foi autor de reflexões sobre educação na União Soviética dos anos de 1920, mas caiu no esquecimento após a ascensão do stalinismo. O livro *Fundamentos da escola do trabalho*, escrito em 1924, tratava de pensar a implantação de um novo modelo de escola com relação às suas práticas, à estrutura de funcionamento e à organização no contexto inicial dos ideais da revolução. Partindo do trabalho como categoria central de análise, o autor visava interligar o trabalho social da escola às aprendizagens profissionais e ao acesso ao conhecimento científico e crítico, defendendo, ainda, a intensa participação estudantil na vida da escola.

PONCE, A. **Educação e luta de classes**. Tradução de José Severo de Camargo Pereira. 23. ed. São Paulo: Cortez, 2010.

Aníbal Norberto Ponce Speratti (1898-1938) foi um pensador e ensaísta que dedicou sua vida à produção de um pensamento marxista de raiz latino-americana. Ao lado de José Carlos Mariátegui, Juan Marinello e Vicente Lombardo Toledano, formou um grupo de intelectuais que, durante as primeiras décadas do século XX, utilizou o materialismo histórico para analisar a realidade social e política e as lutas populares dos países da região. No livro *Educação e luta de classes* (1934), Aníbal Ponce buscou analisar as distintas concepções educacionais ao longo da história em relação à estrutura socioeconômica de cada sociedade e os respectivos projetos hegemônicos de poder.

QUINTANEIRO, T.; BARBOSA, M. L. de O.; OLIVEIRA, M. G. M. de. **Um toque de clássicos**: Marx, Durkheim e Weber. 2. ed. Belo Horizonte: Ed. da UFMG, 2003.

O livro produzido pelas professoras da Universidade Federal de Minas Gerais (UFMG) é um excelente resumo das teorias dos autores considerados os clássicos fundadores da sociologia. Cada autor ficou sob responsabilidade de uma das professoras. Sem perder a rigorosidade analítica, o livro faz um convite a um iniciante nos estudos dessa área.

RAVITCH, D. **Vida e morte do grande sistema escolar americano**: como os testes padronizados e o modelo de mercado ameaçam a educação. Tradução de Marcelo Duarte. Porto Alegre: Sulina, 2011.

Diane Ravitch (1938-) é uma reconhecida pesquisadora que já trabalhou nas Secretarias Nacionais de Educação em diversos governos nos Estados Unidos, como os dos Bush (tanto o do pai como o do filho) e o de Clinton. A autora chegou a aplicar as proposições das testagens padronizadas, mas, após um interessante exercício de autocrítica, passou a rever suas posições, desfazendo sua adesão aos programas de que participava e denunciando suas distorções e intencionalidades ideológicas. O sugestivo título da obra indicada evidencia a aplicação de diversos programas, como o *No Child Left Behind*, nos Estados Unidos, em 2001, baseado nos testes padronizados, na competição entre escolas e nas demais políticas de avaliação. Nesse modelo, a pesquisadora mostra o evidente o papel das corporações, de grupos e famílias de milionários e fundações que passaram a querer "ajudar" a resolver o problema das escolas.

SAVIANI, D. **Escola e democracia**. Campinas: Autores Associados, 2003.

Neste clássico livro do educador brasileiro Dermeval Saviani, escrito na década de 1980 e reeditado inúmeras vezes, o autor lança as bases da pedagogia histórico-crítica. Propondo uma teoria que supere tanto as pedagogias tradicionais como as novas, incorporando seus avanços e superando seus limites, Saviani defende que, na medida em que os professores conseguirem lidar criticamente com os conhecimentos disponíveis, articulando-se com a necessidade de transformação social radical, o ensino poderá deixar de ser mera transmissão de conteúdos.

SNYDERS, G. **Escola, classe e luta de classes**. São Paulo: Centauro, 2005.

O livro do educador francês Georges Snyders (1917-2011) faz uma análise crítica das teorias que ele intitula de *crítico-reprodutivistas* na educação, desconsiderando a dialética existente na sociedade. Os limites e as possibilidades da escola na sociedade capitalista são abordados para além de uma visão que considera que o sistema de ensino apenas favorece privilegiados em detrimento de outros, ou que a escola é uma mera instituição castradora, alienante. A defesa da escola pública é analisada a partir de conflitos e lutas sociais de classes que moldam a escola e o sistema de ensino.

ZORZI, A.; KIELING, F. dos S. **Metodologia do ensino em ciências sociais**. Curitiba: InterSaberes, 2013. (Série Por Dentro das Ciências Sociais).

Esse livro, escrito por professores e pesquisadores de sociologia, discute a importância da sociologia na educação básica, bem como o sistema de ensino no Brasil, a caracterização da escola, o currículo e a avaliação escolar.

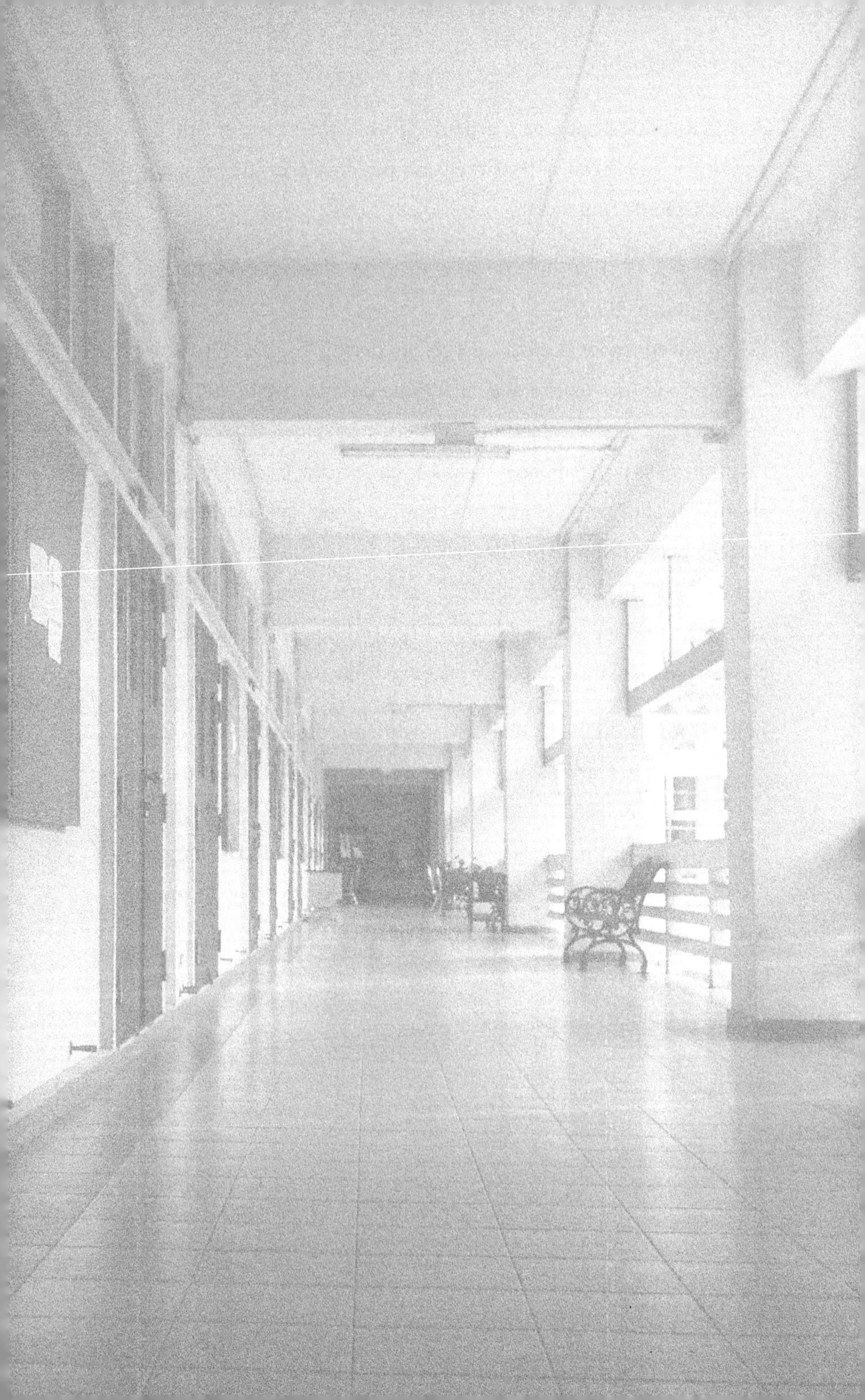

respostas

Capítulo 1

Atividades de autoavaliação

1. a
2. c
3. d
4. c
5. d

Capítulo 2

Atividades de autoavaliação

1. a
2. a
3. c
4. b
5. b

Capítulo 3

Atividades de autoavaliação

1. c
2. d
3. b
4. d
5. c

Capítulo 4

Atividades de autoavaliação

1. e
2. b
3. c
4. d
5. a

Capítulo 5

Atividades de autoavaliação

1. d
2. b
3. c
4. e
5. a

Capítulo 6

Atividades de autoavaliação

1. a
2. d
3. e
4. a
5. d

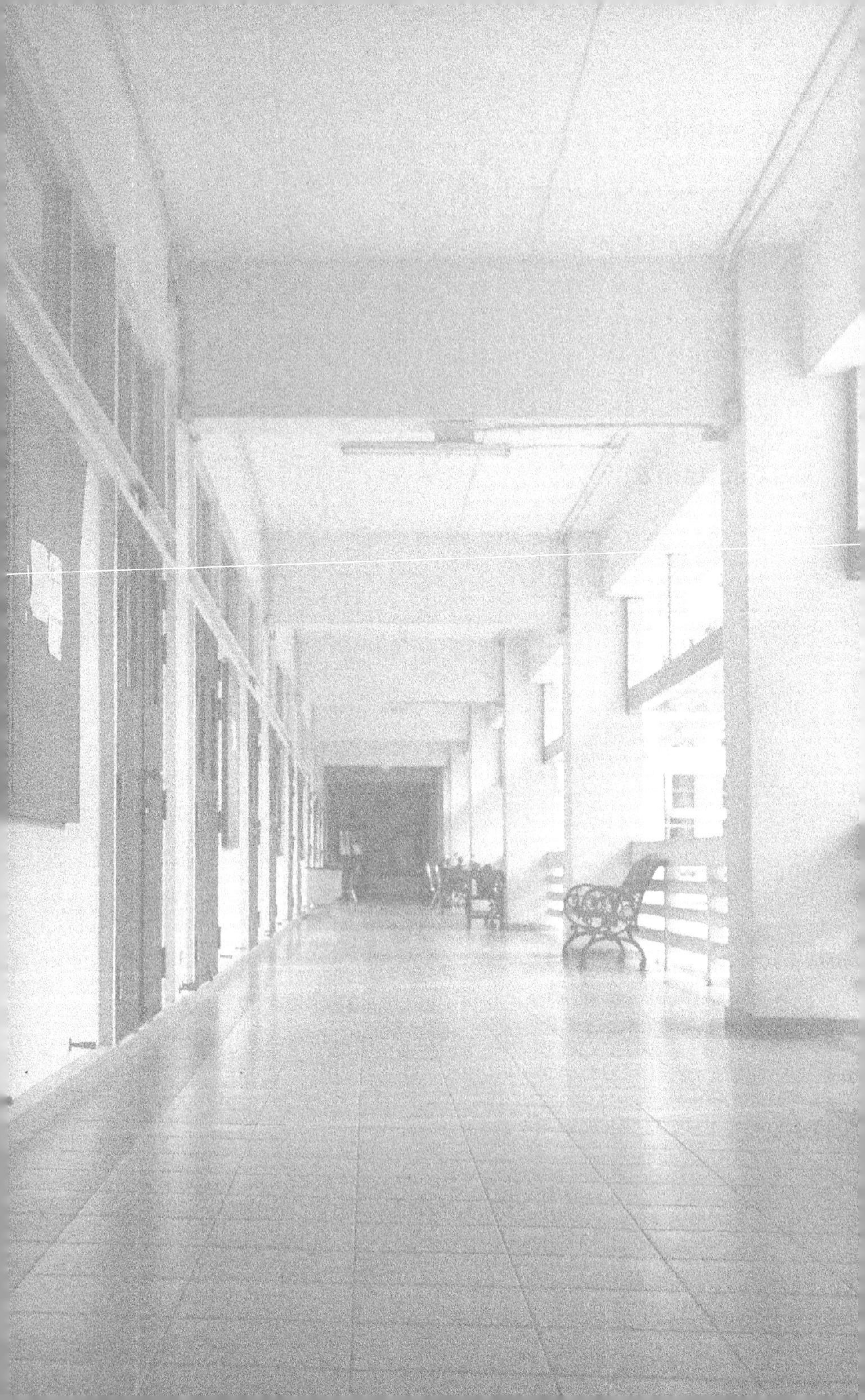

sobre o autor

Ney Jansen Ferreira Neto é bacharel e licenciado em Ciências Sociais pela Pontifícia Universidade Católica de São Paulo (PUC-SP) e mestre em Sociologia Política pela Universidade Federal de Santa Catarina (UFSC). Atuou como supervisor no Programa Institucional de Bolsas de Iniciação à Docência (Pibid) de Sociologia entre 2014 e 2017. Atualmente, é professor de Sociologia no ensino médio na rede pública estadual do Paraná, bem como dos cursos de licenciatura e bacharelado em Sociologia, na modalidade de Educação a Distância, no Centro Universitário Internacional Uninter.

Os papéis utilizados neste livro, certificados por instituições ambientais competentes, são recicláveis, provenientes de fontes renováveis e, portanto, um meio responsável e natural de informação e conhecimento.

FSC
www.fsc.org
MISTO
Papel produzido
a partir de
fontes responsáveis
FSC® C103535

Impressão: Reproset
Fevereiro/2023